모바일컨버전스는
어떻게 세상을 바꾸는가

미래경제학 시리즈 7

모바일컨버전스는
어떻게 세상을 바꾸는가
Mobile Convergence

• 송민정 지음 •

한스미디어

미래 비즈니스의 핵심 동력,
모바일컨버전스를 만나다

최근 2년간 전 세계는 애플 신드롬에 빠져 있다. 애플은 반쯤 개방된 생태계를 구축했고 가치사슬을 통제하면서 자신들만의 리그를 형성하고 있다. 그러면서도 개발자들에게는 많은 혜택을 주고 있다. 소비자들은 새로운 이용 경험을 통해 애플에 매료된다. 어쩔 수 없어 손을 내민 통신기업들은 애플에 안방을 내준 듯한 느낌일 것이다. 2011년 초 텔코2.0 컨퍼런스에서 '탈애플' 방안이 거론될 정도다. 하지만 애플과 먼저 손잡은 통신기업들은 어차피 가야 할 '개방'과 '협력'이란 시대 흐름에 먼저 눈뜨게 되었고, 모바일컨버전스를 주도하는 혁신자의 대열에 당당히 합류하는 경험을 하고 있다.

모바일컨버전스의 시각에서 바라보면 이것은 분명 애플 하나만의 생태계가 아니다. 시작은 애플의 아이폰이었는지 몰라도 마구 쏟아지는 다양한 스마트폰들과 태블릿PC들이 사람들의 생활과 업무 방식을 동시에 바꾸고 있지 않은가. 애플은 혁신자의 모습을 보여주었다. 다시 말해 애플은 모바일컨버전스 생태계가 창출되는 데 트리거 역할을 한 것이다.

돌이켜보면 사실 지난 10여 년간 컨버전스 패러다임은 지속되어 왔으며 모바일컨버전스도 이의 연속선상에 있다. 그러면 최근에 모바일컨버전스가 새삼스럽게 강조되는 이유는 무엇일까? 실제로 모바일을 중심으로 진행되는 컨버전스라는 점만이

다를 뿐인데 말이다.

모바일 환경이 전개되면서 전 세계는 다양한 기능과 제품, 그리고 서비스가 본격적으로 삼중(三重)으로 융합되고 있음을 실감하기 시작한다. 이는 분명히 애플 하나만이, 또는 통신기업들만이 누리는 패러다임은 아닐 것이다. 산업사회에서 혁신을 몰고 왔던 철도 기술을 한번 회상해보라. 역사는 이러한 변화가 그들만의 잔치가 아니었음을 말해주고 있다. 그때도 기능과 제품, 서비스가 삼중으로 융합되는 경험을 하게 된다. 예컨대 혁신은 철도 기술에서 시작되었지만 전혀 생각지도 않았던 여행업과 관광업 등 이종(異種)의 서비스 및 제조 업종들이 수혜자가 되었다.

모바일컨버전스도 같은 맥락에서 이해되어야 할 것이다. 혁신적인 모바일 기술의 등장으로 당장은 애플이나 구글, 통신기업들이 이해당사자가 되는 것처럼 보일지 모르겠다. 그러나 생각지도 않았던 산업영역이 합류하고 융합되면서 다른 업종들이 그 수혜 대상이 되는 것을 볼 수 있다. 생태계의 개방화로 다양한 분야의 수많은 개발자들에게서 가치가 창출될 것이기 때문이다. 이 책은 그러한 미래 비즈니스 모델들에 대한 가능성들을 보여주고자 한다.

IT기업이 아니라도 모바일에 대한 기본 인식과 관련 지식은 이제 모바일로 소비하고, 모바일로 비즈니스하며, 모바일로 경영하는 사람들의 필수조건이다. 누구나 수혜 대상일 가능성을 갖고 있기 때문이다. 모두에게 가능성이 주어진다? 흥분되는 일이다. 어떤 인식과 기본 지식이 먼저 필요할까? 우선은 '바로 지금' 모바일컨버전스 생태계를 누가 주도하고 있는가를 면밀히 관찰해야 할 것이다. 이들의 움직임 속에서 미래 비즈니스 지도가 그려지기 때문이다. 그리고 어떤 서비스들이 출현했으며, 시장의 반응은 어떠한지도 관찰 대상이다.

이미 아날로그에서 디지털로 바뀌면서 컨버전스 시대는 10여 년 전부터 화두였다. 새로운 산업을 창출하고 삶을 편리하게 바꿀 것이라 기대했었다. 그런데 네트워크에서 시작된 방송통신 융합과 유무선 통합이 10년 전부터 진행되었음에도 불구하고 사실상의 컨버전스는 생각만큼 역동적이지 못했다. 가장 큰 이유는 폐쇄형에 머물러 타 산업에의 파급 경로를 차단했거나 간과했기 때문이다. 하지만 이제 그 경로가 뚫렸다. 개방된 모바일컨버전스 생태계인 것이다. 아이폰으로 촉발된 모바일컨버전스 생태계는 완전 개방은 아니지만 이전의 그 어떤 컨버전스 변혁보다 더 큰 가치와 시장을 창출시킬 만한 기반이 되기에 충분하다.

이제는 스마트폰 운영시스템os에 의해 좌우되는 개방형의 모바일컨버전스 생태계 진화 흐름이 주목되기 시작한다. 생태계가 개방형 또는 관리된 개방형 OS를 중심으로 재편되고 있으며, 춘추전국시대를 맞이하고 있다. 노키아의 심비안, RIM의 블랙베리가 주도했던 기존의 폐쇄형 스마트폰 OS 시장에서 앱스토어를 기반으로 아이폰의 iOS 진영이 출현하여 생태계의 빗장이 열렸다. 곧이어 구글의 안드로이드 진영이 추격하기 시작했으며, MS가 윈도우폰7을 발표했다. 노키아는 윈도우폰7을 탑재하기 위해 MS와 제휴를 하고, 기존에 인텔과 공동 개발한 미고MeeGo의 향방은 불투명해지고 있다. 향후 이렇게 많은 스마트폰 OS들 가운데 몇 개나 살아남을지 궁금하다. 이들 글로벌 기업은 OS뿐만 아니라 애플리케이션과 기기, 콘텐츠를 아우르는 자체 생태계를 구축하면서 글로벌 시장에서 경합을 벌이기 시작한다.

개방생태계 환경이 전개되면서 변화는 필수적이다. 어느 한 영역의 컨버전스만 성사되어서는 안 되고, 전 방위적으로 사업자 간 컨버전스, 서비스 간 컨버전스, 단말 간 컨버전스 그리고 유무선 네트워크 통합 등이 동시다발적으로 진행되어야 한다. 사업자들은 새로운 경쟁판을 주도하기 위해 짝짓기를 하게 된다. 애플이나 구글은 M&A에 매우 적극적이고 노키아도 MS와 손을 잡는다. 경쟁사 간 손을 잡고 WAC 같은 연합체도 만들어내고, 표준을 주도하기 위한 주요 업계 중심 단체도 구성한다. 일례로 최근에 인텔을 중심으로 70개 업체들이 클라우드 컴퓨팅 분야의 개방된 표준을 구축하기 위한 연합체인 '오픈 데이터 센터 얼라이언스'(2010. 10)를 구성했다.

개방생태계 환경의 개화(開化)로 스마트폰에서 제공되는 서비스인 앱은 기존 콘텐츠에 다양한 체험과 상황Context 기술을 융합하여 PC에서 제공되는 앱과는 전혀 다른 경험을 만들어낸다. 위치정보, QR코드, RFID, 증강현실과 소셜웹 인프라가 콘텐츠와 매시업되면서 이를 활용하는 사례가 점점 증가할 것이다.

단말도 기존 폰에 PDA나 전자책(이북), 게임기, DMB 등이 융합되거나, 경우에 따라서는 기능에 특화된 디버전스도 가능해진다. 디버전스는 고객과 기업들에게 새로운 효용가치를 제공해줄 것이다. 예컨대 의료 산업에서처럼 특화된 기업용 단말은 최적으로 구현된 폼팩터Form factor를 통해 자원의 한계를 극복할 수 있게 하고 비용도 절감하게 할 것이다.

단말의 다양화와 정액 요금제로 야기된 인터넷 트래픽 증가로 인해 네트워크도 폭발하는 데이터 용량에 대응하기 위해 커버리지Coverage 개념에서 벗어나 용량Capacity 개념으로 진화하게 될 것이다. 최근 알카텔의 예측에 의하면 3년 내에 모바일 트래픽은 50배가량 증가할 것으로 보인다. 또 시스코의 예측에 의하면 2015년 모바일 트래픽의 60% 이상을 비디오 트래픽이 차지할 것이라고 한다.

이처럼 사업자와 기기, 네트워크, 콘텐츠 등 전방위적인 산업 다이나믹스가 진행될 것이며, 산업 전반의 선순환이 가능해지도록 하는 노력이 병행되어야 할 것이다. 이 책은 선순환이 가능한 모바일컨버전스 생태계를 고려하여 새로운 비즈니스 지도를 그려보고자 한다. 이는 All-IP 기반 인프라를 통해 새로운 컨버전스 서비스들이 출현하고, 인접한 타 산업과도 연계되어 함께 동반성장해나가는 모습이다. 움직이는 소비자가 모바일컨버전스의 파트너이며, 이들에게 가치를 제공해주는 많은 사례들이 소개될 것이고, 이들 대상의 비즈니스 전략 방향도 제시될 것이다. 또한 기업도 모바일을 활용하여 비즈니스 트랜스포메이션을 함으로써 조직의 성과를 획기적으로 개선하고 신속한 고객대응을 구가할 수 있는 가능성들을 제시할 것이다.

먼저 모바일컨버전스 현상을 조명하고 앱이코노미를 파악한 후, 소비자와 기업 관점에서 필요로 할 미래 비즈니스 지도를 그려보겠다. 그리고 마지막에는 모바일컨버전스 대비책을 제시할 것이다.

지은이 송민정

| CONTENTS |

프롤로그 | 미래 비즈니스의 핵심 동력, 모바일컨버전스를 만나다   004

1장 모바일컨버전스, 새로운 도약 앞에 서다

01 기능과 제품, 서비스가 하나에: 컨버전스 플레이   017
02 하드웨어와 소프트웨어, 네트워크 경계 소멸: 트라이버전스와 멀티스크린   020
03 모바일 파워게임의 핵심: 기업 간 인수합병   025
04 S(상황)+M(매시업) 기반에서 A(능동)+R(신속)+T(맞춤형)로: SMART   029
05 애플이 죽었던 모바일인터넷을 살린다: 인터넷 레저렉션   033
06 아이패드로 이어지는 비즈니스 쇼크는 유료화: 패이드 콘텐츠   039
07 애플이 주는 원포인트 레슨: 수직적 레버리지   045
08 구글의 돌진: 모바일 퍼스트   048
09 피로해진 소비자, 이제 기능 중심으로 간다: 디버전스   052

2장 앱이코노미, 새로운 경제를 열다

01 새로운 경제 질서의 시작: 앱이코노미   059
02 한국 앱이코노미의 불씨: 위피-아웃, 와이파이-인   064
03 앱이코노미의 키워드: 프리미엄   067
04 모바일 OS의 2강 1약   071
05 태블릿은 엔터테인먼트 자판기: 뉴 앱이코노미   076

06 앱에서의 새로운 게임: 네이티브냐, 웹이냐?   082

07 최상의 유저 경험이 미디어기업의 선택지   085

08 앱 안의 광고, 돈이 보이는가   091

09 앱을 통해 결제를 한 번에: 원스톱페이   097

10 자동차에서도 키워드는 앱이다: 텔레매틱스 앱   104

3장 모바일컨버전스 최고의
파트너는 소비자다

01 라이프 전반의 모바일화를 요구한다: 모바일 컨슈머   111

02 보는 TV를 앱으로 경험한다   115

03 게임이 땅콩 까먹듯 친숙해진다: 캐주얼게임   120

04 단말에 매여 있던 온라인북 소비가 앱으로 이동한다: 이북   126

05 SNS는 모바일 라이프의 감초: 캐털라이저   130

06 즐기면서 지키는 건강: 모바일헬스   139

07 혁신을 이끄는 매시업: 위치기반서비스   144

08 앱내 광고도 매시업을 활용한다: 앱-버타이징   150

09 모바일에서 달라지는 쇼핑의 소셜화: 소셜쇼핑   154

10 실제 세상으로 다가오는 가상경험   159

4장 엔터프라이즈 니즈, 모바일이 깨운다

01 기업 니즈의 핵심: 사업 효율성과 스마트워크 165

02 모바일 이용과 업무 수행을 함께: 컨슈머라이제이션 170

03 실시간기업으로의 변신: 모바일오피스 176

04 모바일오피스 구축의 결과: 사회경제적 효과 181

05 모바일컨버전스 주도의 필수조건: 클라우드 184

06 기업들의 새로운 고객가치: 모바일 컨비니언스 191

07 고객의 눈높이에서 시작된 이색적 이미지 제고: 브랜드 앱 194

08 기업들의 새로운 시도: 트위터 매니지먼트 198

09 자동차와 M2M, 모바일플랫폼이 뭉친다 205

10 정부도 비용절감과 이미지 제고를: 거번먼트 앱 211

5장 성공하는 모바일비즈니스의 8가지 패러다임

01 소비자에게 '비용 < 가치'를 각인시켜라   219

02 '나'를 향하는 라이프컨버전스를 실현시켜라   226

03 '웹기반 생태계'와 기술 변화에 순응하라   231

04 가치사슬을 개방화하고 '스탠더드'를 외쳐라   235

05 모바일 특성에 기반한 '고객가치 혁신'을 추구하라   241

06 실시간기업이 되려면 '경영혁신'을 감행하라   246

07 소셜미디어로 '진실'과 소통하라   251

08 '모바일 디바이드' 문제의식을 윤리경영에 내재화시켜라   258

에필로그 | 모바일컨버전스의 미래, 그리고 세상의 미래   266

참고문헌   275

모바일 컨버전스,
새로운
도약 앞에 서다

Next IT Revolution

기능과 제품, 서비스가 하나에
: 컨버전스 플레이

　다양화되고 고도화되는 소비자의 니즈를 만족시키기 위해 컨버전스Convergence는 여전히 메인 패러다임이다. 그 유형은 네트워크 간, 서비스 간, 기기 간, 사물 간, 사물과 사람 간, 산업 간 컨버전스로 진화 발전하고 있다.

　네트워크 간 컨버전스는 음성과 데이터의 통합, 유무선 통합, 방송과 통신의 융합 등이다. 서비스 간 컨버전스는 통합된 네트워크를 기반으로 전개되었으며, 모바일뱅킹, 모바일커머스, 모바일증권 등 타 산업 서비스와의 컨버전스도 있다. 기기 간 컨버전스는 컴퓨터, 통신, 오디오/비디오 등 전자제품 간 융합이 주류였다. 사물 간 또는 사물과 사람 간 컨버전스는 자율제어, 인지·판단 등을 포함하는 인공지능 기반에서 진행되어 편리한 삶을 추구하려는 욕구를 만족시키려 한다. 이처럼 다양한 컨버전스가 시도되었지만, 고객가치 창출에 한계가 드러나면서 다양한 산업 간 컨버전스는 그동안 카오스적 양상을 띤 것이 사실이다.

　이 상황에서 스마트폰이 등장한다. 스마트폰 등장 초기 모바일 빅뱅이라 부르는 이유는 스마트폰 판매의 '속도' 때문이다. 실제로 국내 2008년 스마트폰 연 판매량은 18만 대였다. 그런데 아이폰 등장 이후 2009년 결산된 스마트폰 판매량은 73만 대, 이 중 절반이 아이폰이었다. 2010년 말 기준으로 결산한 결과, 스마트폰 판매량은 월 27만 대꼴로 나타났다.

이제는 모바일컨버전스에 주목한다. 이는 통신업계와 단말업계만의 현상이 아니다. 기기 간, 서비스 간 융합을 넘는 개념이다. 이는 휴대기기에 기능과 제품, 서비스가 복합적으로 융합되는 것을 말한다. 또한 이 영역은 미디어와 금융, 출판, 교육, 의료, 자동차 등 다양한 이종산업의 서비스 영역이기도 하다.

카메라, MP3, TV, 앱 기능이 제공되는 스마트폰은 기존 휴대폰과는 분명히 다르다. 돌이켜보면 2005년 DMB를 시작으로 전개되기 시작한 모바일컨버전스는 휴대폰에 카메라를 장착한다거나 MP3, TV 등 제품을 단순 결합하는 단계로 진화하는 정도였다. 일부는 전자태그RFID 칩을 내장해 위치 확인, 바이오센서 등을 통한 기능도 제공하기는 했다. 이제 앱스토어*를 활용하는 스마트폰의 등장으로 새로운 전환기를 맞이하고 있다. 본격적으로 기능과 제품, 서비스가 융합하고 있는 것이다.

예컨대 검색만 보더라도 기능과 제품, 서비스가 어떻게 융합하고 있는지 알 수 있다. 먼저 PC에서 제공된 텍스트 검색이 이제는 소리, 영상 등 시청각 기능이 융합된 검색으로 진화 중이다. 여기에 검색 서비스 자체와 제품이 융합되기 시작한다. 예컨대 음원 검색과 쇼핑이 동시에 가능한 앱인 사운드하운드, 바코드 검색과 쇼핑이 동시에 가능한 앱인 크루크루, 책 커버나 CD 커버, 길거리 영상 검색과 쇼핑이 동시에 가능한 앱인 스캔서치가 있다. (이러한 비즈니스 모델들에 대해서는 3장에서 자세히 다룬다.)

＊ 앱스토어의 기원은 1999년에 출현한 핸당고인데, 애플리케이션의 가격, 다양성, 유통 등의 문제로 활성화되지 못했다. 핸당고는 2010년 2월 포켓기어에 인수됐다. 이 서비스는 온라인으로 소프트웨어를 구매하고 다시 스마트폰에 설치하는 방식을 채용해 편의성 측면에서 취약한 단점을 가진다.[1]

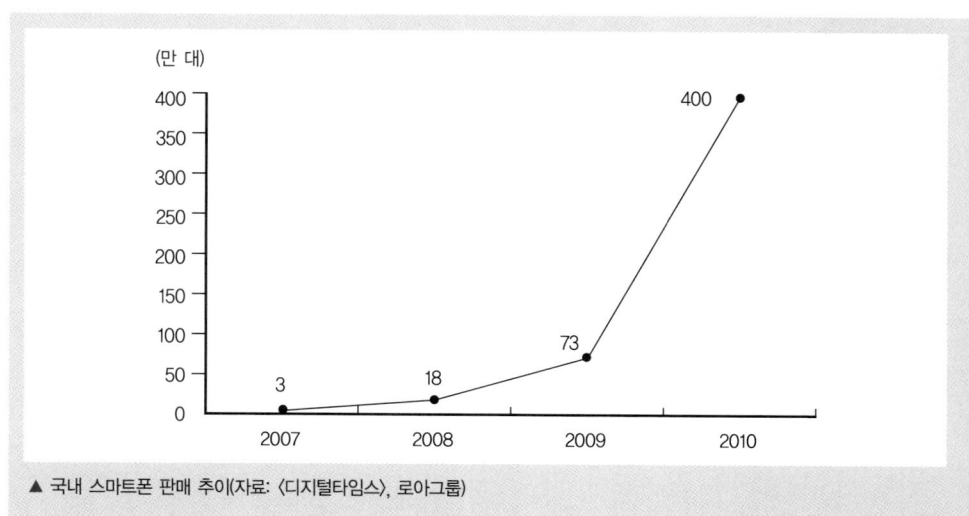

▲ 국내 스마트폰 판매 추이(자료: 〈디지털타임스〉, 로아그룹)

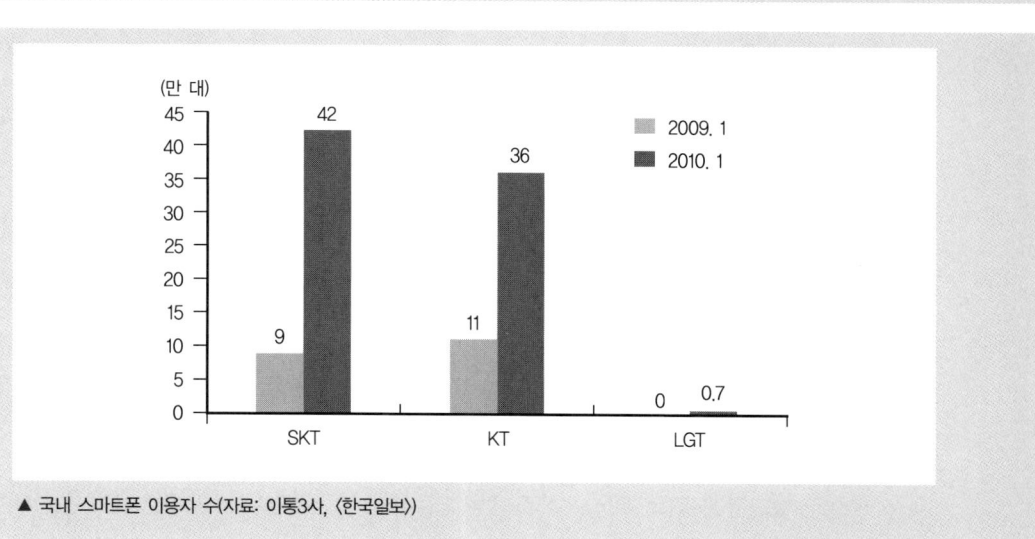

▲ 국내 스마트폰 이용자 수(자료: 이통3사, 〈한국일보〉)

하드웨어와 소프트웨어,
네트워크 경계 소멸
: 트라이버전스와 멀티스크린

그동안 컨버전스 시대라고 일컬었지만 사실상은 융합되지 못했다. 즉, 컴퓨팅 기능이 가능한 인터넷은 포털기업들에 의해, 통신 기능이 가능한 커뮤니케이션은 통신기업들에 의해, 그리고 방송 기능을 가진 미디어는 미디어기업들에 의해 각각 폐쇄형 플랫폼 형태로 유지되어 왔다. 그런데 모바일컨버전스의 진전*으로 이들 플랫폼 간의 사업적 경계가 붕괴되고 있다. 모바일컨버전스가 인터넷을 기반으로 미디어와 커뮤니케이션을 통합시킴에 따라 통합된 플랫폼을 선점하려는 기업 간 쟁탈전이 심화되고 있는 것이다.

경계 와해와 통합된 플랫폼 선점 노력이 바로 트라이버전스Trivergence의 배경이 된다. 트라이버전스란 '삼중 융합'을 뜻한다. 하드웨어, 소프트웨어, 네트워크가 융합되는 현상으로, 쉽게 설명하면 PC 기반의 인터넷, TV 기반의 미디어, 휴대폰 기반의 커뮤니케이션이 하나의 플랫폼에 합쳐지는 현상이다. 최근 글로벌 IT기업들을

---

* 2008년 삼성전자가 모바일컨버전스를 차세대 성장사업으로 육성하기 위해 전사적 역량을 집중하겠다는 다짐을 선언한 이후 미디어, 콘텐츠 측면의 취약점을 판단하여 이의 강화를 위한 개방형 플랫폼과 고객 중심 채널을 접목하는 움직임을 보이고 있다. 그 중심에는 스마트폰이 있다.

관찰해보면, 모두가 이 트라이버전스를 핵심 전략으로 추구하고 있음을 알 수 있다. 즉, 하드웨어(휴대폰, MP3, 게임기, TV 등)를 통합하고 이를 움직이게 하는 소프트웨어(OS, 인터넷 등)는 무료에 가까울 정도로 저렴하게 공급하며, 이를 유지보수하는 서비스 대가를 비즈니스 모델로 삼는 것이다.

결국 정보기술과 커뮤니케이션, 미디어가 융합되어, 이를 한 업체가 제공하게 될 것이다. 그러면 누가 주역이 될까? 실리콘밸리에서는 컴퓨팅에서 '제3의 물결'이 일기 시작한다. 벤처자본가인 존 되르[2]는 아마존과 애플, 구글, 페이스북 등 4개 업체가 주도하게 될 것이라고 주장한다. 이런 주장에 힘입어 그의 투자처가 변하고 있다. 1980년대 PC 시대에는 그의 투자회사인 미국의 클라이너 퍼킨스 커필드 앤 바이어스는 썬마이크로시스템즈에 투자했다. 1990년대 들어 인터넷 시대가 되면서 그는 넷스케이프와 시맨텍, 인튜이트, 아마존, 구글의 자금 조달에 참여했다. 이제 그는 2010년 3월 아이폰 OS 앱 개발업체를 위해 아이펀드에 2억 달러 규모의 증액을 실시한다고 발표한다. 그는 또한 10월에는 소셜미디어 사업을 위한 2억 5000만 달러의 펀딩도 발표한 바 있다. 누가 주역이 될까에 대한 예측을 가능하게 하는 그의 투자 움직임이다.

2010년 한 해를 돌이켜보면, 구글의 모바일 검색 트래픽은 상반기 기준해서 전년 대비 50%나 증가했고, 페이스북 이용자 중 3분의 1이 모바일 단말을 통해 접속하여 이용하고 있다. 애플 아이폰에 대해서는 더 이상 말할 필요도 없을 것이다. TV와 PC도 오랫동안 따로 존재했는데, 애플의 아이폰에 동영상 앱들이 대거 출현하면서 이들 간의 융합도 가능하게 되는 모습이 역력하다. 아마존도 이북에 성공하면서 이러한 트라이버전스 대열에 가세하려는 듯, 최근에는 동영상 서비스에 주력하는 모습을 보이기 시작했다. (이에 대해서는 3장에서 논의하고자 한다.)

그렇다면 이들 글로벌 기업이 트라이버전스를 핵심 전략으로 채택하고 있는 이유는 무엇일까? 이유는 간단하다. 고객들이 하나의 업체 또는 플랫폼에서 하드웨어와 소프트웨어 그리고 서비스까지 구매하기를 원하기 때문이다. 서비스에서는 정보 서비스와 음성 서비스, 그리고 미디어 서비스가 컨버전스 플레이된다. 트라이버전스 전략을 충족시키기 위해 기업 간 인수합병도 트라이버전스를 제공할 수 있는 방향으로 흐르고 있다. 다양한 M&A 움직임을 통해 이들은 IT 및 미디어 복합기업으로 거듭날 것으로 기대되며, 그동안 상상도 못 했던 시장에서 개인의 삶과 기업의 비즈니스에 관여하면서 상당한 이익을 얻게 될 것이다.

트라이버전스는 통합된 하나의 플랫폼에서 구현되고, 이는 멀티스크린과 연계된다. 멀티스크린은 모든 기기 혹은 스크린에서 동시에 서비스가 제공되는 환경이다. 서비스가 탑재되는 멀티플랫폼, 멀티디바이스, 그리고 클라우드 기술의 보편화가 진행되면 유저 인증User Authentification과 과금의 범위도 방대해지고 더욱 복잡해질 것이다. 인증이란 특정의 시스템이나 통신망에 접속하려는 이용자의 신분을 확인해 시스템 접근 보안을 유지하는 방법을 말한다. ID와 패스워드 입력이 가장 보편적이다. 그런데 트라이버전스, 즉 통합 플랫폼 스크린과 가지각색의 단말에 이용되면 이를 통합해 관리하려는 움직임이 일게 될 것이다.

그동안 보안성 확보를 위해 폐쇄적으로 운영되었던 인증 시스템에 대한 인식 변화가 일어나고 있다. 모바일 통신사업자나 SI업체들이 자체 시스템과 서비스 운용을 위해 ID 인증을 외부에 대행시키거나, 플랫폼 형태로 제3자 개발자에게 개방하는 사례들이 등장하고 있다. 2010년 5월, 일본의 모바일 통신기업인 도코모가 유저 인증에 이용해온 ID를 외부 콘텐츠 개발자들에게도 이용할 수 있도록 개방했다. 이를 통해 콘텐츠 공급업체CP: Content Provider는 자사 웹사이트에 접속한 이용자를 도코모 사이트에서 인증함으로써 스마트폰과 PC를 연계한 서비스를 손쉽게 개발할 수 있게 된 것이다. 이는 멀티스크린 환경에서 트라이버전스 서비스 개발이 용이해짐을

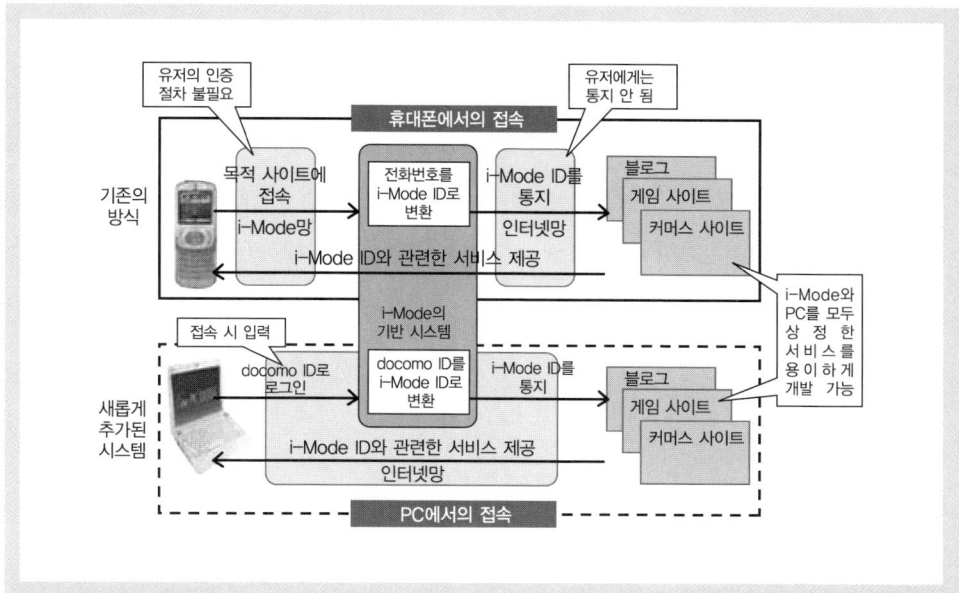

▲ 도코모의 인증 방식(docomo ID)을 통한 휴대폰-PC 간 연계 서비스(자료: 도코모, 아틀라스(2010. 12. 24.) 재인용)

의미한다.

　도코모가 개방한 것은 휴대폰 번호 자체를 ID로 이용하는 '도코모 ID'이다. 도코모는 고객지원 사이트인 '마이도코모Mydocomo' 등에서 이를 활용해왔다. PC용 서비스를 제공하는 CP가 유저 인증에 도코모 ID를 이용하면 도코모의 모바일 포털인 아이모드i-Mode를 이용하는 특정 유저와 동일하게 관리할 수 있게 된다.

　좀 더 자세히 시스템적으로 설명하면, 오픈 ID 방식을 통해 CP의 서버가 도코모의 서버에 인증을 의뢰하고, 이용자는 PC에서 도코모의 인증용 웹페이지에 접속, 도코모 ID와 패스워드를 입력해 인증을 완료시키면 서비스 전송 서버가 도코모의 인증 서버로부터 아이모드 ID를 취득하는 형태이다. 아이모드 ID가 CP의 서버(사이트)에 통지된다.

이렇게 도코모가 ID 기반 인증 시스템을 개방한 목적은 모바일 아이모드용 CP들이 PC용 서비스를 보다 손쉽게 개발할 수 있게 지원하기 위해서다. 이러한 움직임은 글로벌 사업자들의 거센 공세 속에서 통신사업자가 인증 서비스를 접점으로 자사 플랫폼과 다양한 개발자 CP들과의 연결고리를 형성해나감으로써 자사 서비스 플랫폼의 매력도도 높이고, 통합 플랫폼상에서의 트라이버전스 서비스를 보다 원활하게 제공할 수 있는 터전을 마련하는 데 도움이 될 것이다.

03

모바일 파워게임의 핵심: 기업 간 인수합병

트라이버전스를 실현시키기 위해 M&A는 필수적 수단이 되고 있다. 시기적으로 거슬러 올라가 보자. 먼저 초기 기업 간 M&A는 1990년대 후반부터 2000년대를 거치면서 활발히 진행되었으며, 주로 통신시장에서 주도되었다. 그 유형을 보면 하나는 유무선 종합 통신사업자가 되는 것이고, 다른 하나는 컨버전스 사업 교섭력 증대를 위한 통신과 기기, 미디어/콘텐츠사업자 간 다양한 짝짓기다. 이 두 가지 유형의 M&A는 아직도 진행 중이다.

이처럼 주로 통신사업자 중심으로 진행된 초기 M&A의 주된 목적은 규모를 확대하거나 비용절감을 통해 효율성을 강화하고 우월적 지위를 유지하려는 것이다. 일차적으로는 민영화 및 자유화 등 규제완화가 통신시장에 진행되고 신규사업자가 등장하여 경쟁이 촉진되면서 통신시장이 급격히 성장기를 맞이하게 된다. 이에 기업들은 세를 불려 규모의 경제를 달성하려는 니즈를 갖게 되어 다양한 M&A가 진행된 것이다.

그러다가 점차 통신시장 내 가입자 규모와 매출 성장이 정체기를 겪게 된다. 이런 환경에서 통신기업들은 세를 불리기보다는 성장전략 차원에서 컨버전스 사업에 뛰어들기 시작하고 이를 위한 M&A가 진행된다. 이때도 유선과 무선이 통합하는 차원에서 시작하여 점차 기득권을 유지하고 교섭력을 극대화하기 위한 M&A로 발전하게 된다. 유무선 통합 사례로는 보다폰이 2007년 10월 스웨덴 통신기업인 텔레2의 이탈리아 사업부와 스페인 사업부를 인수한 것, 보다폰이 대주주로 있는 프랑스 이동통신기업 SFR이 유선통신기업인 네프세게텔의 지분을 2005년부터 매입하기 시작한 것 등을 들 수 있다.

이후 컨버전스가 진전되며 애플, 구글 등 신규사업자들이 생겨나자 통신기업의 대안은 역시 교섭력 강화를 위한 '세 불리기'였다. 예컨대 텔레포니카가 텔레콤이탈리아의 지분을 10% 확보한 경우와 DT_{Deutsche Telecom}가 그리스 OTE의 지분을 25% 확보한 경우 등이다. 사업 강화의 대표적인 사례로는 FT_{France Telecom}가 있다. 이 기업은 규제완화 시작기(1999~2002)엔 영국의 오렌지, 글로벌원, 이퀀트 등을 차례로 인수하고, 컨버전스 사업 강화 시점이 되자 자회사인 워너두를 100% 자회사로 만들었다. 이처럼 컨버전스 시대를 맞이한 통신사업자들의 M&A는 비용절감보다는 주로 지배력 및 사업 강화에 목적을 두고 진행되었다. 이외에도 일관성 있는 사업 추진을 통해 서비스를 적기에 출시하는 것도 중요한 이유가 되었다.

한편 컨버전스 시대의 신규사업자들이라 할 수 있는 구글과 애플 등도 적극적으로 M&A를 하게 된다. 아마도 지금까지 지속적으로 가장 적극적인 행보를 보이는 사업자들이라고 여겨진다. 이들의 목적은 무엇일까? 통신기업의 목적과 별 다를 게 없다. 즉, 사업 주도권을 강화하고 또 다른 신규진입자를 경계하며 '서비스 적기 출시'를 위한 핵심 기술을 내부화할 필요 등의 목적이 매우 강하다.

구글의 경우를 보자. 가장 최근인 2010년 구글의 M&A 활동은 절정에 달한다. 지

구글의 최근 소셜서비스 관련 M&A 및 협력 사례

업체명	인수/투자	주 사업분야	금액	시기
아드바크	인수	소셜검색	5000만 달러	2010. 2
징가	투자	소셜게임 업체	1억~2억 달러 추정	2010. 7
플레이돔, 플레이피쉬, EA	교섭설	소셜게임 개발	–	2010. 7
엔지코모	투자	소셜게임 개발	300만~500만 달러 추정	2010. 8
슬라이드	인수	소셜앱 개발	2억 2800만 달러	2010. 8
잼불	인수	소셜결제 서비스	7000만 달러	2010. 8
앵스트로	인수	소셜뉴스 서비스	비공개	2010. 8
소셜데크	인수	소셜게임 개발	비공개	2010. 8

(자료: 아틀라스리서치, 2010. 10. 6)

난 2007~09년 총 24건과 2010년 10개월 실적이 동일한 상황이니 말이다. 2009~2010년 구글의 M&A 트렌드를 유형화하면 검색 관련(Like.com, Metaweb 등), SNS/SNG 관련(Slide.com, Jambool 등), 광고 관련(AdMob, Invite Media 등), 플랫폼 관련 (Bump Technologies, Simplify Media 등), 그리고 클라우드 컴퓨팅 관련(AppJet, DocVerse) 등으로 대별된다.[3]

이들 유형 중에서 최근 가장 두드러진 구글의 움직임은 웹앱Web App 유통을 위한 앱스토어인 크롬 웹스토어 출시를 앞두고 검색 부문, 게임과 SNS 간 연계에 중점을 두고 있는 모습이다. 검색 부문을 먼저 보면, 구글은 영상 기반 정보 검색 분야인 '이미지 검색' 부문을 강화하고 있다. 2010년 4월 영국의 플링크아트를 인수한 데 이어 쇼핑 관련 검색업체인 미국의 라이크닷컴을 2010년 8월 인수했다. 기존에는 인터넷 검색 시 검색 단어를 입력해야 했지만, 스마트폰의 보급으로 인해 영상과 음성을 활용해 손쉽게 검색할 수 있는 기술이 보급될 것이다.

가장 최근의 인수 활동 중에서 구글의 전략 방향이 감지되는 영역은 소셜게임 업체인 징가에의 투자와 소셜결제 플랫폼을 제공하는 잼불 인수이다. 구글은 투자를 통해 징가의 소셜게임 서비스에 자사의 검색엔진을 장착했고, 소셜앱 개발업체인 슬라이드를 인수하는 등 SNS 강화를 위해 소셜게임에 집중하고 있으며, 단순 SNS 제공 차원이 아니라 제3자 SNS들을 모두 수용하는 통합 플랫폼 개발 차원에서 결제 플랫폼을 인수하게 된다.

또한 구글은 클라우드를 활용한 사업 강화를 위한 M&A에도 적극적이다. 구글이 제공하는 구글 닥스, 구글 웨이브, 지메일, 구글 캘린더 등 웹에서 제공되는 최근 서비스들은 클라우드를 지향하고 있으며, 이는 광고수익 구조가 흔들릴 때를 대비한 구글의 새로운 사업 아이템으로 평가된다. 2010년 7월, 구글은 클라우드 사업 강화 차원에서 여행 관련 소프트웨어 업체인 ITA를 인수했다. (클라우드에 대해서는 3장, 4장에서 다룬다.)

통신기업들과 구글 등 신규사업자들의 M&A 활동의 공통점은 결국 컨버전스 사업을 위한 역량 강화이다. 그리고 이제 모바일컨버전스 사업을 위한 역량 강화 차원에서 구글의 M&A 활동을 바라보면, 결국 트라이버전스 실현을 위한 움직임으로 귀결된다.

S(상황)+M(매시업) 기반에서
A(능동)+R(신속)+T(맞춤형)로: SMART

2010년 말 대통령에게 업무보고된 방송통신위원회의(2011 방송통신 핵심 과제)의 키워드는 '스마트' 였다. 모바일컨버전스에 이은 스마트 시대 기반 조성을 위해 콘텐츠 산업 경쟁력 강화, 광고시장 확대, 클라우드, M2MMachine to Machine 등 전략적 서비스의 육성, 신규 서비스의 원활한 제공을 위한 네트워크 구축 등이 핵심 과제로 보고되었다.

현시점에서는 스마트폰의 대중화와 앱스토어 활성화, 저렴한 데이터 요금제, 와이파이wiFi 개방이 모바일컨버전스 빅뱅을 이끌고 있다. 그런데 실제로 국내 모바일 인터넷이 도입된 1999년 이후 10년이 지난 2009년, 정작 모바일인터넷을 매일 정기적으로 이용한 사람은 5% 이내[4]였다. 이는 전 국민의 60%가 유선인터넷을 매일 이용하고 있는 수치와 매우 대조적이다. 1년여가 지난 지금도 이 수치는 크게 변하지 않은 것 같다.

따라서 모바일컨버전스가 일회성 슬로건으로 그치지 않으려면 스마트폰 이용을

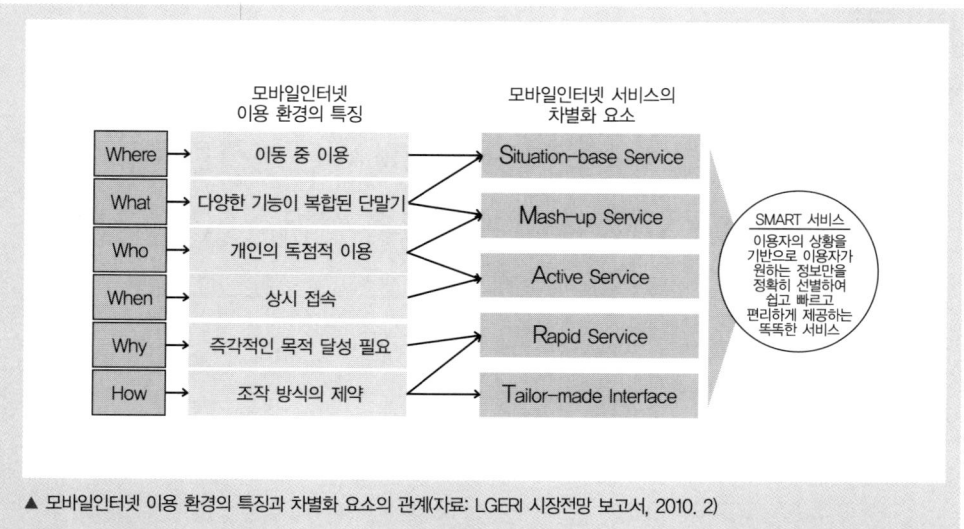

모바일인터넷
이용 환경의 특징

모바일인터넷 서비스의
차별화 요소

Where	이동 중 이용	→	Situation-base Service
What	다양한 기능이 복합된 단말기		Mash-up Service
Who	개인의 독점적 이용		Active Service
When	상시 접속		
Why	즉각적인 목적 달성 필요		Rapid Service
How	조작 방식의 제약		Tailor-made Interface

SMART 서비스
이용자의 상황을 기반으로 이용자가 원하는 정보만을 정확히 선별하여 쉽고 빠르고 편리하게 제공하는 똑똑한 서비스

▲ 모바일인터넷 이용 환경의 특징과 차별화 요소의 관계(자료: LGERI 시장전망 보고서, 2010. 2)

촉진시키는 환경을 조성하려는 지속적인 노력이 요구된다. LG경제연구소에서 제안된 모바일인터넷 서비스의 차별화 요소인 'SMART' 화가 필요하다.[5] 2010년이 모바일인터넷 활성화의 원년이라고 하지만 단순히 유선인터넷의 모바일 네트워크로의 이동 수준이라면 소비자들에게 외면받게 될 것이다. 차별화된 무언가가 요구된다. 상황기반Situation-based을 통해 이용자의 니즈를 정확히 파악하고 휴대폰의 다양한 기능과 인터넷 서비스들을 유기적으로 융합Mash-up하여 니즈에 맞는 서비스를 제공할 뿐만 아니라 능동적으로Active, 신속하게Rapid 서비스를 이용할 수 있고 맞춤형Tailor-made 인터페이스를 통해 서비스를 쉽고 편하게 이용할 수 있도록 해주는 스마트SMART한 서비스가 모바일컨버전스의 모토가 되어야 할 것이다. 각각의 지향점을 소개한다.

첫째는 상황기반 서비스이다. 상황기반은 가트너가 향후 주도할 10대 파괴적 기술에 포함시켰듯이 인터넷 산업 전반에 큰 영향을 끼치고 있다. 특히 공간 정보를 인식하고 활용하는 위치기반서비스LBS와 인맥 정보를 인식하고 활용하는 소셜네트워크서비스SNS가 대표적이다. LBS는 휴대폰에 장착된 GPSGlobal Positioning System 기능을 통해 소비자의 위치 파악이 가능하므로 모바일앱에서 인기 서비스로 자리 잡고 있다. 2010년 1월 LBS 관련 앱 수는 6000개에 달하며 2012년까지 휴대폰의 50%가 GPS 장착 기기가 될 것으로 전망된다. 대표적인 사례로 꼽히는 것이 서울버스 앱이다. 현재 위치를 기준으로 주변 정류장을 검색하게 해주므로 장소 정보를 입력할 필요가 없다. 인맥 정보의 경우에도 휴대폰에는 이미 주소록과 음성통화 기록, SMS 기록 등의 실시간 통신 기능이 들어 있고, 개인이 단말을 단독 사용하고 있어서 다양하고 편리하게 SNS를 이용할 수 있다.

둘째는 매시업 서비스이다. 매시업이란 오픈 APIApplication Programming Interface 기술을 통해 외부 업체도 이용할 수 있도록 개방해놓은 것으로 타사 인터넷 서비스를 활용하여 새로운 서비스를 구현할 수 있는 환경이다. 휴대폰에 내장된 음성통화 기능, 주소록, 카메라, 가속도계, 디지털나침반, GPS 등이 활용될 수 있다. 예컨대 구글이 개방한 API인 구글 지도를 활용하여 근처 커피숍의 위치를 알려주는 앱을 개발한다면 매시업 서비스가 된다. 증강현실 앱은 카메라, 가속도계, 나침반 등을 인터넷 정보들과 효과적으로 융합한 경우이다. 대표적인 사례로 아이폰용으로 출시된 레드레이저가 있다. 이는 카메라와 인터넷쇼핑몰을 융합한 것이다.

셋째는 능동적 서비스이다. 이는 이용자가 해당 정보의 필요성을 아직 인식하지 못하고 있는 상태에서 이용자에게 가치 있는 정보라 판단되면 서비스 제공자가 이용자에게 푸시해주는 서비스를 말한다. 즉, 이용자의 요청을 먼저 캐치하는 것이다. 대표적 사례로는 SMS, 푸시 이메일 등이 있다. YTN, CNN 등의 뉴스 앱을 다운로드 받으면 우리는 수시로 푸시되는 기사들을 접하게 된다. 이는 개인이 단독 사용하고 상시 접속되어 있다는 모바일의 특성이 반영된 것이다. 아이폰용 모바일앱에 푸시 알람 기능이 추가된 후에 뉴스 외에도 이베이의 경매 입찰 건에 타인이 입찰한 경우 등과 같이 여러 분야에서 활용되기 시작했다.

넷째는 신속한 서비스 제공이다. 이는 모바일인터넷에 접속된 시점부터 이용자 니즈를 만족시키기까지 소요되는 시간을 최소화하는 것을 말한다. 모바일인터넷 이용은 주로 이동 중에 발생하므로 즉각적인 목적 달성이 수시로 요구된다. 기존 웹 환경을 벗어난 '바로가기' 제공과 인증, 설정 정보 관리 등에서 발생하는 불편함을 해소시키는 등의 서비스가 대표적이다.

마지막으로 맞춤형 인터페이스 제공이다. 이는 조작상의 제약을 극복하는 방향으로 개발되어야 한다. 특히 모바일 기능에 특화된 인터페이스의 맞춤화가 요구된다. 스마트폰에 일반화된 터치스크린 외에도 가속도계, 카메라, 마이크 등 다양한 기능이 존재하므로 이를 효과적으로 활용해야 한다. 가속도계를 활용하여 마치 자동차 핸들을 움직이듯이 조작하는 레이싱게임, 카메라로 촬영한 책 표지 이미지를 인식하여 관련 정보를 제공해주는 반스앤노블 앱, 마이크로 음악을 인식시키면 음악 관련 정보를 찾아주는 샤잠 앱 등이 대표적이다.

이상에서 살펴본 바대로, SMART의 선구적 역할은 애플 아이폰의 앱들이 담당하고 있다. 물론 모든 앱들이 다 'SMART'를 염두에 둔 것은 아닐 것이다. 그러나 적어도 모바일컨버전스가 조기에 실현되려면 이 다섯 가지 키워드를 우선적으로 고려해야 할 것이다. 모바일컨버전스의 내용물이 모바일인터넷이기 때문이다. 이를 위해서는 제조업체와 앱 개발자, 통신업체 등 다양한 인터넷 관련 업체들 간의 협력이 필요할 것이다.

애플이 죽었던 모바일인터넷을 살린다 : 인터넷 레저렉션

2009년 전 세계 스마트폰 시장은 1억 7000만 대로 추산되며, 이는 총 12억 2000만 대 휴대폰 시장의 약 14%에 해당한다.[6] 또한 같은 해 미국 시장조사업체 퀀트캐스의 조사에 따르면, 전 세계 모바일인터넷 이용량은 전년 대비 148%나 상승했으며, 미국은 110% 정도 증가했다. 하지만 아직은 전체 인터넷 이용량에서 차지하는 모바일인터넷 비중이 전 세계를 통틀어도 0.99%에 불과한 상황이었다.

애플의 아이폰 OS를 탑재한 아이폰과 아이팟은 전 세계 모바일인터넷 이용량 증가에 크게 기여했다. 아이튠즈 기반 MP3인 아이팟과 앱스토어 기반 아이폰의 등장으로 모바일인터넷 이용자 수는 과거 유선인터넷 이용량 증가 속도를 훨씬 능가하는 속도로 급성장한 게 사실이다. 전 세계 아이폰과 아이터치 이용자 수는 출시 3년 만에 8500만 명을 기록했으며, 2010년 4월 선보인 아이패드도 80일 만에 300만 대가 팔려 이북 전체 시장의 22%를 차지하는 기록을 보여주었다.

일본 광고 전문 컨설팅업체 DAC Digital Advertising Consortium이 2010년 9월 조사한 일본

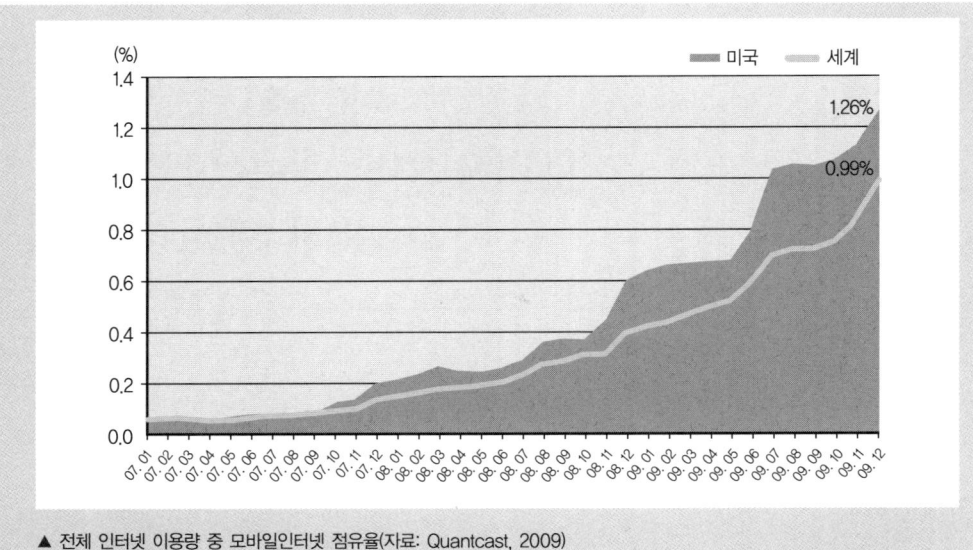

▲ 전체 인터넷 이용량 중 모바일인터넷 점유율(자료: Quantcast, 2009)

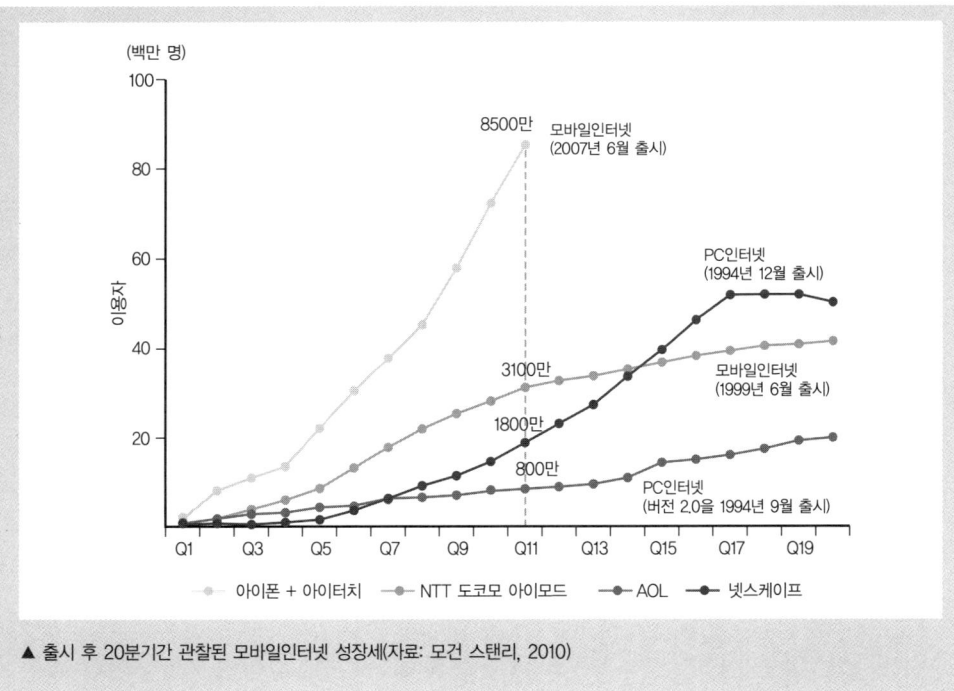

▲ 출시 후 20분기간 관찰된 모바일인터넷 성장세(자료: 모건 스탠리, 2010)

의 피처폰, 스마트폰, 아이패드 이용실태*에 따르면, 단말별 일일 인터넷 총 이용 시간은 피처폰 150.8분, 스마트폰 199.3분, 아이패드 258.6분으로 나타났다. 인터넷 이용 빈도에서는 피처폰 이용자의 29.7%, 스마트폰 이용자의 77.2%, 아이패드 이용자의 60.0%가 하루 1회 이상 인터넷을 이용하는 것으로 나타났다. DAC은 단말 보유 가구별 연수입도 조사했다. 피처폰 이용자는 549만 엔, 스마트폰 이용자는 670만 엔, 아이패드 이용자는 747만 엔의 가구별 평균 연수입이 집계되었다. 시간대별 인터넷 이용 비율에서는 스마트폰 이용자의 이용 비율이 어떤 시간대에서든 높았다. 아이패드의 경우엔 저녁 6~12시의 이용 비율이 높았으며, 스마트폰의 이용 비율을 뛰어넘는 시간대도 있었다. 특히 아이패드는 휴일에는 거의 모든 시간대에서 이용률이 높아, 자택에서의 이용이 많다는 것을 알 수 있다.

스마트폰 이용자가 자주 이용하는 기능과 서비스는 검색(80.3%), GPS(74.1%), 사진 감상 및 촬영(66.3%), 음악 재생(65.2%), PC 사이트 열람(63.7%) 순으로 나왔고, 아이패드 이용자가 자주 이용하는 기능으로는 검색(66.7%)과 PC 사이트 열람(56.8%), 이북(54.3%) 등이 상위에 올랐다. 스마트폰, 아이패드에서 자주 이용하는 사이트 상위에는 메이저급 검색 사이트가 올랐으며, 이어서 동영상 사이트인 유튜브가 올랐고, 아마존 등의 전자상거래 사이트, 트위터와 맛집 사이트 등이 뒤를 이었다. 자주 이용하는 앱으로는 스마트폰의 경우 게임, 뉴스 및 정보 사이트 계열 그리고 유틸리티 기능(메모, 캘린더 등)이 올랐으며, 아이패드에서는 이북과 게임이 상위에 올랐다.

스마트폰과 아이패드 구입 후의 미디어 이용 변화를 조사한 결과, 스마트폰 이용자의 경우 약 10% 이상이 게임기, TV, PC 이용이 감소했다고 응답했다. 아이패드

---

* 자회사인 SPiRE가 인터넷 조사를 실시했고 조사 대상자는 스마트폰 이용자 1217명, 일반 피처폰 이용자 1200명, 아이패드 이용자 100명 대상이다.

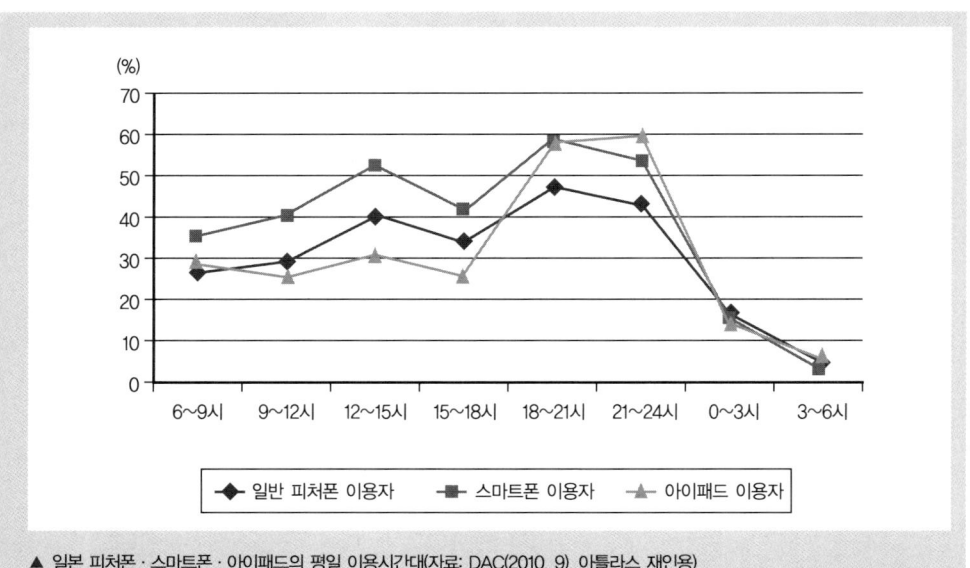

▲ 일본 피처폰 · 스마트폰 · 아이패드의 평일 이용시간대(자료: DAC(2010. 9), 아틀라스 재인용)

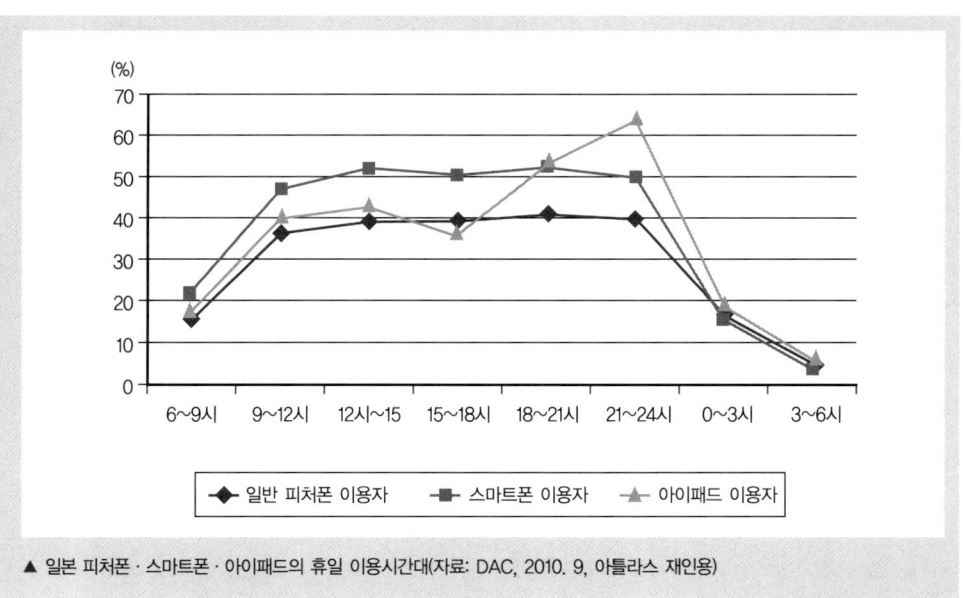

▲ 일본 피처폰 · 스마트폰 · 아이패드의 휴일 이용시간대(자료: DAC, 2010. 9, 아틀라스 재인용)

모 바 일 컨 버 전 스 는 어 떻 게 세 상 을 바 꾸 는 가

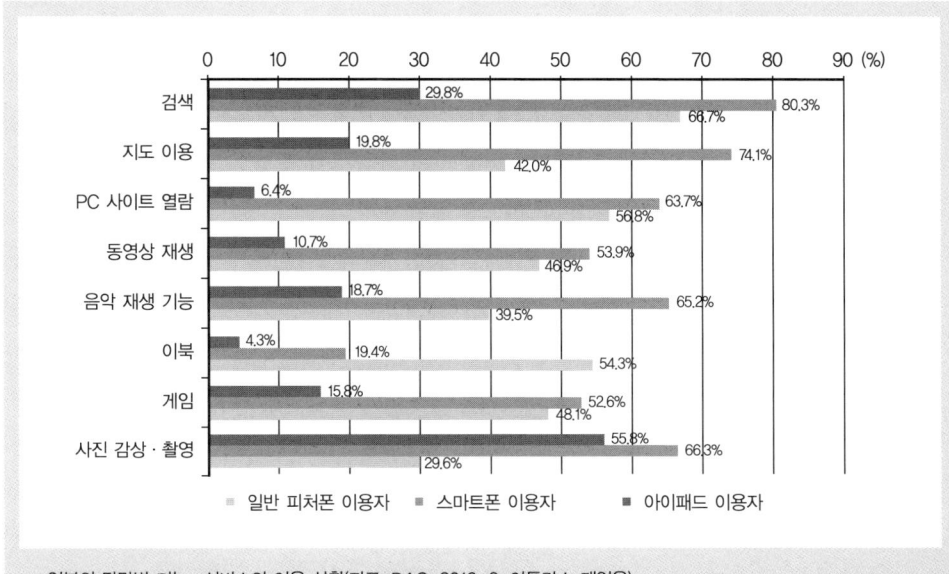

▲ 일본의 단말별 기능 · 서비스의 이용 상황(자료: DAC, 2010. 9, 아틀라스 재인용)

이용자의 경우에는 이러한 경향이 더욱 커 각각 15% 이상씩 감소했으며, 23%가 모바일 PC 이용이 감소했다고 응답했다.

아이패드가 출시된 이후의 인터넷 이용에서도 애플이 주도하는 모습이다. 2011년 1월 일본 덴츠 종합연구소가 미국의 아이패드 이용실태를 조사한 결과(20~60대 남녀 413명 대상)에 의하면, 미국의 아이패드 이용자는 거의 매일 아이패드를 이용하는 습관이 정착된 것으로 나타났다. 이용 목적별로 살펴보면 모바일인터넷 이용에 적극적이다. 모바일인터넷 이용 부문만 떼어 보면 이메일이 66%로 1위이고, 웹서핑 63.7%, SNS 59.8%, 이북 51.1%, 온라인쇼핑 46% 순으로 나타났다. 이는 기존 PC의 인터넷 이용이 아이패드를 통한 모바일인터넷 이용으로 이어지거나 대체되고 있음을 시사한다.

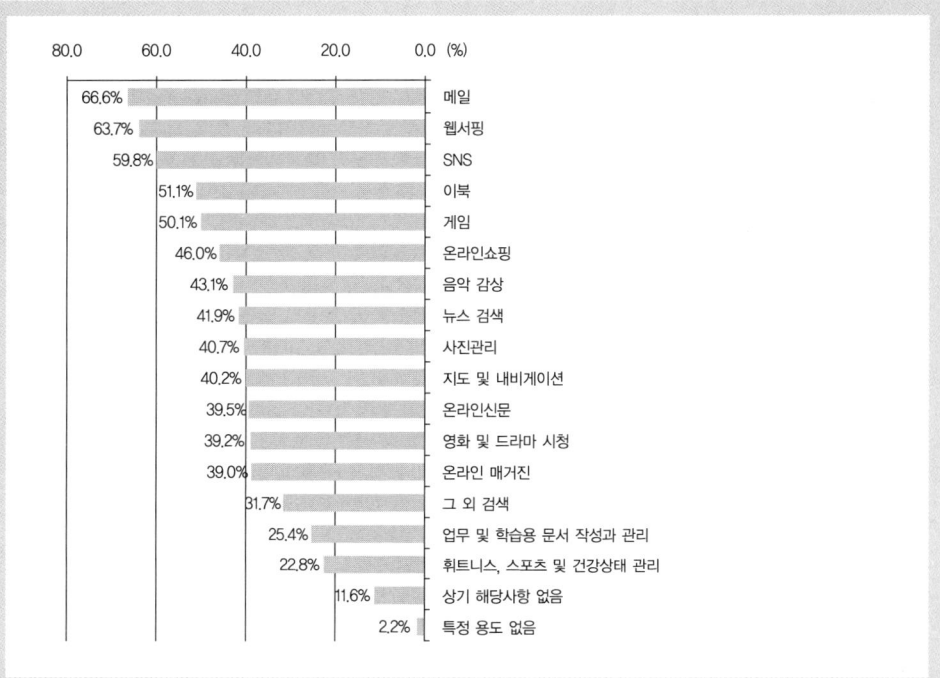

80.0   60.0   40.0   20.0   0.0 (%)

66.6%	메일
63.7%	웹서핑
59.8%	SNS
51.1%	이북
50.1%	게임
46.0%	온라인쇼핑
43.1%	음악 감상
41.9%	뉴스 검색
40.7%	사진관리
40.2%	지도 및 내비게이션
39.5%	온라인신문
39.2%	영화 및 드라마 시청
39.0%	온라인 매거진
31.7%	그 외 검색
25.4%	업무 및 학습용 문서 작성과 관리
22.8%	휘트니스, 스포츠 및 건강상태 관리
11.6%	상기 해당사항 없음
2.2%	특정 용도 없음

▲ 미국 아이패드 이용자의 이용 목적(자료: 덴츠 종합연구소, 2010. 1, 아틀라스(2011. 2) 재인용)

아이패드로 이어지는
비즈니스 쇼크는 유료화
: 패이드 콘텐츠

2007년 6월 29일 AT&T의 2.5G 망을 통해 와이파이까지 지원되는 형태로 출시된 아이폰은 트라이버전스를 실현시켰다. 당시 아이폰은 3.5인치 와이드 스크린 화면과 웹서핑 기능, 아이튠즈 소프트웨어를 통해 끊김 없이 제공되는 동영상 및 음악 재생 기능 등 미디어와 커뮤니케이션을 결합한 최고의 단말로 평가되었고,[7] 발매 사흘 만에 70만 대가 팔리는 쾌거를 올렸다. 이후 2008년 7월에 3G, 2010년 9월에 4G로 재탄생하면서 대중적 보급을 통한 고객접점 확대로 전략을 수정하는 모습을 보여주었다.

아이폰 발매 당시 가져올 비즈니스 쇼크로 두 가지가 예견되었다. 단말과 앱 가치사슬 파괴와 이용자의 모바일 콘텐츠 이용 패턴 변화이다. 3년여가 지난 지금, 그동안 기득권을 행사했던 기기 제조사 중심 생태계와 이들과 이동통신사 간의 밀착 관계가 와해되고, 애플은 네트워크를 범용화하고 콘텐츠와 하드웨어, 서비스 플랫폼의 수직통합형 사업모델을 구사하게 되었다. 2008년 3월 SDK_{Software Development Kit}

공개를 통해 앱스토어에서도 독보적이며 관리된 개방성과 다양성을 동시에 추구하고 있다. 나아가 초기에 단말 보조금 모델을 타파했던 애플은 이동통신사 통제권에서 벗어나 단말 매력도와 이용 편의성 극대화를 추구하고 하드웨어 판매수익 기반을 다지는 데 성공했다. 한편 3G부터는 보조금 모델의 회귀와 단말가격 인하, 국가별로 공급처를 다변화하는 등의 유연한 전략 변화 모습도 보여주었다. (이에 대해서는 1장 7절에서 자세히 다루겠다.)

이용자들은 점차 아이폰을 엔터테인먼트 단말로 인식한다. 아이폰 이용과 아이튠즈 이용이 병행되고 있기 때문이다. 아이튠즈는 P2P를 통한 파일 불법 공유가 골칫거리였던 온라인 음악 콘텐츠 시장에 합법적 음원 판매 트렌드를 주도하면서 2003년 4월에 출시되었다. 이후 아이팟과의 연계를 통해 시장점유율을 확대했으며, 아이폰이 그 뒤를 이은 것이다. 그 외에 사파리Safari를 통해 웹서핑을 즐기며, 유튜브 동영상도 즐긴다.

방대한 이용자 기반을 형성한 아이팟과 아이폰 생태계에 이어 이제는 아이패드에 시선이 주목된다. 2010년 4월 출시된 아이패드는 2011년 2월 전 세계적으로 약 1400만 대가 팔렸으며, 애플 전체 매출의 17%를 차지하는 것으로 나타났다. 이것이 주목되는 주된 이유는 아이패드가 점차 '미디어 소비 단말'로 자리를 잡아가고 있기 때문이다. 특히 이북, 신문과 잡지 등은 새로운 수익원이 절실하던 차에 발 빠른 대응을 보이고 있으며, 이어 게임, TV방송, 만화, 영화 부문이 뒤를 따른다.

아이패드가 시장에 준 가장 신선한 비즈니스 쇼크는 '적정한 콘텐츠 가격의 책정'이다. 애플은 특히 출판사들에게 일정 한도 내에서 자율적으로 이북 콘텐츠 판매가를 책정하도록 허용함으로써 출판사의 지지를 얻어내었다. 이때 애플과 출판사 간 수익 배분은 3:7이며, 출판사들의 수익성이 개선될 것으로 기대된다. 아마존의 소매가격 모델Retail Pricing Model과 달리 출판사가 판매가격을 결정하는 모델을 대리

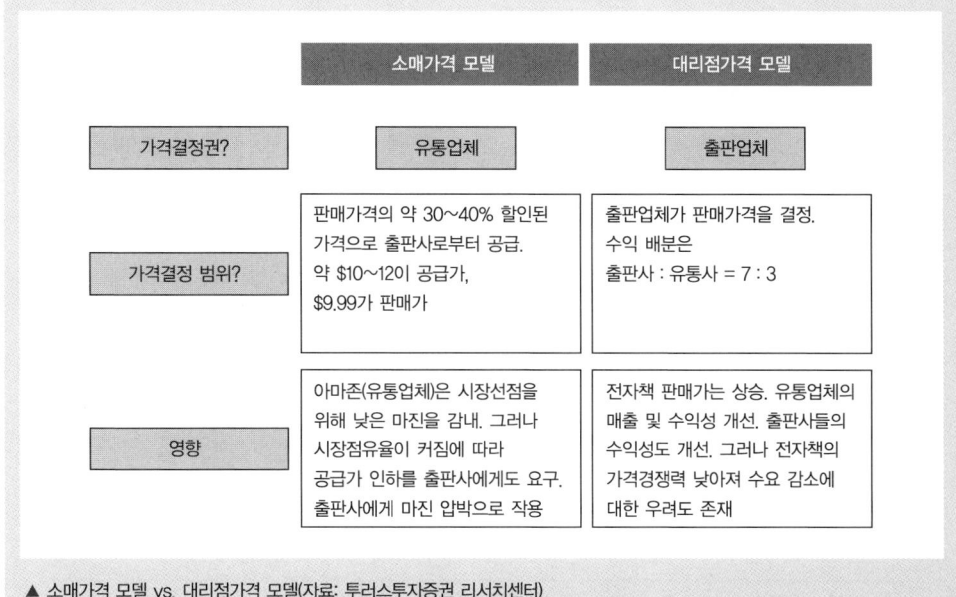

	소매가격 모델	대리점가격 모델
가격결정권?	유통업체	출판업체
가격결정 범위?	판매가격의 약 30~40% 할인된 가격으로 출판사로부터 공급. 약 $10~12이 공급가, $9.99가 판매가	출판업체가 판매가격을 결정. 수익 배분은 출판사 : 유통사 = 7 : 3
영향	아마존(유통업체)은 시장선점을 위해 낮은 마진을 감내. 그러나 시장점유율이 커짐에 따라 공급가 인하를 출판사에게도 요구. 출판사에게 마진 압박으로 작용	전자책 판매가는 상승. 유통업체의 매출 및 수익성 개선. 출판사들의 수익성도 개선. 그러나 전자책의 가격경쟁력 낮아져 수요 감소에 대한 우려도 존재

▲ 소매가격 모델 vs. 대리점가격 모델(자료: 투러스투자증권 리서치센터)

점가격 모델Agency Pricing Model이라고 한다. 결국 아마존도 가격을 내리게 된다.

이제는 신문사들도 아이패드 전용 앱에 각개격파식 유료화를 감행하기 시작한다. 뉴스코프 루퍼트 머독이 이끄는 〈월스트리트저널〉 같은 유명 신문은 수년 전부터 온라인 사이트에 과금제를 도입했다. 대부분 신문사들이 '뉴스는 그저 무료'라는 인식에 매몰될 때 〈월스트리트저널〉은 100만 유료 가입자를 달성해냈다. 경제지인 이 신문은 이제 아이패드에서 더 높은 가격의 월정료를 채택한다.

아이패드 발매 직후 〈월스트리트저널〉 전용 뉴스 앱 1개월 월정료가 18달러이다. 온라인 월 구독료가 9달러인데, 이의 두 배이다. 출시 3개월 후 〈월스트리트저널〉은 속도가 빨라진 버전을 발표하고, 일주일분의 신문기사를 아이패드에서 몰아서 읽

전세계 주요 신문사의 온라인(PC) 유료정책(2010년 9월 기준)

매체명	국가	유료정책
〈니혼케이자이신문〉	일본	3월부터 온라인 유료화 시작 온라인 뉴스 이용료 월 4000엔 기존 신문 구독자는 1000엔만 추가하면 이용
〈월스트리트저널〉	미국	온라인 뉴스 이용료 주당 1.99달러 기존 신문 구독자는 주당 40센트만 추가하면 이용 경제 기사 등이 유료 콘텐츠, 다른 분야는 무료
〈뉴욕타임스〉	미국	내년 1월부터 온라인 유료화 결정
〈르 몽드〉	프랑스	온라인 뉴스 이용료 월 6유로 신문 구독자는 무료
〈파이낸셜타임스〉	영국	온라인 뉴스 이용료 주당 3.19달러
〈더타임스〉	영국	7월부터 온라인 유료화 시작 1일 1파운드, 주당 2파운드 이용료

(자료: 조선일보, 2010. 9. 28, 동양증권 재인용)

게 하기도 하고, 기사 곳곳에 동영상도 배치하는 등 차별화 움직임을 보이기 시작하면서 다른 신문사들의 벤치마킹 대상이 된다.

〈뉴욕타임스〉는 온라인에서 오랫동안 무료화를 진행했다. 그러다가 2011년 2월부터 아이패드 붐에 편승해 전면 유료화 도입을 선언하게 된다. 〈월스트리트저널〉 같은 경제 전문지와 달리 〈뉴욕타임스〉의 경우에는 이미 온라인 사이트를 무료로 열람하고 있는 방문자(유니크 유저Unique User) 수가 월평균 3000만 명이며 이를 기반으로 한 광고수익도 연간 1억 달러이다. 〈뉴욕타임스〉 자체 조사에 의하면, 온라인 '헤비 유저Heavy User'는 전체의 15%에 불과하다. 그래서 〈뉴욕타임스〉는 이들을 유료 회원으로 전환시키려는 전략을 세우게 된다. 일종의 하이엔드 전략이다. 새롭게 도입되는 유료 서비스에는 〈뉴욕타임스〉 온라인 사이트를 무제한 이용할 수 있는 형

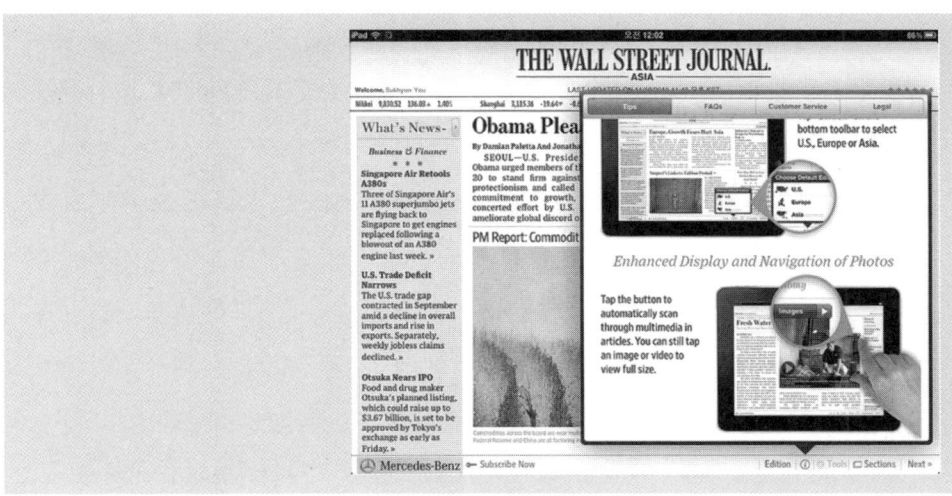

식과 아이패드 등 태블릿PC 앱으로 이용하는 번들 형식의 두 가지 옵션이 제공된다. 아이패드 앱은 초기 무료 시범 서비스 후 유료로 전환 예정이며, 인쇄판 독자는 추가 비용을 내지 않아도 된다. 월 이용료의 경우 번들 구독 시 요금은 아마존 킨들의 〈뉴욕타임스〉 디지털 구독료와 같이 20달러 수준이다.[8]

더 파격적인 사례는 오직 아이패드에서만 만날 수 있는 〈더데일리〉의 창간(2011. 2)이다. "새 시대에는 새로운 저널리즘이 필요하다"고 역설한 머독은 '새 부대에 새 술'을 담고 싶은 것이다. 그동안 태블릿에서만 보는 미디어가 존재하긴 했으나, 특정 플랫폼에만 예속되어 전면 유료화를 시도한 경우는 이번이 처음이다. 머독은 아이패드 예찬론자로서 3000만 달러를 퍼붓겠다는 의지를 표명했다. 〈더데일리〉는 100여 명의 외부 기자들을 영입해 1년 365일 하루 한 번 100페이지 분량의 글과 사진, 동영상을 제공하게 되며, 매주 0.99달러, 연간 39.99달러를 아이튠즈 계정을 통해 자동 결제하게 된다. 수익 배분은 애플과 〈더데일리〉가 3:7로 향후 5년간 지속할 계획이다. 수익성에 대해서는 의견이 분분하지만, 주간 운영비용 약 50만 달러와 애플과의 수익 배분을 감안할 때 매달 약 80만 가입자를 유지해야 50만 달러를 커버할 수 있을 것으로 예상된다.[9]

방송사들도 방송광고 매출의 급감으로 인해 아이패드를 통한 유료 콘텐츠 제공에 관심을 보이고 있다. 그러나 이들은 아직 애플의 저가 콘텐츠 가격 정책에 대해 당황하는 모습을 보인다. 이는 무엇보다 기존 유료 방송사들과의 관계 악화가 우려되기 때문이다. 또한 채널 단위로 판매되었던 콘텐츠를 개별로 판매하는 것이 이들에게는 아직은 낯선 개념이다. 채널 구독이 아닌 콘텐츠 쇼핑 개념이 되는 것이다. 이 말은 채널 브랜드가 희석되고, 콘텐츠가 세분화되고 개인화됨을 의미한다.

방송사들은 과거 음반업체들의 실책을 교훈 삼아, 콘텐츠 가격 인하를 감수하고 아이튠즈 계정을 가진 1억 2000만 명(2010년 4월 현재) 고객 기반을 받아들일 가능성이 점차 높아지고 있다. 이들에게는 최근 신문사의 움직임도 관전 포인트이다. 장기적으로 뉴스 콘텐츠도 음원 콘텐츠처럼 미디어 브랜드는 희석되고 콘텐츠 판매 단위가 세분화되는 방향으로 갈 것이다.

방송사 중에는 미국의 ABC, CBS 등의 지상파 방송사가 의외로 적극적이다. 아이패드에서만 제공되는 ABC는 아직 무료이지만, CBS는 아이패드 출시를 계기로 향후 아이튠즈 스토어에서 일부 TV 프로그램 가격을 1달러 이하로 책정할 것이라고 밝힌 바 있다. 아이패드가 고객들로 하여금 앱스토어와 클라우드 기반 모바일 웹 환경을 연결시켜 주고 미디어 콘텐츠 사업자들의 지지를 받게 되면 향후 더 큰 영향력을 발휘하게 될 것이다.

애플이 주는 원포인트 레슨
: 수직적 레버리지

혁신적 기술로 시작한 애플의 핵심 원천이 기술을 넘어 문화로 가고 있다. 애플은 2010년 5월 MS의 시가총액을 추월한 이후 3/4분기에는 MS 매출액까지 따돌렸다(2010년 3/4분기 MS의 매출액은 162억 달러, 애플은 203억 4000만 달러). 2011년 초, 애플은 이례적으로 사업실적을 공개했는데[10] 3월 2일 현재 애플 아이폰 판매량은 1억 대를 넘어섰다. 애플은 1500만 대를 판매한 아이패드로 95억 달러의 매출을 올려 아이패드가 태블릿PC 시장점유율 90%를 넘어섰다. 아이패드와 동시에 출시된 아이북스토어 서비스를 통해 1억 권 이상의 이북이 다운로드되고, 아이북스토어는 iOS4 버전으로 구동되는 모든 단말에서 이용 가능하게 되었다. 아이튠즈에는 약 2억 개의 신용카드 계정이 등록되어 있고, 앱스토어에는 35만 개의 앱이 등록되어 있으며, 이 중 6만 5000개 이상이 아이패드 전용으로 개발된 것이다. 애플은 앱스토어 개발자들에게 20억 달러 이상의 수익을 배분했다.

이제 애플은 기술과 문화, 시장을 한 몸에 갖게 되는 모습을 보이고 있다. 애플의

▲ 아이패드 2

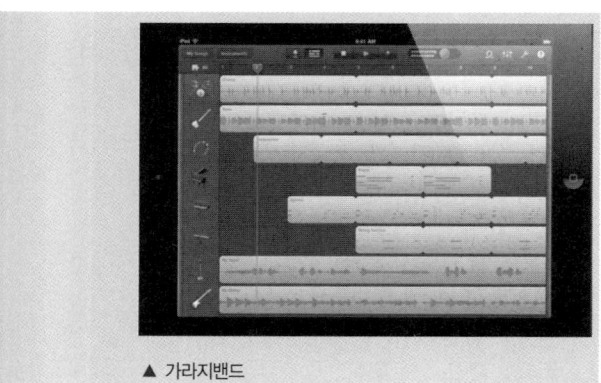
▲ 가라지밴드

스티브 잡스는 2011년 3월 2일 아이패드2를 출시하면서, 이를 기술 외에 다양한 학문과 인간의 감성을 존중하는 애플의 정신이 담긴 결정체라고 강조했다. 잡스에 의하면,[11] "애플의 DNA에는 기술뿐 아니라 교양, 인문학 등 다양한 학문이 집약되어 있으며, 아이패드 같은 포스트 PC 단말들이 이를 증명한다." "현재 차세대 PC로서 태블릿PC에 주목하는 업체들의 시장 경쟁이 치열해지고 있다." 이처럼 애플은 자사의 사업이 사람들에게 보다 나은 삶을 선사하고 있다고 주장한다. 예컨대 아이패드2와 함께 공개된 앱인 가라지밴드는 악보를 제대로 읽지 못하는 사람들도 직접 작곡할 수 있다는 생각을 심어준 것이다. 이처럼 애플은 기술과 재능, 문화를 결합하고 있다.

애플 전략의 키워드는 수직적 레버리지Vertical Leverage이다. 사실상 애플 수익의 근간은 맥 컴퓨터와 아이팟, 아이폰, 아이패드 등 하드웨어이다. 하지만 여기에 소프트웨어와 콘텐츠를 묶어 파는 것을 사업모델로 하고 있다. 사실 아이튠즈와 앱스토어 매출은 아이폰 판매 실적과는 비교도 되지 않는 비중을 차지하고 있으나, 정작 80만 원이 넘는 고가의 아이폰을 구입하는 사람은 앱스토어의 매력 때문이다. 이러한 마케팅 전략이 비이성적인 또는 지극히 감성적인 인간의 영혼에 영감을 주는 제품을 만들어낼 수 있다는 사실을 증명하고 있는 것이다.

최근에는 아이폰의 성장 공식이 맥 컴퓨터에 회귀하는 모습도 보여주고 있다. 2010년 10월 애플이 개최한 한 이벤트에서 2011년 여름에 출시될 맥의 차기 OS인 'Mac OS X Lion'이 발표되었으며, 가장 주목을 끈 맥 앱스토어는 아이폰, 아이패드용 앱스토어의 PC 버전으로서 1월 말에 'Mac OS X 10.6 Snow Leopard' 버전부터 이용할 수 있고, 차기 OS부터는 표준 기능으로 탑재된다. 애플은 아이튠즈 뮤직 스토어에서 구축한 사업모델을 앱스토어에 레버리지하여 아이폰, 아이패드에 성공하더니 이를 다시 맥북에 적용하고 있는 것이다. 맥 앱스토어에서는 엔터테인먼트뿐 아니라 업무용 툴 등 다양한 PC에 적합한 앱들이 등장할 것이다. 〈월스트리트저널〉에 의하면, iOS의 성공 체험을 맥으로 전이시키는 애플의 전략이 맥 보급의 기폭제가 될 것이다. 아이러니하게도 아이패드가 노트북과 넷북 판매량 감소에 전반적으로 영향을 미치고 있지만, 맥에는 오히려 시너지효과가 발휘되고 있다. 바로 '수직적 레버리지'의 효과이다.

08

구글의 돌진
: 모바일 퍼스트

2010년 초 바르셀로나에서 열린 모바일세계회의MWC에서 구글의 CEO인 에릭 슈미트는 자사의 전략을 '모바일 퍼스트Mobile first' 라고 표현했다. 구글이 모바일 생태계에서 일등이 되겠다는 의지의 표현이다.

구글 모바일 전략의 핵심인 다섯 가지 특성은 오픈, 웹 및 HTML5, 검색, 혁신, 그리고 광고 및 뉴 앱−버타이징App-vertising이며, 그 기저에 클라우드 컴퓨팅 혁명이 자리한다. 이는 데이터를 관리하는 방법에서의 근본적 변혁을 의미한다. 이 회의에서 "클라우드의 파워를 이용하지 않으면 실패할 것이다"라고 슈미트는 말한다.

구글의 대표적 클라우드 서비스인 구글 앱스는 이메일이나 사내 문서를 인터넷으로 볼 수 있게 한 서비스로서 안드로이드폰에서 더 안전하게 이용할 수 있다. 구글은 크롬 OS를 통해 클라우드 사업을 더욱 강화하는 모습을 보인다. 넷북용 플랫폼인 크롬 OS가 신뢰성이 높은 네트워크와 저장용 하드디스크가 없는 단말 이용을 전제로 하기 때문이다. 크롬 OS는 소프트웨어를 단말에 다운로드하거나 데이터를 본체에 저장하는 형태를 취하지 않고 데이터를 클라우드에 저장하는 형태를 띠며, 데이터는 전 세계 데이터센터에 설치된 수많은 서버에서 관리된다. 개발자가 작성한 앱은 크롬 웹스토어에 저장되고 이용자는 여기서 제공되는 앱을 이용한다. HTML5 기반 크롬 웹스토어의 등장으로 네이티브앱 개발자가 소프트웨어를 웹에 이식하고 싶어 할지는 아직 미지수다. 당분간은 두 가지 모두 병존할 것이다. (이에 대해서는 뒤에서 논의하겠다.)

슈미트 사장은 2010년 12월 7일 샌프란시스코 기자회견에서 크롬 OS에 의한 클라우드 컴퓨팅 보급이 진행될 것임을 시사했다. 그리고 2011년 2월 2일에는 캘리포니아 마운틴뷰 본사 내 기자간담회에서 태블릿 단말에 특화된 안드로이드 3.0버전

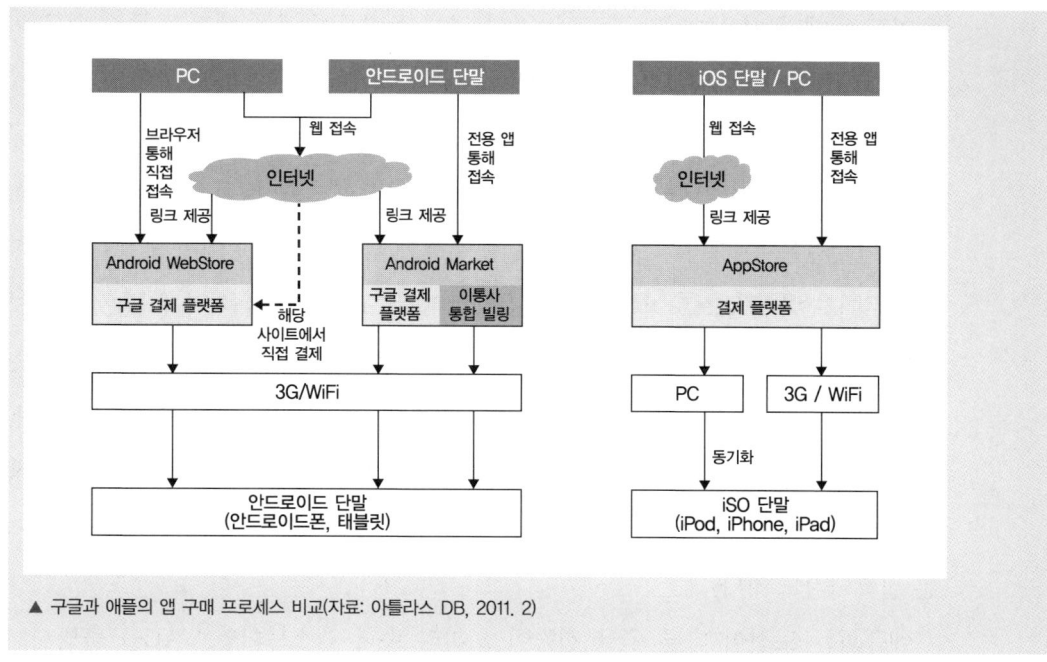

▲ 구글과 애플의 앱 구매 프로세스 비교(자료: 아틀라스 DB, 2011. 2)

인 허니코움Honeycomb의 개요와 함께 기존 앱스토어를 그대로 웹상에 옮겨놓은 안드로이드마켓 웹스토어를 공개했다. 이 웹스토어는 기존 구글 계정과 연동되며 최초의 로그인 과정과 클릭 몇 번만으로 안드로이드폰에 앱을 다운로드 받을 수 있게 한다.

애플과 구글의 앱 구매 프로세스를 비교해보면, 애플 아이튠즈도 노트북이나 데스크톱에서 앱 구매가 가능하다. 하지만 이는 웹브라우저 기반이 아니다. 즉, PC에 저장된 아이튠즈로 앱을 구매할 때는 아이폰이나 아이패드 등을 PC와 USB 케이블로 연결하여 동기화해야 하는 번거로움이 있다. 이에 비해 안드로이드 마켓 웹스토어에서 구매한 앱은 OTAOver-The-Air 방식으로 스마트폰에 자동 설치된다. 또한 애플은 5대 이하의 제한된 PC에 설치하여 이용해야 하지만, 웹스토어는 언제 어디서나 PC 이외의 다양한 웹 접속 단말을 통해 접근 가능하다. 결제에 있어서도 애플은 신용카드 결제만 허용하지만, 구글은 자사 결제 플랫폼인 구글 체크는 물론 최근 이동통신사 통합 빌링 시스템과 신용카드 결제 등 다양한 옵션을 제공하고 있다.

장기적으로 볼 때, 유무선망의 범용화와 더불어 HTML5, 클라우드 기술의 개발 등으로 인해 현재의 네이티브앱에서 웹앱으로 진화할 것이라는 시각이 우세하다. 물론 당분간은 두 가지가 병존할 것이다. 이러한 과도기적 상황에서 구글이 제시한 안드로이드 마켓 웹스토어는 향후 웹앱으로 가는 교두보 역할을 하게 될 것으로 보인다. 이는 애플의 '관리된 개방' 정책과도 차별된다. 애플은 개발자들에겐 개방 환경을 제공했지만, 유통 시스템 자체는 자사의 아이튠즈 스토어에 한정하고 있다. 이런 점에서 유통 시스템의 개방을 추구하는 구글의 모바일 전략은 안드로이드 생태계에 긍정적으로 작용할 것이다. 이는 또한 웹 자체를 플랫폼화하려는 구글의 기본 철학이기도 하다.

애플과는 노선이 다른 구글 전략이 오히려 슈퍼 앱스토어인 WAC을 출범시킨

GSMA 주도 하에 있는 전 세계 각국 이동통신사들의 전략과 대립될 수도 있겠다. (WAC에 대해서는 2장에서 자세히 논의할 것이다.) MWC2010에서 WAC이 출범된 이후, 최근 MWC2011에서 WAC 2.0버전에 HTML5를 기반으로 하여 리치rich 멀티미디어를 지원할 계획이 공개되었다. 이는 2011년 5월부터 지원된다. 또한 3.0버전에서는 앱 내In-App 과금 및 인증, 메시징, 이용자 신원조회 등 다양한 네트워크 API도 공개될 전망이라고 한다. WAC이 빠르게 웹앱 개발 환경을 구축하게 되면 구글 웹스토어와의 경쟁이 불가피할 것이다.

피로해진 소비자,
이제 기능 중심으로 간다
: 디버전스

컨버전스가 기기의 진화 측면에서 핵심 동인이라 주장될 때마다 특정 효용과 편익에 특화한 가치만 제공하는 디버전스Divergence도 동시에 이슈화되곤 한다. 이는 특정 기술, 기능 중심으로 전문화 혹은 분화되거나 복잡 다양한 기능들이 보다 간편화되고 단순화되는 현상을 뜻한다. 최근에 다시 붐을 일으키고 있는 이북, 아이패드 등 태블릿PC, 모션 픽처Motion Picture를 강조한 디지털 액자가 대표적이다. 디버전스가 일시적 유행이고 저가 중심이며 기존시장을 잠식한다는 우려도 존재하나, 컨버전스가 고도화되면서 기능 피로 현상에 따른 세분화를 선호하는 경향에 따른 반응이라고 판단된다. 틈새시장을 겨냥한 니치 서비스 창출이 가능하다는 시각, 그리고 부분적 디버전스를 특화 포인트로 활용해 신시장 창출이 가능하다는 시각 등이 존재한다.[12] 다시 말해 컨버전스가 성숙하면 디버전스가 촉발될 수도 있다.

소비자의 기능 피로의 함수는 하버드대학의 러스트 교수 등에 의해 2006년 창안되었다.[13] 컨버전스의 고도화로 기능이나 사용 방식이 복잡해지면서 자신이 필요로

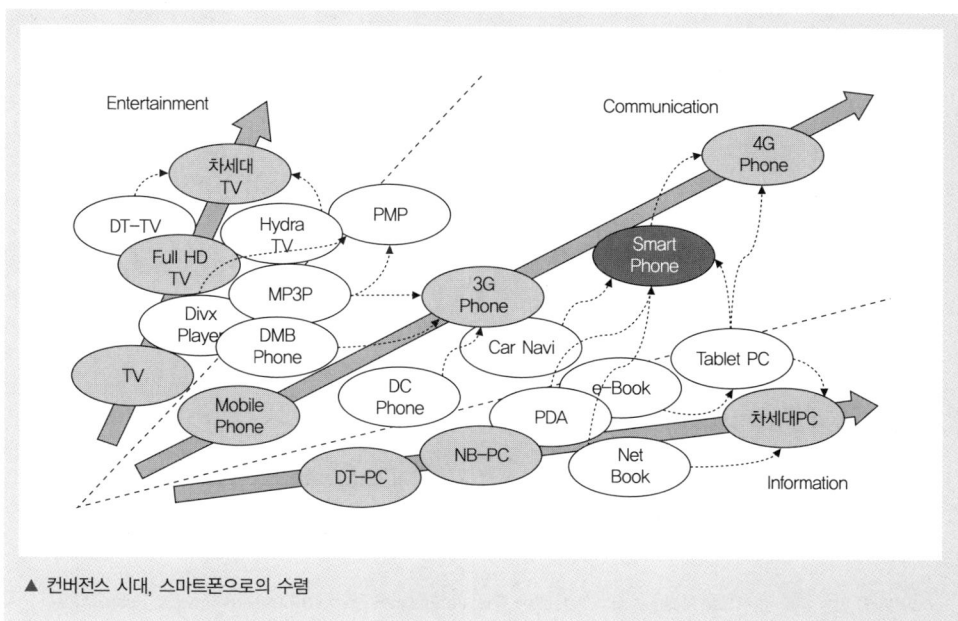

▲ 컨버전스 시대, 스마트폰으로의 수렴

하는 기능 이외의 것은 부담스러워하고 쉬운 사용 방식을 선호하는 소비자들이 점점 증가하게 된다는 논리다. 즉, 컨버전스가 성숙될수록 최적의 폼팩터 구현이 중요해진다는 뜻이다. 폼팩터란 크기, 무게, 재질 등의 휴대성 측면, 외관 타입과 슬림화 등의 디자인, 입력 방식과 디스플레이, 메뉴 등의 사용자 인터페이스UI: User Interface 등의 형태를 규정하는 요소를 말한다.

러스트 교수에 의하면, 디버전스 제품의 유형은 이러한 폼팩터 변화와 기능 다양성 정도(부분 또는 완전 디버전스)를 두 축으로 하여 세 가지 유형이 가능하다. 첫째는 폼팩터 변화가 작고 부분 디버전스 영역인 기존 제품의 간편화로, 음성통화 중심 베이직폰이 대표적이다. 둘째는 폼팩터 변화가 크고 부분 디버전스 영역인 전문 기

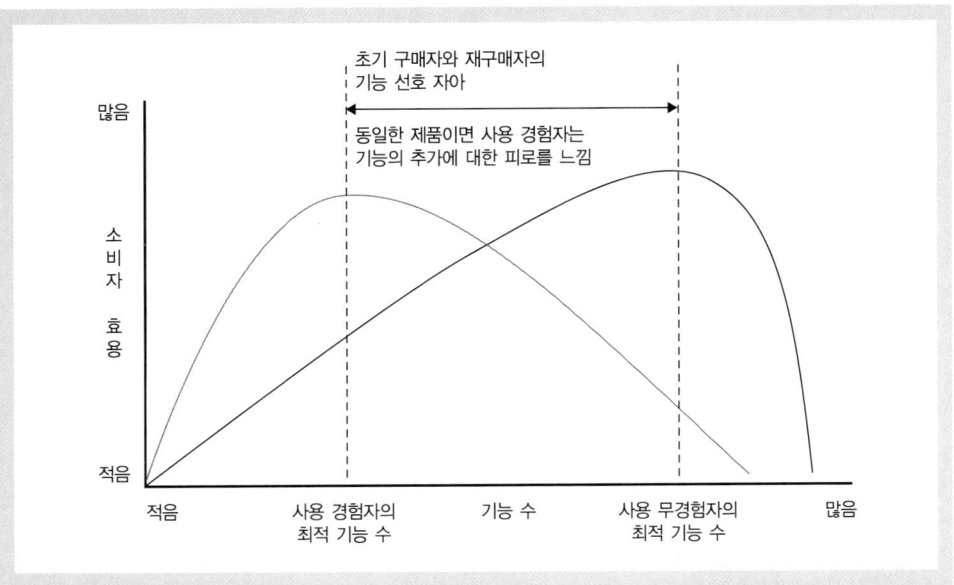

초기 구매자와 재구매자의
기능 선호 차아

많음

동일한 제품이면 사용 경험자는
기능의 추가에 대한 피로를 느낌

소
비
자

효
용

적음

적음   사용 경험자의   기능 수   사용 무경험자의   많음
           최적 기능 수   최적 기능 수

▲ 소비자의 기능 피로 함수(자료: Rust, et al., "Defeeting Feature Fatigue" Harvard Business Review, Feb. 2006)

능 제품으로, 아이패드와 디지털 액자를 예로 들 수 있다. 셋째는 폼팩터 변화가 크면서 동시에 완전 디버전스 영역의 제품으로, 게임이나 피트니스, 증권거래, 의료 등의 특화 앱 기기가 대표적이다.

디버전스 제품의 진출 시기는 대략 컨버전스 제품의 성숙기로 보인다. 출시 시기가 매우 중요한 성공 포인트이다. 처음에는 혁신적 컨버전스 기기에 관심을 보이던 소비자가 피로감을 느끼면서 특정 기능 중심을 선호하게 될 시점을 포착하는 것이 매우 중요하다. 과거 PDA 및 태블릿PC가 실패한 듯하다가 다시 살아나고 있음을 보는데, 이는 타이밍의 문제이다. 그 당시에는 노트북이 아직 성숙하기도 전에 이를 대체하는 개념으로 출시된 것이 문제였다. 또한 OS 표준화 및 무선망 환경이 열

악했던 것도 또 다른 이유가 된다.

　10년이 지난 지금 노트북의 기술 발전이 성숙기에 이르면서 태블릿PC나 패드가 다시 살아날 여건이 마련되고 있다. 아이패드가 대표적이다. 이는 기존과는 다른 게임의 룰을 필요로 한다. 틈새시장 공략이므로 먼저 시장에 나오면 선발자 프리미엄을 누리게 될 것이다. 또한 타 단말들과의 연동을 통해 고객가치를 제고하고 고객의 새로운 라이프스타일을 창출시키는 기발한 아이디어들을 필요로 할 것이다. (이에 대해서는 3장에서 자세히 다룬다.)

Chapter 02

앱이코노미,
새로운 경제를
열다

Next IT Revolution

01

새로운 경제 질서의 시작
: 앱이코노미

오픈마켓에서 개발자가 앱을 제공해 장터와 수익을 배분하는 개발자 중심으로 모바일컨버전스 생태계가 발전 중이다. 애플의 앱스토어는 대표적인 오픈마켓이라 할 수 있다. 애플은 2008년 앱스토어를 "인터넷, 컴퓨터 및 전자통신 네트워크를 통해 공급되는 컴퓨터 소프트웨어의 소매상점 서비스"로 규정해 상표권 등록을 마쳤다. 애플 앱스토어는 2008년 7월 500개 앱으로 출발, 불과 2년이 지난 2010년 12월 현재 약 31만 개의 앱이 등록되는 성공을 거두었다. 같은 기간 안드로이드는 19만 개, 오즈스토어는 6000개 정도이며, 국내 올레마켓은 30만 개, T스토어는 6만 개를 기록했다.[14] 이후 애플은 아이패드 앱스토어에 이어 2011년 1월 맥 PC를 위한 맥 앱스토어도 선보였다.

오픈소스 OS 기반인 안드로이드 마켓은 2008년 10월 오픈한 이후 이처럼 약 19만 개의 등록된 앱 수를 기록하는 등 2강 체제로 재편되고 있다. 세계 10위 스마트폰 가운데 7종이 안드로이드 OS를 채택하고, HTC 제품이 4종, 모토로라 제품이 2종,

삼성 제품이 1종인 것으로 조사되었다.[15]

스티브 잡스도 한 언론 인터뷰에서 "아마존, 버라이존, 보다폰은 모두 안드로이드를 위한 자체 앱스토어를 구축하고 있다"고 언급하는 등 앱스토어 오픈마켓을 말하는 일반명사가 되었다. 이제 앱스토어는 스마트폰의 활용성을 높일 수 있는 핵심 요소이다. 그러나 아직 애플의 주 수익원이라고 말하는 사람은 없다. 2009년 애플이 1년에 벌어들인 매출의 3% 정도가 앱스토어 매출이었으며* 향후 2년 정도를 볼 때 큰 수익을 기대하기 힘들다고 판단했다(애플에 의하면, 전 세계 애플의 1년간(2009년 4분기~2010년 3분기) 매출은 652억 달러로 집계되었다). 하지만 아이팟의 경험에서 보면 장기적으로는 주 수익원(2010년 기준, 아이팟이 300% 성장률을 보일 때는 아이튠즈가 아이팟 매출의 18%였다는데, 2008년 아이팟 판매가 마이너스 성장세로 돌아설 때는 그 비중이 42% 수준까지 올랐다)이 될 수 있다. 더구나 아이폰 성능은 더욱 향상될 테지만, 가격은 인하되고 판매량 증가세가 둔화되는 시점이 언젠가는 올 것이기 때문이다. 그렇게 되면 앱스토어가 애플 수익의 중심축을 담당할 것이다.

앱스토어는 기존 생태계 질서를 뒤엎는 일대 혁명이다. 앱스토어가 나오면서 을(乙) 관계에 있던 개발자들은 해방되었고, 최종 이용자들은 수십만 개의 앱 중에서 골라 쓰는 구조가 되었다.** 2년이 지난 이 시장은 이제 일부 마니아들의 장난감이

---

* 오릴리 조사 결과, 유료 앱 100위권 평균 가격인 약 2.8달러를 기준으로 추산해볼 때 애플 앱스토어 앱 총 판매금액은 약 5억 달러인 것으로 보이며, 30%가 애플 몫이므로 애플 매출은 약 1.5억 달러이다. 같은 기간 애플 총매출액 52.6억 달러 대비 약 3% 수준이 된다.[16]

** 광의로 보면 PC나 핸드폰에서 이용 가능한 주소록이나 알람, 사전, 계산기 등도 모두 앱이다. 그러나 현재 스마트폰에서의 앱은 이런 것들을 넘어선 개념이다. 앱스토어는 개발자를 위한 것이며, 다른 OS나 프로그램이나 시스템에는 폐쇄적이다. 그래서 OS별로 앱스토어가 별도로 개설된다. 개발자는 자신의 앱에 원하는 가격을 매겨 앱스토어에 올린다. 여기서는 소프트웨어 개발 툴킷(SDK: Software Development Kit)이 공개되어 이를 이용해 누구나 자유로이 앱을 개발하고, 개발 즉시 앱 등록 및 판매 요청이 가능하다. 저작권 침해나 기술적 오류가 없는 한 단기간 내에 판매가 허가된다. 아이폰의 경우에는 심사 요청 후 평균 10일이 소요되고 있다.

아니라 웹처럼 보편화되고 있다. 그런데 애플이 직접 만든 앱은 없다. 애플은 그저 모바일컨버전스 생태계만 조성했을 뿐이다. 리서치투가이던스에 의하면 앱 고객 기반은 2010년 3억에 이르고 있으며, 2013년 10억에 이를 것으로 전망된다.

애플 앱스토어 등장 이후 이를 닮기 원하는 사업자들이 줄을 잇고 있다. 앱스토어 춘추전국시대가 시작된 것이다. 애플 주도에 구글이 추격하는 양상을 보이더니, 이젠 이동통신사와 단말사, 더 나아가 아마존, 베스트바이 같은 유통업체까지도 앱스토어 시장에 가세한다. 신생 앱스토어 업체들은 자체 OS가 없기 때문에 개방성을 강조하면서 다양한 기기에 쉽게 도입 가능한 안드로이드를 기반으로 하고 있다. 아마존은 현재 제공 중인 음악, 동영상, 이북 등의 콘텐츠들을 주요 앱스토어 카테고리로 특화시킬 수 있는 장점을 가지고 있다. 베스트바이도 이와 유사한 방향으로 나아갈 것이다. 이동통신사들도 자체 안드로이드 앱스토어 구축이 필연적인 대응이라고 본다. 이들은 자신들만의 배타적 자산인 고객접점과 빌링 관계 등을 결합하여 현지에 특화된 서비스 발굴을 위해 더욱 노력할 것이다.

때가 되면 앱스토어들은 구조조정 과정을 겪을 것이다. 과거 웹 포털들이 이러한 과정을 거쳐 1~3위 정도가 석권하는 시장으로 재탄생되었듯이 말이다. 하나의 단말에 아무리 많은 앱스토어가 탑재되어도 결국엔 2~3개 정도가 소비 대상이다. 향후엔 기능적으로 별 차이 없는 스마트폰이 판매될 것이다. 또한 다른 앱스토어들도 유저 인터페이스 면에서 애플을 따라잡을 것이다. 이미 세계 휴대폰 제조업체들은 모두 스마트폰 라인업 확대와 앱스토어 개시를 병행하고 있다. 2010년 말에 모습을 드러낸 윈도우폰7의 앱스토어에도 불과 두 달 만에 4000개 앱이 등록되었다.

핵심은 앱이다. 아쉬코(2011. 1)의 통계에 의하면, 애플 iOS 단말기 하나당 월평균 앱 다운로드 수는 2008년 7월 1개 수준에서 2011년 1월 약 6개로 증가되었다. 앱의 발달로 이를 활용하려는 비즈니스들이 등장하면서 '앱이코노미' 가 시작된다. 예컨

(단위: 건)

7

6

4

3

1

0

2008. 7   2009. 1   2009. 7   2010. 1   2010. 7   2011. 1

▲ 애플 iOS 단말기 하나당 월 평균 앱 다운로드 수 통계(자료: Asymco)

대 한 개인이 스퀘어Square*라는 앱을 설치하고 동글Dongle을 구입하면, 앱이 가맹점 기능을 확보하여 개인 간 거래, 소규모 상점, 임시 상점에서 활용 가능한 결제 서비스로 탈바꿈한다. 신용카드 결제 후의 영수증은 이메일로 보내지고 관리된다. 노점상에서도 카드 결제가 가능하니 정말로 신기하지 않은가? 런키퍼RunKeeper, 슬립사이클Sleep Cycle, 에어스트립오비AirStrip OB 등의 헬스 모니터링 앱들도 스마트폰에 탑재된 GPS, 중력센서, 푸시 기능을 활용해 병원의 환자관리 서비스와 트레이닝센터의 고객관리 시스템으로 탈바꿈한다. (이들에 대해서는 3장에서 자세히 다룬다.)

　이러한 사례들은 바닷가의 모래알과 같이 많아졌다. 이는 인터넷경제와는 뭔가

＊ 아이폰 하단 연결부에 동글 타입의 작은 신용카드 리더기를 연결해 일반 소규모 상점에서 결제를 도와주는 솔루션이다.

다른 경제가 태동함을 의미한다. 일례로 오카리나ocarina 앱은 2008년 12월 등록되었는데, 그 아이디어가 상상을 초월한다. 아이폰 마이크에 숨을 불어넣으면 청아한 소리를 내며, 원형 버튼들을 누르면서 음의 고저를 조절하게 되어 있다. 스마트폰이 갑자기 목관악기가 된 것이다. 이처럼 이용자의 문화생활에 다가가 부가가치를 창출하는 모바일앱 등장이 '앱이코노미'를 통해 IT산업 패러다임을 주도하게 되었다. 모바일앱이 그간의 IT산업 생태계의 '게임 룰'을 바꾸고 있다. 큰 흐름은 제조업 중심 폐쇄적 사업구조에서 소프트웨어와 콘텐츠 중심 개방생태계로의 변화이다. 또한 음성에서 데이터로도 모바일 패러다임이 전환되면서, 모바일 수요가 급증하고 글로벌 인터넷 서비스 사업자가 전 세계 산업에 미치는 영향력이 증가하고 있다. 명심해야 할 것은 앱스토어 시장은 전 세계라는 점이다.

스마트폰, 스마트PC, 스마트TV로 확산되는 스마트 기기의 차별점은 확실히 '앱'이다. 앱을 통해 이 단말들은 콘텐츠 서비스를 공유하고 있다. 결론적으로 말하면, 앱이 앱스토어에서 거래되고, 이로써 '앱이코노미'라는 새로운 경제 질서가 출현하면서 엄청난 비즈니스 기회가 열리고 있는 것이다.

한국 앱이코노미의 불씨
: 위피-아웃, 와이파이-인

스마트폰의 등장에 따른 앱스토어 도입으로 모바일 서비스가 진화하면서 본격화된 앱이코노미. 국내에서 본격화된 계기는 무엇인가? 먼저 '위피WIPI 포기'를 들고싶다. 이로 인해 외산 단말들이 들어오게 되었다.* 위피를 통한 국내 모바일 콘텐츠산업 보호의 실효성이 없다고 판단한 방송통신위원회는 2008년 12월 10일 위피 의무화를 폐지하고 이듬해 4월부터 이동통신사들이 위피 탑재 여부를 자율적으로 선택하도록 결정했다.

'위피 의무화 폐지' 결정에 대해 이동통신사와 소비자는 반겼다. 그러나 단말 제조사와 콘텐츠 공급업체CP는 국내 시장에 빗장이 풀릴 수 있다는 우려를 표명했다. 소비자 입장에서는 단말 선택폭 확대 및 이로 인한 가격 인하 가능성이 있다. 당시에는 실제로 단말이 아직 발달되지 않은 상태라 와이브로 듀얼모드폰이 모바일 서

---

* 2008년 8월, 네티즌 2000명을 대상으로 한 설문조사에서 위피 폐지 의향 이유로 "다양한 소비자의 선택권이 보장되어야 한다"가 거의 절반을 차지했고, 그 다음으로 "외산 단말기 도입의 장애물이다"가 25%를 차지했다.

비스를 활성화시키는 데 기여할 수 있는 정도였다. 유선 기반 인프라 없이는 그 영향력이 미미했다는 뜻이다. 따라서 당시 정부의 '위피 폐지' 결정은 와이브로 육성 정책과 맞물려 있다는 예측을 갖게 한다.

모바일컨버전스 빅뱅의 일차적 발단은 '위피 폐지'이다. 위피는 시장의 폐쇄성만 키워 산업 다이나믹스를 저해하는 결과를 초래했으며, 이동통신사와 기기사업자에 종속적 가치사슬 고착이라는 역기능이 더욱 부각되는 데 기여했다. 따라서 위피 폐지는 외산 벤더들의 국내 시장 진입 추진으로 이어졌고, 다양한 단말 도입은 모바일 콘텐츠 유통 가치사슬을 변화시킬 동인으로 충분하다. 이는 사실상 이동통신사들의 콘텐츠 유통 체계에 대한 영향력 감소로 이어진다. 이를 계기로 콘텐츠 공급업체들은 더욱 양질의 콘텐츠를 내놓아야 경쟁에 이길 수 있어 CP의 부익부 빈익빈 현상으로 이어지고, 이는 곧 소비자의 효용으로 이어지기 시작한다.

그런데 이것만으로 모바일컨버전스 빅뱅을 주도하지는 못했을 것이다. 또 다른 중요한 계기가 있다면, 그것은 와이파이의 부활이다. 만약 KT와 KTF의 합병이 전제되지 않은 상황에서 구(舊) KTF가 아이폰을 도입했다면 데이터 델루지Data Deluge를 어떻게 감당할 수 있었을까?

와이파이가 부활한 이유는 간단하다. 현재 무선망으로는 데이터 트래픽을 감당하기 어렵다. 실제로 유선사업 기반에서는 와이파이로 수익을 낼 수 없는 상황이었다. 그렇기 때문에 점차 와이파이 투자가 둔화되었던 게 사실이다. 전국에 약 1만 개 APAccess Point를 보유한 KT도 그 활용도가 매우 낮아 지속적 투자를 포기할 수밖에 없는 상황이었다. 그러나 양사 간(kt-ktf) 합병 후에 아이폰이 도입되면서 음성 중심으로만 설계된 기존 3G 셀룰러망 의존에 한계가 드러난다. 그러면서 자연스레 와이파이가 무선 데이터 트래픽 수용을 위한 대안망으로 부활하게 된 것이다.

아이폰은 일반 피처폰에 비해 30배 이상의 데이터 소모량을 기록했다. 아이패드

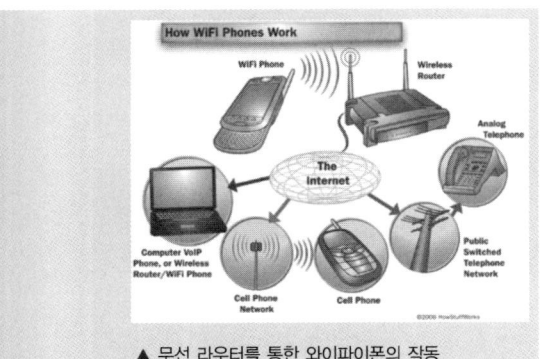

▲ 무선 라우터를 통한 와이파이폰의 작동

는 아이폰에 비해 10배 이상의 데이터 트 래픽을 유발시킬 것으로 예견된다. 즉, 아이패드는 일반 피처폰에 비해 300배 이상의 데이터 트래픽을 소모한다는 말이다. 노트북이 피처폰에 비해 450배의 데이터 소모량을 기록한다는 점을 감안하면 일리가 있는 말이다. 와이파이의 역할이 더욱 커질 것으로 보인다.

03

앱이코노미의 키워드
: 프리미엄

인터넷경제에서는 콘텐츠에 가격을 매기고 제값을 받기가 어려웠다. 그런데 앱이코노미에서는 무료와 유료의 공존이 매우 자연스러워 보인다. 유료 콘텐츠 과금이 가능하다는 말이다. 과연 그럴 수 있을까? 아직은 의아해하는 사람들이 있다. 길은 맞는데 세련된 방법이 필요하다. 답은 프리미엄Freemium: Free+Premium 비즈니스 모델이다.

앱이 등장하여 2년이 흐른 지금, 폭발적인 앱의 증가로 앱 개발자들은 사실상 혼란기를 겪고 있다. 개발자들은 너 나 할 것 없이 모두 앱 개발에 거액의 자금과 많은 시간을 투자했다. 그런데 일부는 다른 유사 앱들의 잇따른 등장으로 곧 묻혀버리게 된다. 실제로 특정의 앱이 오랜 기간 동안 상위권에 머물기가 쉽지 않다. 그래서 개발자들은 앱을 눈에 띄게 만들려는 노력을 하게 된다. 이는 근본적 대책은 아니다. 그럼 앱에 대한 근본적 대책은 뭘까? 사람들은 어떻게 앱의 존재를 알까? 발 빠른 앱 개발자들은 대형 앱스토어와 함께 특화형 독립계 앱스토어에 동시 등록하기도

2 장 앱 이 코 노 미 , 새 로 운 경 제 를 열 다

하고, 앱스토어가 아닌 단말의 홈 화면에 사전 탑재하는 방법을 택하기도 한다.

　2009년, 크리스 앤더슨은 공짜경제인 프리코노믹스Freeconomics: Free+Economics 개념을 제시했다. 롱테일 이론을 주창한 그는 교차보조(일부 상품가격을 낮게 책정, 사용자 기반을 마련한 후 관련 제품이나 서비스의 소비를 유도)를 포함해 디지털경제 확산에 따른 공짜경제 이론인 프리코노믹스를 정립했다. 그에 의하면, 프리코노믹스란 상품을 공짜 또는 매우 저렴하게 주면서 수익을 추구하는 다양한 사업모델을 통칭한다. 즉, 상품을 공짜로 주어 사용자 기반, 관심, 애정, 명성 등을 얻고 이를 바탕으로 수익은 보완재나 후원자로부터 창출하는 사업모델이다. '공짜'가 '무(無) 이익'을 뜻하지는 않으며, 미끼상품으로 간접적으로 수익을 올린다는 개념이다.

　프리코노믹스에서는 프리로 주는 것보다 수익을 올릴 수 있는 비즈니스 모델 개발이 더 중요하다. 디지털화로 한계비용이 '0'에 가까워지면서 기업들은 제품이나 서비스를 공짜로 제공할 수 있게 된다. 즉, 디지털경제에서는 눈에 보이는 토지, 자본, 노동이 더 이상 희소자원이 아니다. 이보다는 눈에 보이지 않는 또는 만져지지 않는 고객의 관심Interest, 시간Time, 평판Reputation 등이 더 희소한 자원이 된다. 고객의 관심과 평판 등을 확보하기 위해서는 기존과 다른 창의적인 비즈니스 모델이 필요하다.

　공짜경제, 즉 프리코노믹스는 선물경제Gift Economy, 양면시장의 교차보조Cross-subsidies(두 당사자 간 무료 교환, 비용은 제3자가 지불) 모델 외에 프리미엄Freemium 모델로까지 발전한다. 프리미엄이란 95%의 범용은 공짜, 나머지 5%는 차별화된 유료로 제공하는 것이다. PC 간 무제한 무료, 휴대전화나 PSTN 착발은 유료로 하는 스카이프가 대표적이다.[17]

　앱이코노미의 확산을 위해 프리미엄 비즈니스 모델을 제안한다. 한마디로 말하면, 1앱 1단가 한계성이 존재하는 상황에서 앱 가격을 다변화하라는 말이다. 일종

프리코노믹스 모델과 의미, 예시

구분	의미	예시
프리미엄	소프트웨어 및 콘텐츠 일부를 무료로 사용하게 하는 모델	쉐어웨어, 무료 샘플
광고	'애드센스' 류 같은 광고에 기반한 서비스 및 콘텐츠 모델	구글 '애드센스', 옥션 '돈버는퍼가기'
교차보조	제품을 구매하면 공짜로 다른 서비스나 연계 상품을 이용하도록 하는 모델	와인을 사면 치즈가 공짜
한계비용 0	디지털 복지 및 유통 비용이 제로로 이에 따른 부대 효과를 노리는 모델	온라인 음악 배포
노동 교환	서비스나 콘텐츠 제작 도구를 제공하고 고객들이 직접 콘텐츠를 제작하도록 하는 모델	네이버 지식인, 블로그
선물경제	사용자가 직접 생산하여 무료로 배포하는 오픈 소스 및 UCC 관련 모델	오픈소스, 위키디피아

(자료: google site)

의 가격 정책이다. 무료 개념을 미끼로 사용하는 것이다. 이 비즈니스 모델에 주목해야 하는 이유는 수십만 개의 앱이 모두 이용자의 선택을 받는 것이 아니기 때문이다. 특정 개발자의 앱이 폭발적인 인기를 얻어 한 번 구전되기 시작하면 대박을 기대할 수도 있다. 그러나 앱 수의 폭발적 증가*와 자유로운 앱 가격 설정 때문에 완전경쟁시장에서의 가격경쟁 양상을 보인다.

무료 버전에서 유료 버전으로 유인하는 방식이 쉽지는 않다. 프리미엄 비즈니스 모델은 무료 버전에서 단순히 유료 버전으로 유인하는 방식은 아니다. 즉, 무료 앱을 먼저 제공하고 실제 상품이나 가상재화, 디지털 서비스 등 다양한 유료 콘텐츠

---

* 현재 앱스토어에 등록된 앱 중 0.1%만이 수익을 내고 있으며, 20~30%의 앱들은 다운로드가 전혀 없는 상태에 있다.[18]

와 서비스 판매로 확대하는 개념이다. 앱 다운로드 자체는 무료이다. 하지만 추가적 콘텐츠의 다운로드 시에는 요금을 매기는 개념이다. 예컨대 2009년 말 모바일 콘텐츠 개발사인 허드슨은 온라인 대전 '넷쟌광' 앱을 1일 1회에 한해 무료로 제공하고, 그 이후 이용부터 유료 모델을 채택했다. 즉, 이용자가 100포인트를 100엔에 구입하면 1회 대전마다 30포인트씩 차감하는 구조이다. 전형적인 프리미엄 비즈니스 모델이다. 이러한 종류의 새로운 앱경제가 성립하려면 콘텐츠와 가상재화 등을 판매할 수 있도록 하는 '앱내 구매'를 가능하게 하는 과금 기능이 아울러 요구된다.

　미국의 경우를 보면, 2010년 무료 앱 시장이 세 자릿수 성장률을 기록했다. 이는 프리미엄 비즈니스 모델의 인기에 힘입은 것으로 평가되고 있다. 디스티모의 발표에 의하면, 2010년 하반기 동안 무료 앱 성장률을 조사한 결과 노키아의 오비스토어에서는 899%, 구글 안드로이드 마켓에서는 587%, 블랙베리 앱월드에서는 274%, 그리고 애플 앱스토어에서는 174%의 성장률을 기록했다. 모두 세 자릿수 성장률이다. 무료 앱의 성장세가 의미하는 바는 프리미엄 비즈니스 모델을 통한 '앱내 구매'가 개발자들의 주요 수익원이 되고 있다는 것이다. 유료 비중이 높은 애플만 보아도 2010년 하반기 앱 매출액 중 '앱내 구매' 비중이 증가했다고 한다. 아이폰의 '앱내 구매' 비중은 6월 36%에서 12월 49%로, 아이패드의 '앱내 구매' 비중은 2010년 6월 12%에서 12월 29%로 증가하는 기록을 보였다.[19] 프리미엄 비즈니스 모델이 확산되고 있는 것이다.

모바일 OS의 2강 1약

아이폰이 독주하는 시기에는 독자 OS를 탑재한 애플의 앱스토어가 메이저가 될 것이라는 생각이 지배적이었다. 그러나 애플 앱스토어 열풍이 엄청난 반향을 일으키자 앞 다퉈 제2, 제3의 앱스토어들이 등장한다. 구글의 안드로이드 마켓, RIM의 블랙베리 앱월드, MS의 윈도우 모바일 마켓플레이스, 노키아의 오비스토어, 삼성전자의 삼성 앱스 등이 대표적이다. 2010년 10월 현재 한국과 미국, 유럽의 모바일 OS 점유율을 보면, 한국의 경우 갤럭시S 출시 이후 안드로이드 점유율이 크게 높아져 70%에 육박하고 있으며, 북미와 유럽에서도 iOS 점유율이 하락하는 가운데 안드로이드의 상승 추세가 돋보이고 있다.

미국의 시장조사업체인 닐슨(2011. 1)에 따르면, 2010년 하반기가 시작되면서 미국의 안드로이드 시장점유율이 급속도로 증가해 6월부터 11월 판매된 스마트폰 중 안드로이드 OS 비중이 40%를 넘어섰으며, 동 기간 애플 iOS는 20.9%에서 26.9%로 증가한 반면 RIM 블랙베리는 35%에서 19.2%로 급락했다. 휴대폰 제조업에 직

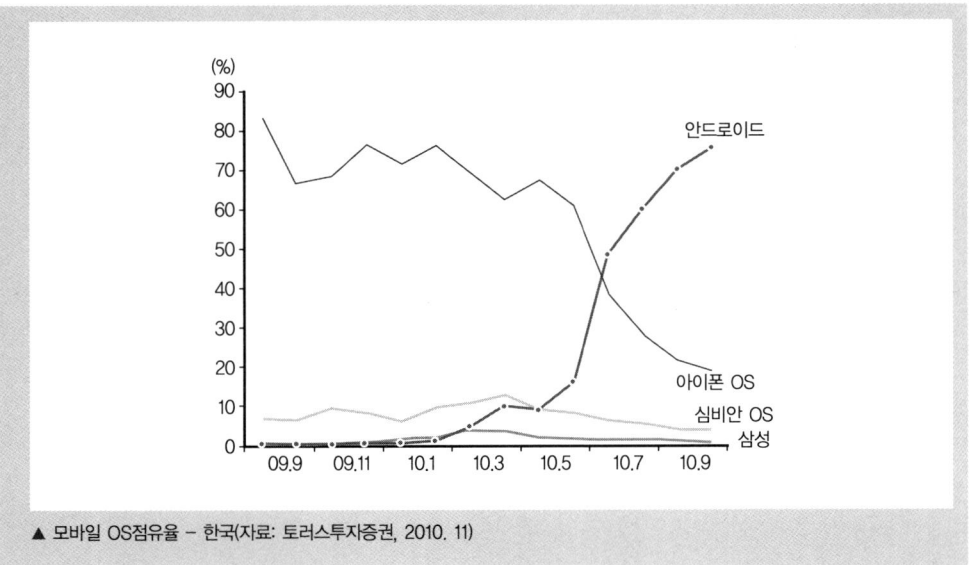

▲ 모바일 OS점유율 – 한국(자료: 토러스투자증권, 2010. 11)

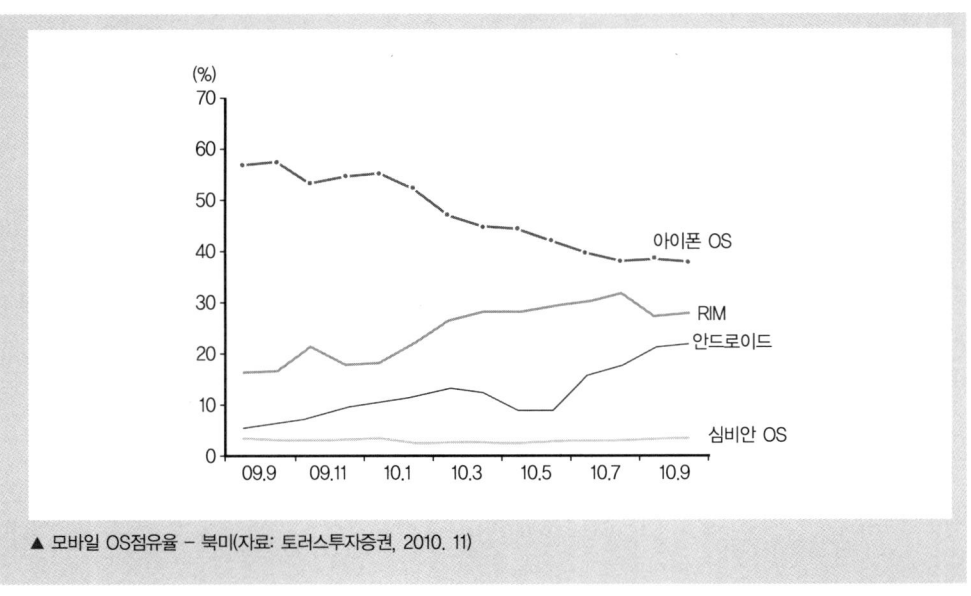

▲ 모바일 OS점유율 – 북미(자료: 토러스투자증권, 2010. 11)

모 바 일 컨 버 전 스 는 어 떻 게 세 상 을 바 꾸 는 가

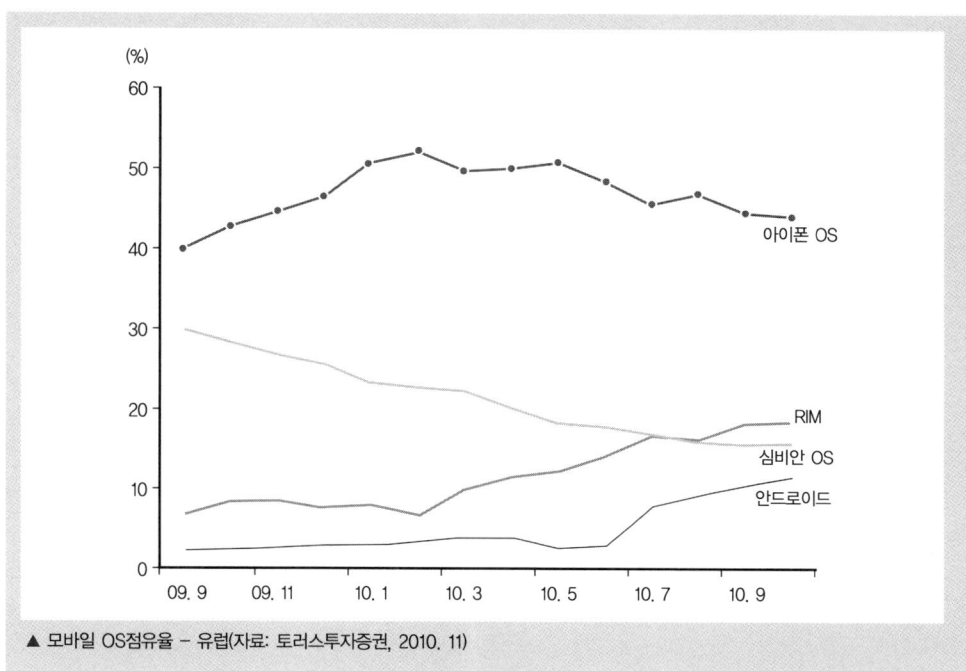

(%)

▲ 모바일 OS점유율 – 유럽(자료: 토러스투자증권, 2010. 11)

접 뛰어든 애플과 달리, 구글은 자사의 안드로이드 OS를 공개하고 전 세계 단말 제조업체들이 이를 탑재한 휴대폰을 제조하고 직접 출시*하도록 유도하는 개방생태계를 조성하고 있기 때문이다.

한편 MS는 2010년 10월 11일 WP7(윈도우폰7) 행사에서 9종의 스마트폰을 공개했다. 또한 MS는 이를 13개 이동통신사를 통해 출시할 계획을 발표했는데, 삼성 옴니아7이 10월 22일 영국 오렌지를 통해 처음 출시되었다. 이는 윈도우 모바일보다 브라우징 속도, SNS와의 연동 등에서 향상된 성능을 보인다. 앱 규모는 고작 2000개

---

* 현재 안드로이드 버전 업그레이드와 관련해 소비자 불만을 고스란히 떠안아야 하는 단말사들은 OS 업그레이드를 사후 관리해주는 정책에 대한 비용 지불을 검토할 필요가 있다.

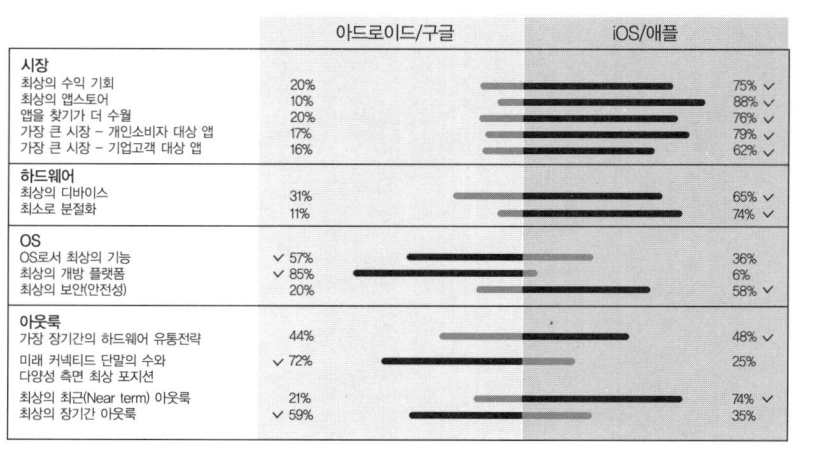

	아드로이드/구글	iOS/애플
시장		
최상의 수익 기회	20%	75% ✓
최상의 앱스토어	10%	88% ✓
앱을 찾기가 더 수월	20%	76% ✓
가장 큰 시장 – 개인소비자 대상 앱	17%	79% ✓
가장 큰 시장 – 기업고객 대상 앱	16%	62% ✓
하드웨어		
최상의 디바이스	31%	65% ✓
최소로 분절화	11%	74% ✓
OS		
OS로서 최상의 기능	✓ 57%	36%
최상의 개방 플랫폼	✓ 85%	6%
최상의 보안(안전성)	20%	58% ✓
아웃룩		
가장 장기간의 하드웨어 유통전략	44%	48% ✓
미래 커넥티드 단말의 수와 다양성 측면 최상 포지션	✓ 72%	25%
최상의 최근(Near term) 아웃룩	21%	74% ✓
최상의 장기간 아웃룩	✓ 59%	35%

▲ 개발자가 평가하는 안드로이드 vs. iOS(자료: Appcelerator, IDC, 토러스투자증권 리서치센터, 2010. 5)

정도로 아이폰과 안드로이드에 비교가 안 되는 수준이다. 하지만 게임과 오피스를 핵심*으로 하는 MS의 저력으로 보아 판도 변화를 지켜볼 일이다. 특히 단말 제조사들이 안드로이드와 WP7을 모두 채용하고 있으며, WP7이 보여주는 세련된 UI와 MS 오피스와의 호환성, 게임기 x박스를 통해 잠재력을 구사할 수도 있다. 2010년 10월 MS가 빙에 페이스북을 통합 제공할 것이라고 발표한 이후, WP7이 페이스북 폰으로 불리고 있다.

구글과 달리 WP7을 채용하려면 단말당 라이선스 비용(5~10달러, 가트너 추정)을 단말사가 지불해야 한다. 다른 모바일 OS 옵션은 최근 소개된 인텔–노키아의 미고와 블랙베리 OS6이다. 이외에도 2010년 하반기에 유럽 메이저 이동통신사인 FT, DT,

---

* Xbox Live의 게임 타이틀 수는 60개이며, WP7은 2500만 Xbox Live 이용자들과 연동이 가능하고 강력한 게임툴과 강력한 생산성 도구인 오피스 모바일을 가지고 있다.

텔레포니카, 보다폰 등이 공통 모바일 OS 개발 방안을 논의하고 있다고 발표한 바 있다.

급기야 2011년 2월 열린 MWC2011에서 노키아가 MS와 제휴해 윈도우폰7을 채택한다고 밝혔다. 인텔과 합작한 OS인 미고가 관심을 끌지 못한 데다가 노키아의 시장점유율이 한 자릿수로 하락하면서 대안으로 MS의 OS를 선택한 것이다. 미고는 리눅스 기반 OS로서 인텔의 모블린Moblin 프로젝트와 노키아의 매모Maemo 기술을 결합한 것이다. MS와의 제휴로 미고와 자체 OS인 심비안 등에의 투자를 어떻게 할 것인지 이목이 집중된다. 2011년 1월에는 미국 시장에서 이동통신사의 지원 부족으로 심비안3 스마트폰 발매 계획을 중단한 바 있다.

중단기적으로 보면, 모바일컨버전스 헤게모니 다툼이 벌어지는 곳은 모바일 OS가 아닌가 싶다. 과거 MS가 PC OS를 장악해 PC 시대 승자가 되었듯이, 모바일 OS를 장악하는 기업이 모바일컨버전스 시대 승자가 될 것이라는 기대감 때문이다. 애플이 혁신적 제품 출시로 시장을 선도하고 있다면, 구글은 개방 정신을 내세워 개발자에 더 초점을 둔 생태계를 내세운다. 한편 윈도우폰7로 반격을 시작한 MS는 모바일오피스의 강점을 내세운다. 장기적으로는 보다 개방형 생태계를 갖춰 상생 비즈니스 구조를 갖추는 기업의 OS가 시장을 장악할 것으로 보인다. 2010년 하반기에 구글이 크롬 웹스토어를 발표하면서 현재 OS 기반 네이티브앱에서 웹앱으로의 이행도 조심스럽게 예견되고 있다. 당분간 모바일 OS 시장에서 2강 1약이 유지될 전망이다. (이에 대해서는 뒤에서 자세히 논의하겠다.)

태블릿은 엔터테인먼트 자판기
: 뉴 앱이코노미

아이폰의 성공 비결을 처음에는 세련된 디자인과 최적화된 UI, 아이팟과의 통일된 개발 환경이라고 생각했다. 이러한 매력 포인트가 거름이 되어 앱스토어로의 이용자 유입과 함께 애플 앱 수요를 급속도로 확대시켰다. 이제 애플은 포지티브 피드백 효과를 만끽하고 있다. 이러한 효과가 태블릿PC인 아이패드로 급속히 전이되고 있다. 스티브 잡스는 PC를 트럭에, 아이패드를 승용차에 비유했다. 간단하고 편리하게 목적지로 간다는 말이다. 2010년 4월 3일 미국 내 아이패드는 출시 첫날 30만 대, 첫 주말 70만 대나 판매되었다. OS는 아이폰과 동일하다. 이 말은 아이폰의 거의 모든 앱이 아이패드에서 가능하다는 뜻이다. 이에 더해 '아이웍스iWorks'를 통해 애플 오피스 소프트웨어로 문서 작성도 된다. PC 기능까지 가져간다는 말이다. 이북 스토어 역할을 하는 '아이북스'에서 독서도 가능하다. 미디어 기능까지 만사 오케이인 셈이다.

'뉴 앱이코노미'의 잠재성이 엿보인다. 그러면 어떤 앱들이 아이폰에서 아이패드

2010년 아이폰 인기 앱 Top 10: 무료, 유료, 매출 기준

아이폰용 무료 애플리케이션 TOP 10	설명	아이폰용 유료 애플리케이션 TOP 10	설명	매출 기준 아이폰용 앱 TOP 10	설명
Facebook	페이스북 앱	Angry Birds	돼지에게 알을 빼앗긴 새들이 복수하는 게임	MLB.com At Bat 2010	미국 메이저리그의 뉴스 및 정보 제공
Angry Birds Lite	돼지에게 알을 빼앗긴 새들이 복수하는 게임	Doodle Jump	손으로 낙서한 것 같은 그래픽이 인상적인 점프게임	Angry Birds	돼지에게 알을 빼앗긴 새들이 복수하는 게임
Words With Friends Free	SNS 성격을 가미한 크로스워드 퍼즐	Skee-Ball	공 던지기 게임	Call Of Duty: Zombies	좀비게임
Skype	Skype 앱	Bejeweled 2 + Blitz	보석모양 퍼즐게임	Bejeweled	퍼즐게임
Tap Tap Revenge 3	음악에 따라 박자를 맞추는 리듬 게임	Fruit Ninja	과일쪼개기 게임	FriendCaller 3 Pro	무료 3G/WiFi 통화 앱
The Weather Channel	날씨정보	Cut The Rope	로프를 끊어 귀여운 괴물에게 사탕을 먹이는 게임	Zombie Farm	좀비가 농장을 경작하는 게임
Paper Toss	종이던지기 게임	All-In-1 Gamebox 1	37가지 게임을 모은 애플리케이션	TomTom U.S.A	TomTom 내비게이션
Bing	MS Bing 앱	The Moron Test	매우 단순한 퀴즈게임	TETRIS	테트리스
Rock Band Free	유명 rock band 노래를 연주하는 게임	Plants vs. Zombies	집에 침입한 좀비를 화초로 물리치는 게임	Plants vs. Zombies	집에 침입한 좀비를 화초로 물리치는 게임
Talking Tom Cat	애완고양이 게임. 만지면 재미있는 소리를 냄	Pocket God	유저가 신이 되어 천재지변 등을 마음대로 결정하는 게임	Doodle Jump	손으로 낙서한 것 같은 그래픽이 인상적인 점프게임

(자료: Mobile Crunch, 2010, 아틀라스(2010) 재인용)

로 전이되고 있나? 2010년에 결산된 아이폰과 아이패드의 유료 앱 상위 10위권을 비교해보자. 아이폰을 먼저 보면, 게임 카테고리가 상위권 대부분을 차지한다. 아이패드는 예상과 달리 문서 편집과 PC 원격접속 등 생산성 관련 앱들이 상위권에 있다. 좀 더 지켜봐야겠지만, 아이패드 초기에는 생산성과 관련되는 앱들이 인기가

2010년 아이패드 인기 앱 Top 10: 무료, 유료, 매출 기준

아이패드용 무료 애플리케이션 TOP 10	설명	아이패드용 유료 애플리케이션 TOP 10	설명	매출기준 아이패드용 앱 TOP 10	설명
iBooks	애플의 eBook 앱	Pages	애플의 문서작성 애플리케이션	Pages	애플의 문서작성 애플리케이션
Pandara Radio	스트리밍 음악청취 애플리케이션	GoodReader	문서파일관리 및 공유	Numbers	애플의 스프레드시트 애플리케이션
Netflix	넷플릭스 앱	Numbers	애플의 스프레드시트 애플리케이션	Keynote	애플의 프레젠테이션 애플리케이션
Google Mobile App	모바일버전의 구글 서비스 음성검색 등 지원	Angry Birds HD	iPad용 Angry Birds	LogMeln Ignition	PC 원격접속 애플리케이션
Solitaire	트럼프게임	Keynote	애플의 프레젠테이션 애플리케이션	Scrabble for iPad	크로스워드 퍼즐
Movies by Flixster	영화평점 확인하는 앱	Glee Karaoke	노래방 프로그램	Documents To Go MS	문서 수정 및 작성 애플리케이션
IMDb Movies & TV	영화개봉 및 TV프로그램 관련 정보 제공 앱	WolframAlpha	각종 수학, 경제, 과학, 통계 지식 등 제공	Angry Birds HD	iPad용 Angry Birds
Kindle	아마존 eBook 앱	Pinball HD	핀볼 게임	Real Racing HD	레이싱 게임
Google Earth	구글의 인공위성 영상 제공 앱	Friendly Plus For Facebook	페이스북 앱	Plants vs. Zombies HD	iPad용 Plants vs. Zombies
Virtuoso Piano Free	피아노 앱	Star Walk for iPad	행성과 별자리 정보 제공	Proloquo2Go	언어장애가 있는 사람들을 위한 커뮤니케이션 보조 앱

(자료: Mobile Crunch, 2010, 아틀라스(2010) 재인용)

있는 것으로 보인다. 먼저 PC를 대체하는 모습을 보이는 듯하다. 이 단계에서 아직 '뉴 앱이코노미'를 논하기는 어렵다.

초기 아이패드는 스마트폰과 PC의 중간 역할을 취하는 것 같다. 그리고 아직은 웹보다는 앱에 대한 관심이 높다. 애플이 이미 누리는 포지티브 피드백 효과가 시장의 90%를 점유한 아이패드에서 다시 기대되기 때문이다. 아이폰처럼 아이패드의 신모델 출시 소문이 있다가, 급기야 2011년 3월에는 아이패드2도 출시되었다. 2010년 12월, 아이패드는 약 1200만 대 판매된 것으로 추정된다. 경쟁사 중 삼성의 갤럭시탭이 150만 대 판매된 것 외에 다른 히트 상품이 아직 눈에 띄지 않으니 가히 독보적이다.

▲ CES2011에 소개된 태블릿PC들

아이패드가 선두적으로 '뉴 앱이코노미'의 가능성을 보여주게 되면, 다른 태블릿들이 봇물처럼 쏟아지는 것은 시간문제다. 이미 CES2011에서 가장 큰 화두는 태블릿PC였고 26종이나 선보였다. 다양한 스마트폰 및 PC 제조사들이 안드로이드 탑재 태블릿PC 출시 계획을 공개했고 윈도우 기반도 나왔다. 크기만 다른 다양한 단말들이 경쟁적으로 전시되는 자리였다.

구글은 이후 2월에 자체 이벤트에서 태블릿PC에 최적화된 안드로이드 3.0버전인 '허니코움'을 공개했다. 이는 이메일이나 캘린더, 유튜브 등의 앱을 2D나 3D 위젯으로 화면에 표시하게 하거나, SMS를 사진 등의 정보와 함께 화면 하단에 표시하는 등 큰 화면에 특화되어 있다. 이 버전의 최초 탑재는 미국 모토로라의 'XOOM' 태블릿이며 2011년 1분기 내 출시 예정이다.

신형 모델의 속속 도입으로 태블릿 판매 대수가 증가하면 '뉴 앱이코노미'가 개화될 것이다. 태블릿PC의 최대 경쟁력은 하드웨어 출시보다는 콘텐츠이다. 즉, 최적의 UI와 콘텐츠 개발자들을 끌어들이는 개방형 앱스토어를 비롯해 개방형 콘텐츠

▲ CES2011에서 소개된 미국 모토로라의 'Xoom' 태블릿

유통 플랫폼을 조성하는 것이 주요 원동력이다. 쉽게 말해 생태계는 OS 기능과 하드웨어 그리고 콘텐츠가 모두 갖추어져야 완성되는 것이다.

콘텐츠가 많아지면 '엔터테인먼트 자판기'처럼 언제 어디서나 이용이 가능한 태블릿PC는 수익모델 부재와 광고수익 하락으로 어려움을 겪는 미디어 콘텐츠 기업들에게 새로운 유료화 가능성을 제시하고 있다는 점에서 빅쇼크이다. 이는 애플이 최근 기존의 잡지 가입자에게 제공하는 무료 버전의 아이패드용 앱을 더 이상 제공하지 않을 방침이라고 유럽의 신문, 잡지사에 전달했다는 사실에서 더욱 힘을 받는다.[20] 애플은 유료 앱에 대한 정기구독 서비스 출시를 4월부터 적용한다. 문제는 가입형 유료 앱에 기존 오프라인 가입자들이 아이패드 버전에 별도 가입료를 지불해야 한다는 점이다. 1장에서 언급했듯이 아이패드 전용 일간지〈더 데일리〉의 경우처럼 기존 신문, 잡지 구독자들이 별도로 애플과 월정료 계약을 맺어야 한다는 점이 문제이며, 이 때문에 유럽의 신문, 잡지사들은 크게 반기지는 않고 있는 상황이다.

실제로 조사해보니 아이패드가 종이신문을 대체하는 모습이 관측된다. 미국 내 아이패드 이용자의 11%가 이미 종이신문 구독을 중단한 것(1609명의 아이패드 이용자)으로 미주리대학 내 언론연구소에서 조사되었다.[21] 이 조사 결과로 알게 되는 점은 기존 종이신문을 대체하고 있는 아이패드가 동영상 등을 첨가한 차별적 서비스 포트폴리오 구성으로 새로운 수익 기회를 창출할 수 있다는 가능성이다. 응답자들 사이에서 가장 인기 높은 신문은〈뉴욕타임스〉와〈USA투데이〉,〈월스트리트저널〉인 것으로 나타났다.

PC 온라인에서 이미 시작된 신문의 유료화가 아이패드로도 급속히 확산 중이다. 물론 초기에 구독자들의 불만이 야기될 것이지만, 신문사들은 PC 기반 웹에서의 대형 포털 중심 유통 구조에서 탈피하여 앱을 통해 유료 서비스를 제공하고 싶어 한다. 더구나 태블릿이 갖는 종이매체와 유사한 인터페이스가 유료화 가능성을 더 부추긴다. 아이패드 앱은 종이신문을 읽는 느낌을 준다. 어린이와 노인도 다룰 수 있고, 손으로 넘기는 '경험'도 종이신문과 유사하다. 그동안 PC상의 웹 콘텐츠 제공은 롱테일 경제를 지속적으로 이끌었다. 쉽게 말하면, 질보다는 양에 더 집중했던 것이다. 즉, '알려주길 원하는 것'에 더 집중했던 것이다. 이에 비해 태블릿에서 감지되어야 할 새로운 앱경제는 콘텐츠의 질에 더 집중하는 것이다. 즉, 사람들이 '알려고 하는 것'을 이용자의 개인 성향에 맞추어 제공하는 것이다.

06

앱에서의 새로운 게임
: 네이티브냐, 웹이냐?

풀브라우징Full Browsing이 가능한 단말들(피처폰과 스마트폰을 모두 포함하는)이 증가하면서 그동안 유선 웹 방식이 모바일에 그대로 적용되었다. 그러나 로딩 속도도 늦고 액티브X 등 비표준 콘텐츠가 발생할 수 있다는 문제점들이 존재한다. 이 와중에 등장한 네이티브앱의 경우 절반은 폐쇄적인Semi-closed 전용 OS에서 작동한다. 통신망은 인터넷 기반이나 브라우저가 필요 없다. 이러한 장점 때문에 〈와이어드〉지의 편집장인 크리스 앤더슨은 2010년 9월호 커버스토리에서 "웹은 죽었다. 적어도 쇠퇴하고 있다"라고 주장했다. 그는 이의 근거 자료로 인터넷 트래픽 추이를 제시한 바 있다. 그에 따르면 "HTML 기반 웹 트래픽이 10여 년 전에는 전체 인터넷 트래픽의 절반 이상을 차지했으나 현재 23% 비중으로 하락했다. 그 대신에 P2P(23%)와 동영상(51%)* 그리고 네이티브앱 트래픽이 주를 이루게 되었다." 실제로 경쟁이 과열된

---

* 동영상이 플래시 플레이어를 통해 재생되지만, 이도 사실은 웹의 일부로 간주될 수 있다.

OS 기반 앱스토어에서는 네이티브앱이 주로 제공된다.

한편 웹기반 모바일인터넷의 표준이 폐쇄형에서 개방형 방식으로 진화하고 있어서 OS나 단말에 상관없이 이용자 자신이 원하는 사이트에서 앱을 제공받게 되고 있다. 구글 I/O 2010에서 서지 브린 사장은 "안드로이드와 크롬 OS는 가까운 미래에 수렴할 것"이라고 말했고, 이의 배경으로 HTML의 진화를 들었다. 그에 의하면, "HTML5가 풍부한 그래픽도 구현할 수 있게 되면서 앱이 프레임워크가 되고 있다. 이때 웹앱은 단말에 사전 탑재될 필요가 없다. 보안 대책도 용이해 네이티브앱보다 편리하다. HTML5와 웹앱의 미래는 밝다. 아직은 미성숙한 기술이지만, 스티브 잡스도 OS 간 치열한 경쟁은 '쓸데없는 혼란'을 야기시키며 이 혼란을 H.264(동영상 코덱)를 지원하는 HTML5로 해결할 수 있다고 주장한 바 있다. 애플은 어도브 플래시에 대해서는 반대 입장을 고수하지만, 안티-플래시인 HTML5에 대해서는 긍정적 입장을 취한다.

최근 HTML5*라는 신규 웹 문서 표준과 모바일 OK**라는 모바일웹 표준의 등장으로 풀브라우징이 점차 개선되고 있다. 향후 경쟁의 중심이 OS에서 브라우저로 이동하고 클라우드 컴퓨팅이 자리 잡을 것이라는 의견들이 개진되기 시작한다.

네이티브앱이 사라지지는 않겠지만, 웹기반 콘텐츠 및 앱 시장으로 시장이 점차 확대될 수 있다는 가능성은 분명히 존재한다. 현재로서는 이용자가 웹 자체에 불만을 가지고 있다기보다는 모바일 환경에서 제공된 전용 OS 기반 네이티브앱 이용이 보편화되고 있다. 이는 애플의 일관된 유저 경험UX: User eXperience 제공에 기인한다. 그러나 HTML5가 정착되고 더욱 진화해 앱 기능을 내장하게 되면 웹앱도 동시에 제

---

* W3C(World Wide Web Consortium) 중심으로 개발 중인 차세대 HTML 표준으로 웹앱 개발을 위한 표준 개발이 목표이다. 크게 문서와 마크업 표준, API 표준으로 구성되어 있다.
** 모바일 환경에 최적화된 웹 서비스를 제공하기 위해 웹 기술 국제 표준화기구인 W3C가 정한 국제 모바일웹 표준의 총칭이다. 기존 웹 표준을 활용하여 가볍고 빠른 모바일용 웹사이트 제작을 위한 가이드라인의 표준을 제정하고 있다.

공될 것이다.

구글은 2011년 2월 들어 웹을 통해 안드로이드폰용 앱 구매가 가능한 웹스토어를 발표했다. 앱스토어에는 많은 앱들이 올라와 있고, 설치 방식은 크롬 확장 기능과 같으며, 설치된 앱들은 크롬의 시작 페이지에 아이콘 형태로 보인다. 결제 계정도 자동 연계된다. 이용자들은 모든 인터넷 단말을 통해 앱을 검색할 수 있으며 구매된 앱은 구글 계정에 연결되므로 이 계정에 등록된 모든 안드로이드 단말에 자동 전송된다. 이를 발표한 구글이지만 네이티브가 아직은 스마트폰상에서는 최고의 유저 경험을 제공하기 때문에 네이티브와 웹을 병행할 전망이다.

시장조사업체 ABI리서치에 따르면, 2013년 네이티브앱 다운로드가 70억 건을 기록하며 정점을 찍고, 그 이후엔 다른 경로로 앱 유통이 증가할 것이라는 예측이다. 이는 크롬 브라우저 등 브라우저 방식 모바일웹이 발전함에 따라 다운로드 받는 앱보다 웹을 이용하는 이들이 증가할 것이라는 기대감을 반영한다. 2~3년 뒤에 HTML5 기술 표준(2012년 제정 목표)이 확립되고 앱에서 제공하던 웬만한 기능이 웹에서 지원될 것으로 보인다.

하지만 향후 웹앱이 네이티브앱을 대체하는 양상이 두드러지더라도 모든 콘텐츠 장르가 다 웹기반으로 이동하지는 않을 것이다. 유저 경험이 매우 중요한 경우에는 더욱 그럴 것이다. 예컨대 게임이나 동영상 등의 콘텐츠 장르에서는 네이티브앱이 당분간은 유지될 것이다. 그렇다면 어느 것이 더 향상된 유저 경험을 제공하느냐가 선택의 관건이 될 것이다. 웹앱은 브라우저가 탑재된 모든 단말에 탑재 가능하므로 잠재시장 확대에는 도움이 되겠지만 아직은 일관된 유저 경험을 지향하는 서비스 개발에는 한계가 있다. 이에 비해 네이티브앱 환경은 단말 플랫폼의 차별성을 최대화하는 데 더 유리하다. 따라서 한 쪽으로의 쏠림이나 수렴이 아니라, 소비자 가치에 따라 공존하는 모습을 보일 것이다.

최상의 유저 경험이 미디어기업의 선택지

앞에서 언급했듯이 스마트폰을 통해 미디어기업이 제공하는 콘텐츠를 이용하는 방법은 두 가지다. 이미 자리를 잡은 앱과 웹브라우저를 통해 접속하는 모바일 웹사이트이다. 2010년 전 세계 웹사이트의 0.29% 정도만이 모바일 페이지에 최적화되어 있다. 시스코의 조사에서도 2010년 전 세계 모바일웹 트래픽은 인터넷 웹 페이지뷰PV 대비 1% 수준에 머물러 있고, 2015년에 10%대로 증가할 것으로 전망된다. 국내 모바일웹 트래픽은 2011년 158억 페이지뷰에서 2015년 478억 페이지뷰를 달성하면서 온라인 페이지뷰 대비 각각 3.1%와 9.5%에 도달할 것으로 전망*되었다. 이는 모바일컨버전스 시장을 현재 주도하고 있는 네이티브앱 플랫폼이 모바일 웹 플랫폼 환경으로 진화할 것임을 시사한다.

유선인터넷 환경에서 서버-클라이언트형 서비스에 의존하는 사이트들에 이용자

---

* 포털의 모바일 트래픽은 2001년 기준 5년간의 NHN과 다음의 온라인 페이지뷰 성장 배수와 일본 야후의 전체 페이지뷰 대비 모바일 비중, 그리고 시스코의 모바일 트래픽 전망치를 평균하여 산출한 것이다.

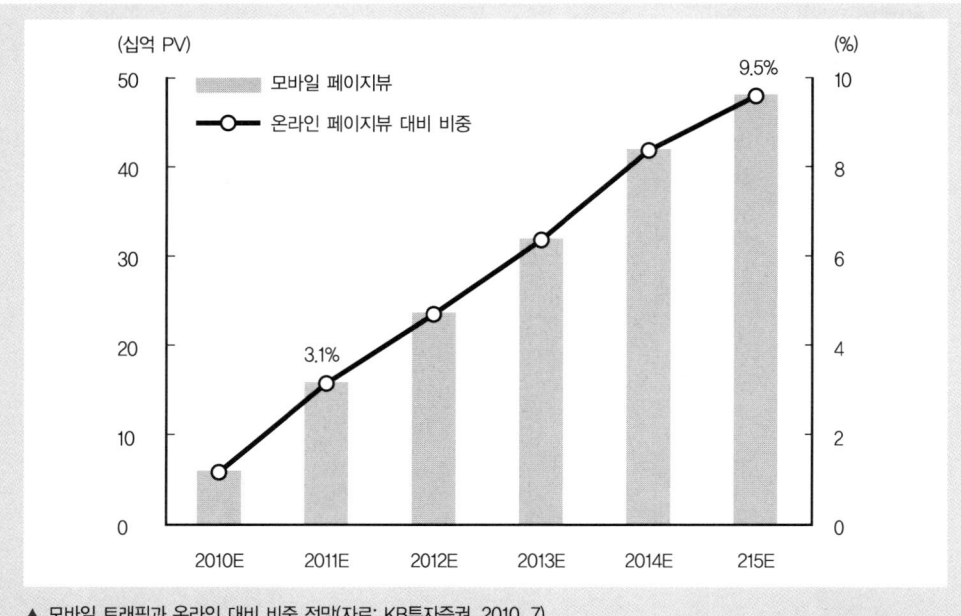

▲ 모바일 트래픽과 온라인 대비 비중 전망(자료: KB투자증권, 2010. 7)

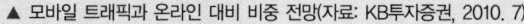

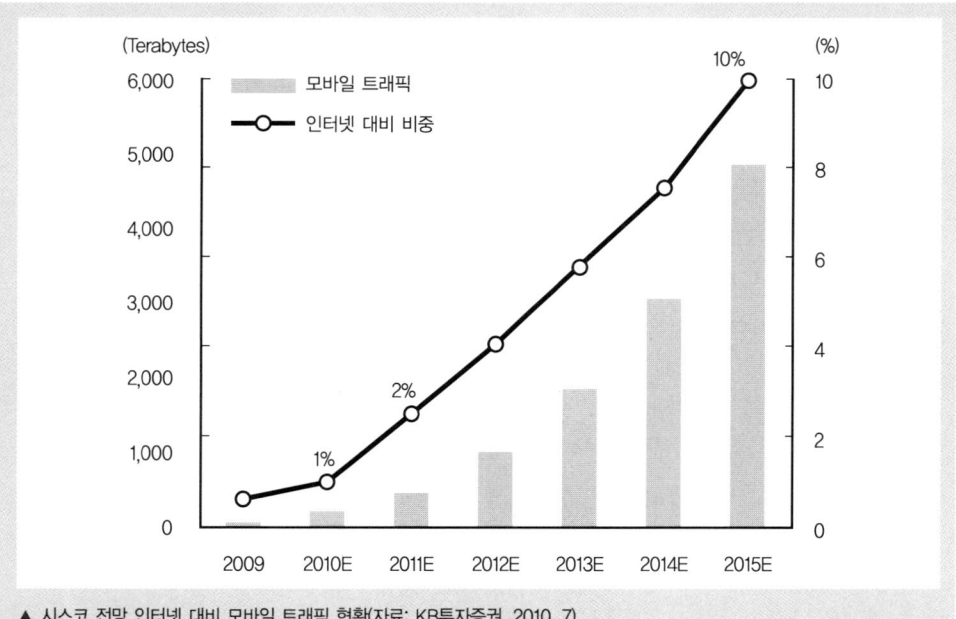

▲ 시스코 전망 인터넷 대비 모바일 트래픽 현황(자료: KB투자증권, 2010. 7)

모 바 일 컨 버 전 스 는   어 떻 게   세 상 을   바 꾸 는 가

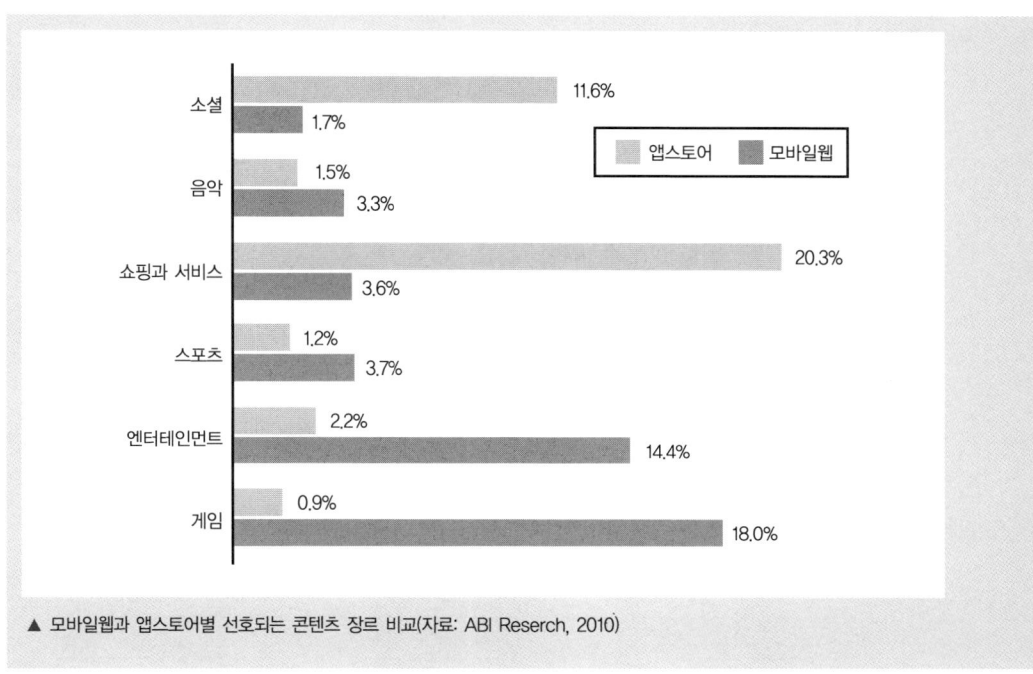

	앱스토어	모바일웹
소셜	11.6%	1.7%
음악	1.5%	3.3%
쇼핑과 서비스	20.3%	3.6%
스포츠	1.2%	3.7%
엔터테인먼트	2.2%	14.4%
게임	0.9%	18.0%

▲ 모바일웹과 앱스토어별 선호되는 콘텐츠 장르 비교(자료: ABI Reserch, 2010)

들이 대응하는 현재의 유선인터넷 상황이 모바일웹 환경에서도 그대로 재현될까? 모바일 환경은 고정형 PC 환경과는 분명히 다른데. 모바일 환경은 유저 경험 측면에서 태생적 한계를 안고 있다. 따라서 이용자는 모바일 환경에서는 PC에서보다 더 수동적인 소비를 원할 것이다. 이는 미디어기업에 시사하는 바가 매우 크다. 실제 ABI리서치(2010) 조사에서도 모바일 환경에서는 앱에서 게임이나 엔터테인먼트(TV, 동영상 등), 스포츠, 음악 등의 미디어 콘텐츠가 이용자들에게 더 선호되는 것으로 나타났다. 게임(17.9%), 엔터테인먼트(14.3%), 스포츠(3.7%), 음악(3.3%) 순으로 집계되었는데, 이들은 모두 수동적 이용 성향이 강한 전통적 미디어 콘텐츠들이다. 한편 모바일웹에서 가장 선호되는 장르는 쇼핑과 서비스(20.3%), 소셜네트워크(11.6%)로 나타났다.

앞서 언급했듯이 아이패드 출시 초기에 상위권을 차지하는 인기 앱들은 생산성과 관련되는 툴들이다. 이와 동시에 아이패드에서 주목받는 미디어 장르로 게임과 동영상, 이북이 주도적이다. 미국, 일본, 한국의 이용자 대상으로 아이패드 이용 용도를 조사해보면, 일반적인 웹서핑과 이메일 외에 게임, 동영상, 이북 등 엔터테인먼트 또는 미디어 장르가 상위에 있다.

아이패드 사용 용도 - 미국

순위	Chang wave	comScore	Piper Jaffray
1	웹서핑(83%)	웹서핑(50%)	웹서핑(74%)
2	이메일(48%)	이메일(48%)	이북(38%)
3	어플(56%)	음악(38%)	이메일(34%)
4	동영상(48%)	이북(37%)	동영상(20%)
5	이북(33%)	주소록(37%)	게임(18%)
6	게임(29%)	동영상(36%)	음악(8%)

(자료: 토러스투자증권, 2010. 10)

아이패드 사용 용도 - 한국

순위	사용 용도
1	웹서핑
2	게임
3	동영상
4	이북
5	잡지

(자료: 토러스투자증권, 2010. 10)

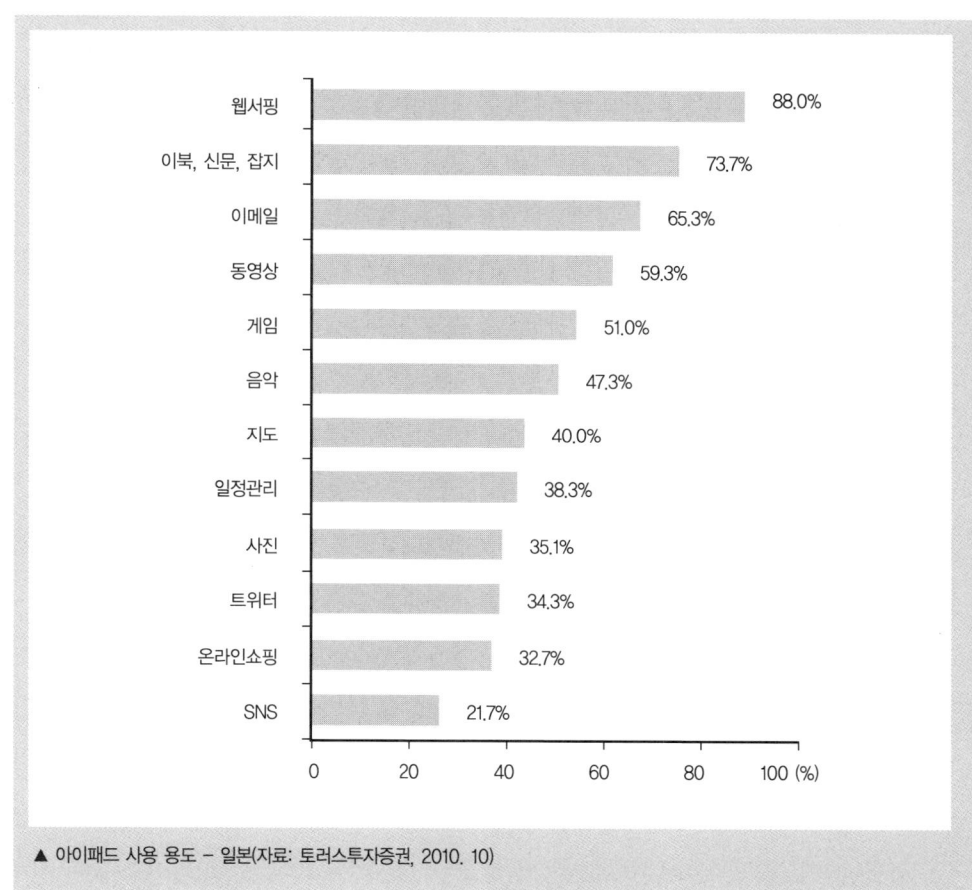

웹서핑 88.0%
이북, 신문, 잡지 73.7%
이메일 65.3%
동영상 59.3%
게임 51.0%
음악 47.3%
지도 40.0%
일정관리 38.3%
사진 35.1%
트위터 34.3%
온라인쇼핑 32.7%
SNS 21.7%

▲ 아이패드 사용 용도 – 일본(자료: 토러스투자증권, 2010. 10)

미디어 콘텐츠 앱 개발은 우선적으로는 OSMUOne Source Multi Use라는 유통창구 전략 차원에서 관찰된다. 개발자인 미디어 콘텐츠 기업에게는 앱 유통이 콘텐츠 수익 배분(7:3)과 광고수익 배분(6:4)을 통한 새로운 수익원으로 인식된다. 1장에서 언급한 미국 지상파방송사인 ABC, CBS 등의 앱이 선도적이다. 이들에게는 유료 TV 플랫폼과의 계약을 통해 폐쇄적 형태로 공급되던 상황에서 별도로 제작된 자체 앱을 통해 직접 방송 콘텐츠를 OSMU 할 수 있기 때문에 상당히 매력적인 시장이 된다.

미디어기업의 선택지는 최상의 유저 경험을 제공해줄 수 있는 환경이다. 유료화와 질적 차별화를 전략으로 내세우는 신문사들이 유저 경험 최적화를 위해 노력하고 있으며, TV 및 라디오 방송사들도 다르지 않다. ABC 앱은 HD급의 선명한 아이패드 화질 덕분에 더욱 인기를 끈다. 현재로서는 웹기반보다는 앱기반이 더 경쟁력이 있다. PC 온라인으로 TV 프로그램을 제공해 인기를 구가했던 훌루도 2010년 7월부터 유료 아이패드 앱인 '훌루플러스' 를 내놓았다.

미국 지상파의 발 빠른 움직임과 마찬가지로 국내에서 지상파방송사가 모두 앱을 개발해 아이폰과 아이패드에 제공하기 시작했다. 특히 엔터테인먼트적 요소가 강하므로 스크린 크기가 더 커진 아이패드 출시가 방송 등 미디어 콘텐츠 사업자들에게는 아이폰보다 더 매력적이다. 이들은 TV 콘텐츠를 앱으로 제공한다.

애플이 아이튠즈를 자사의 모든 단말에 제공하고 있는 가운데 4000만 명의 PC 온라인 가입자를 가진 온라인 라디오 서비스인 판도라도 앱을 제공한다. 판도라는 가입자의 취향에 맞는 음악 선곡도 해준다. 국내에서는 MBC에서 PC용 프로그램인 미니MINI가 안드로이드폰용 앱으로 나온 이후, MBC와 SBS에서 실시간 라디오 방송을 들을 수 있는 앱이 아이폰에도 등장했고, 이후 KBS 라디오 앱인 'R2플레이어'도 등장했다. 안드로이드용 앱이 먼저 나왔고, 뒤이어 아이폰용 앱도 공개되었다. 최상의 유저 경험이 미디어기업의 선택지가 되고, 이들은 웹보다는 앱을 더 선호하고 있다.

앱 안의 광고, 돈이 보이는가

2010년 4월 8일 아이폰 OS 4.0 발표회에서 공개된 애플의 모바일 광고 플랫폼 아이애드iAd*가 공개된다. 이를 계기로 모바일 광고시장 경쟁도 '앱스토어 vs. 브라우저' 구도로 재편될 조짐이다. 애플은 모바일에서 웹 전체가 아닌 네이티브앱에 초점을 두는 반면, 구글은 브라우저 기반 광고 가치에 여전히 무게를 두고 있다.

스티브 잡스는 아이애드를 출시하면서 다음과 같이 주장했다. "아이폰 이용자들이 앱을 하루 평균 30분 이용하므로 3분마다 광고를 내면 이용자당 하루 10회, 아이폰 전체로 1일당 10억 건의 광고가 노출되는 것이다." 이는 모바일 환경에서 네이티브앱이 웹앱으로 전환되는 데 있어 시간이 더 필요함을 의미한다. 실제로 잡스

---

* 아이폰 앱 개발자들은 앱 안에 배너광고를 삽입할 수 있고 이용자가 해당 배너를 클릭하면 준비된 광고 프로그램이 실행된다. 수익 배분은 애플이 40%, 개발자가 60%를 가져간다. 〈월스트리트저널〉(2010. 7)에 따르면 애플은 10달러 광고노출비용(CPM: Cost Per iMpression)과 2달러 광고 클릭 시 비용(CPA: Cost Per Action)으로 과금할 것으로 예상된 가운데, 7월 1일부터 iOS로 구동되는 모든 단말에 적용되었다. 잡스는 아이애드 추진 동기에 대해 개발자들의 수익을 향상시켜 이들이 무료나 저렴한 앱을 개발할 수 있도록 장려하기 위함이라고 주장했다. 이는 향후 무료 앱 비율이 증가할 것임을 시사한다.

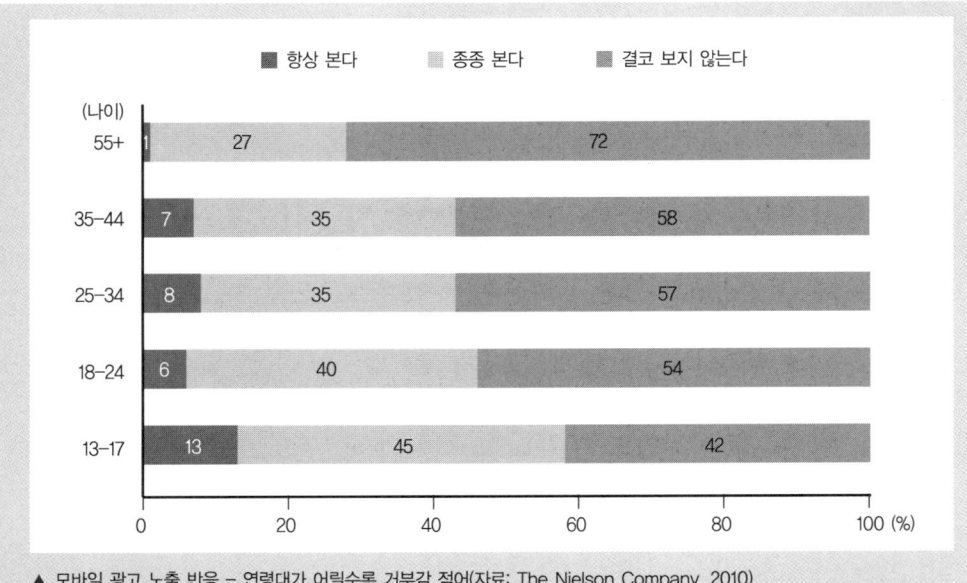

■ 항상 본다 ■ 종종 본다 ■ 결코 보지 않는다

(나이)

55+	1	27	72
35-44	7	35	58
25-34	8	35	57
18-24	6	40	54
13-17	13	45	42

▲ 모바일 광고 노출 반응 – 연령대가 어릴수록 거부감 적어(자료: The Nielson Company, 2010)

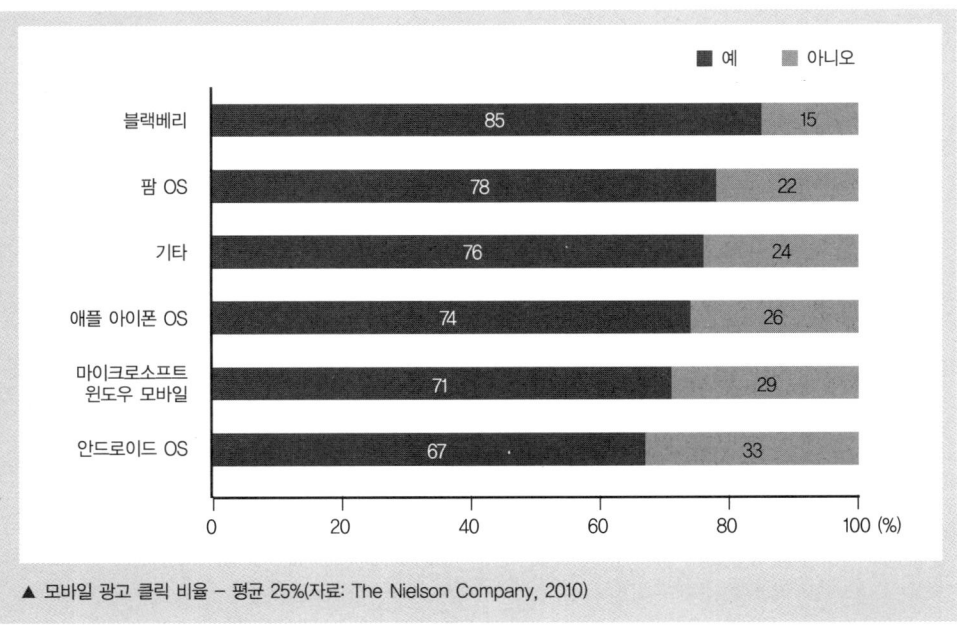

■ 예 ■ 아니오

블랙베리	85	15
팜 OS	78	22
기타	76	24
애플 아이폰 OS	74	26
마이크로소프트 윈도우 모바일	71	29
안드로이드 OS	67	33

▲ 모바일 광고 클릭 비율 – 평균 25%(자료: The Nielson Company, 2010)

모바일컨버전스는 어떻게 세상을 바꾸는가

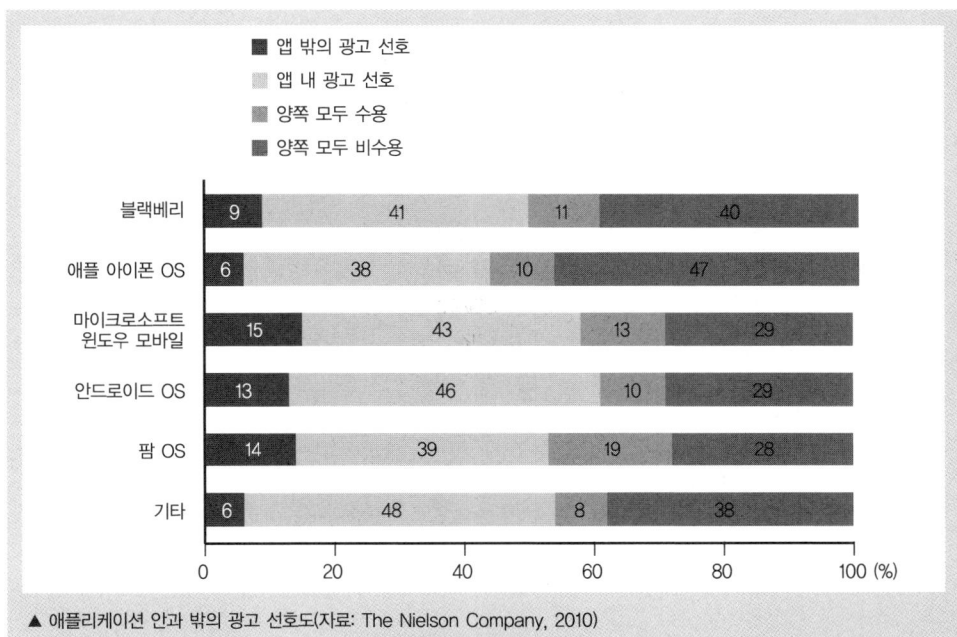

앱 밖의 광고 선호
앱 내 광고 선호
양쪽 모두 수용
양쪽 모두 비수용

블랙베리	9	41	11	40
애플 아이폰 OS	6	38	10	47
마이크로소프트 윈도우 모바일	15	43	13	29
안드로이드 OS	13	46	10	29
팜 OS	14	39	19	28
기타	6	48	8	38

▲ 애플리케이션 안과 밖의 광고 선호도(자료: The Nielson Company, 2010)

가 개발자들에게 사파리 브라우저상의 웹앱 제작을 권유했지만, 개발자들은 아이폰에 대한 네이티브 접속을 선호하는 것으로 알려졌다. 더구나 앱 광고 매출의 60%가 개발자들에게 배분되는 구조이다. 구글도 이를 의식한 듯, 이미 2009년 6월 24일 모바일앱용 애드센스 베타버전을 출시한 바 있다.

닐슨(2010)에 의하면, 10대의 58%는 모바일 광고를 확인하는 편이며, "앱 안에 삽입된 광고를 클릭해보는가?"라는 설문에 아이폰 이용자의 26%가 '그렇다'고 대답하는 등 모든 모바일 OS에서 이용자들은 앱 안에 삽입된 광고를 선호하는 것으로 파악되었다. 아이폰 이용자의 38%는 주로 앱 안에 있는 광고를 본다고 답변했다. 모바일앱 내 광고를 본 이후에 취하는 행동으로는 "검색엔진에 들어가 정보를 더

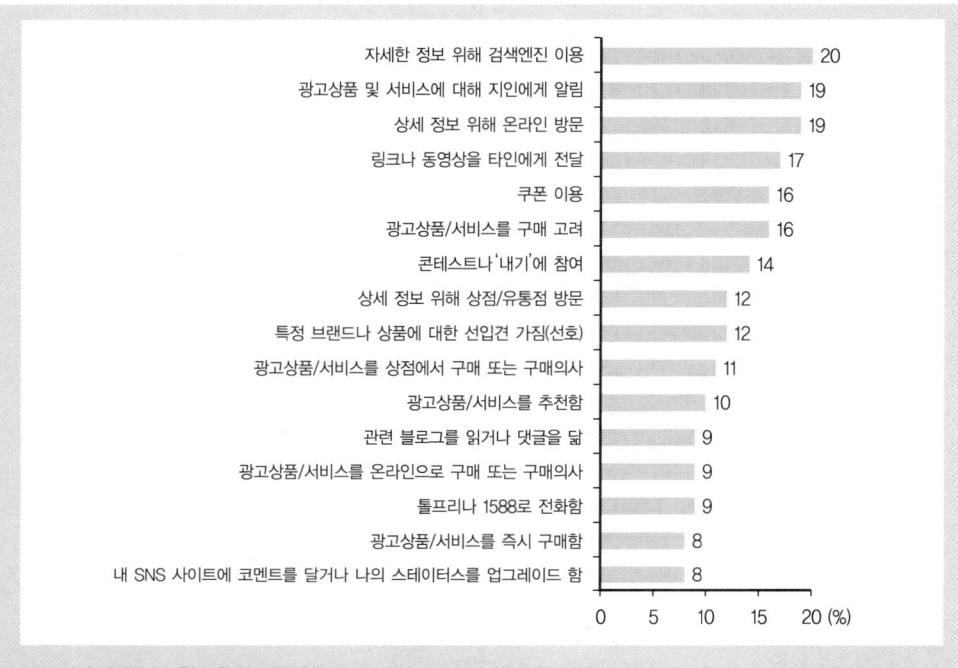

자세한 정보 위해 검색엔진 이용	20
광고상품 및 서비스에 대해 지인에게 알림	19
상세 정보 위해 온라인 방문	19
링크나 동영상을 타인에게 전달	17
쿠폰 이용	16
광고상품/서비스를 구매 고려	16
콘테스트나 '내기'에 참여	14
상세 정보 위해 상점/유통점 방문	12
특정 브랜드나 상품에 대한 선입견 가짐(선호)	12
광고상품/서비스를 상점에서 구매 또는 구매의사	11
광고상품/서비스를 추천함	10
관련 블로그를 읽거나 댓글을 닮	9
광고상품/서비스를 온라인으로 구매 또는 구매의사	9
톨프리나 1588로 전화함	9
광고상품/서비스를 즉시 구매함	8
내 SNS 사이트에 코멘트를 달거나 나의 스테이터스를 업그레이드 함	8

▲ 모바일 광고를 본 후에 취하는 행동(자료: The Nielson Company, 2010)

찾는다"가 20%로 가장 높게 나타났다.

애플은 아이패드에서 실행 중인 앱 속에 동영상이나 텍스트를 녹여 넣었다. 광고 자체는 양방향 특성과 LBS, 증강현실을 활용하고 엔터테인먼트 속성을 가미하여 이용자의 자발적 이용을 유도한다. 일례로 아이애드 플랫폼에 올라간 〈토이스토리 3〉 광고는 앱 속 광고이다. 캐릭터가 설명되고, 예고편 시청이 가능하며 게임, 영화 포스터, 영화표 예매, 각종 상품 판매 등의 다양한 소비자 경험이 제공된다.

애플 앱스토어 시작 후 3년 만인 2011년 1월 IDC가 개발자 1745명을 대상으로 한 설문조사 결과에 의하면, 개발자의 59%가 앱 판매를 주요 수익모델로 지목한 반

모 바 일 컨 버 전 스 는   어 떻 게   세 상 을   바 꾸 는 가

면, 광고를 수익모델로 지목한 개발자들도 32%나 되었다. 그 외 '앱내구매'는 42%, 커머스는 26%, 구독은 26%, 쿠폰은 10%로 나타났다.

애플도 2011년 2월 모바일 광고효과를 입증하는 사례를 발표했다. TV 광고효과와 모바일앱 광고효과를 비교한 실험이다. TV 실험집단은 닐슨의 패널들이고, 모바일 아이애드를 본 실험집단은 다양한 앱을 통해 모집한 이용자들이었다. 애플이 아이애드를 출시한 지 7개월이 지나 이를 초기 채택한 캔으로 된 치킨 수프를 판매하는 캠프벨의 광고효과를 측정했다.

▲ iAd로 구현된 〈토이스토리3〉 영화 광고

이 결과 캠프벨의 아이애드 회상률은 TV 광고보다 두 배 높은 것으로 나타났다. 아이애드를 본 소비자들이 TV 광고를 본 시청자보다 기업 브랜드를 5배나 더 자주

캠프벨의 아이애드 vs. ▶
TV 광고

떠올렸으며 광고 메시지를 3배나 더 자주 기억하는 것으로 나타났다. 캠프벨의 수프 광고는 노출 5300만 번 중 1% 이용자들이 광고를 클릭해 평균 1분 이상 광고 메시지를 정독한 것으로 나타났다. 아이애드 광고를 통해 캠프벨은 낡은 브랜드 이미지를 깨고 재조명을 받게 되었지만, 약 100만 달러의 초기 투자비용은 걸림돌이다. 캠프벨은 2010년 10~11월 2개월 동안 TV 광고에 2500만 달러를 투자했는데, 지금까지의 모바일 광고 지출금액 중 최다 금액을 아이애드에 투자했다고 한다.[22]

앱을 통해 결제를 한 번에
: 원스톱페이

2010년 앱스토어가 매스마켓으로 성공하려면 결제 방식이 용이하고 다양화되어야 한다. 닐슨의 조사에 의하면, 스마트폰 이용자들이 맛보기 버전에서 유료 버전으로 전환하는 비율은 30% 이상이며, 선호하는 현재의 결제 방식은 통신요금 합산, 신용카드, 페이팔 순으로 나타났다.[*] 앱이코노미 규모가 향후 어떻게 전개될지 더 지켜볼 일이지만, 적어도 유료화가 될 수 있게 하려면 이용자가 원하는 결제 시스템 구축이 급선무이다.

스마트폰 확산이 모바일결제의 스마트화를 더욱 부추길 것이다. 모바일 마켓의 최대 장점은 장소의 제약이 없다는 점, 즉 앱 접속만 하면 어디서든 쇼핑을 즐길 수 있다. 그런데 기존의 온라인쇼핑 사이트들이 개설한 모바일웹을 보면 PC상의 인터

---

[*] M커머스 전문업체인 넷사이즈(Netsize)에서 2010년 5월 전 세계 67개국 1000명의 모바일 전문가를 대상으로 한 설문에서도 과금 결제 시스템의 다양화에 의견을 모았고, 이 중 시장 확대에 가장 도움이 되는 과금 방식으로 이통사의 통합 빌링을 선택한 응답자가 85%였으며, 신용카드 결제만으로 충분하다고 답한 응답자는 15% 정도였다. 그 외에도 '앱내 과금'이 중요하다고 생각하는 응답자는 28%에 달했다.

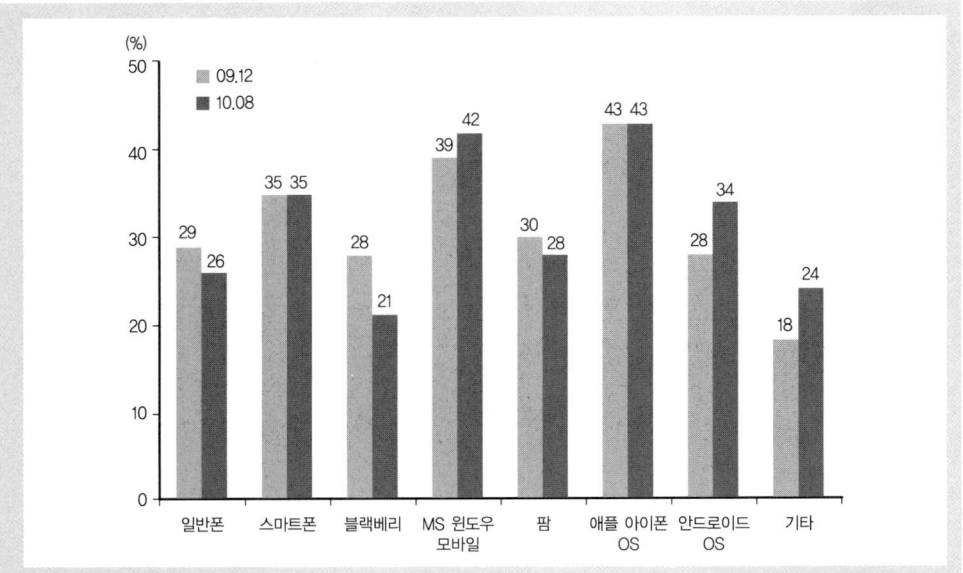

▲ 맛보기 버전에서 유료 버전으로 전환하는 비율 − 30% 이상(자료: The Nielson Company, 2010, 토러스투자증권(2010. 11) 재인용)

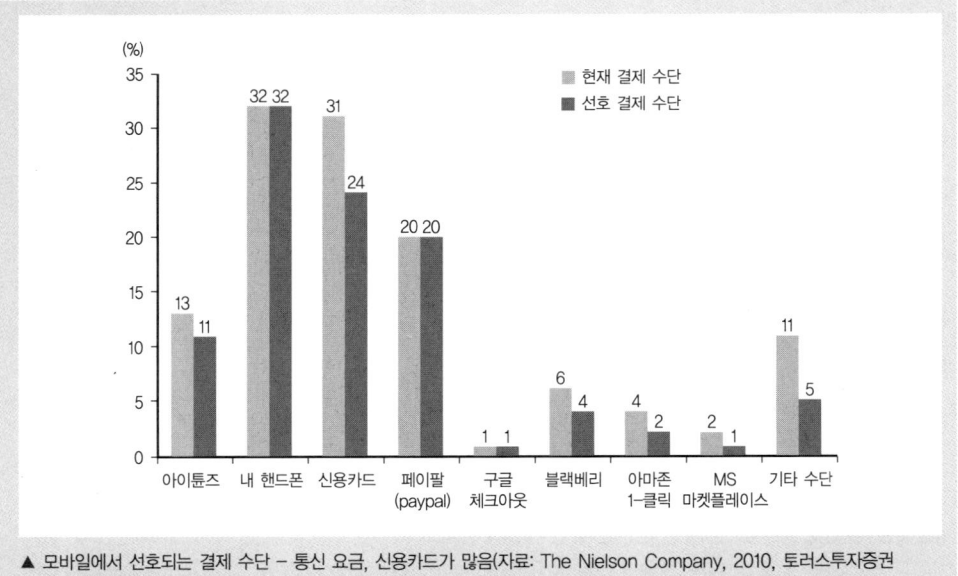

▲ 모바일에서 선호되는 결제 수단 − 통신 요금, 신용카드가 많음(자료: The Nielson Company, 2010, 토러스투자증권 (2010. 11) 재인용)

넷 결제 수단보다 더 원시적임을 목격하게 된다. 핸드폰 화면에 뜬 상품을 고르고 '전화주문' 버튼을 클릭하고 상품코드 확인 후에 통화 버튼을 누르면 바로 콜센터로 연결되니 말이다. 결국 콜센터와의 통화를 통해 카드로 결제하거나 무통장 입금, 적립금 등의 결제 방법을 말하게 된다. 한편 스마트폰의 등장으로 모바일결제 방법이 다양화될 조짐이다. 스마트폰을 활용하는 전용 카드 리더기가 등장했고, P2P 앱을 활용하는 결제, 근거리무선통신NFC: Near Field Communication 칩이나 SIM 카드를 활용하는 하드웨어 기반이 있다. 각 사례에 대해 간단히 살펴보자.

전용 카드 리더기는 '동글'이다. 무료 앱인 '스퀘어'를 이용하고 결제하려면 전용 카드 리더기가 필요하다. 앱을 무료로 다운로드 받은 후에 계정이 만들어지면 소형의 신용카드 리더기를 스마트폰의 이어폰 잭에 꽂아 카드 결제를 할 수 있게 했다. 이는 스마트폰 자체로 거래하는 시스템은 아니다. 즉, 추가적으로 리더기가 필요하다. 물론 카드 없이 신용카드 번호만 입력해도 결제가 가능하다. 서비스 이용요금은 카드 수수료이며, 리더기에 읽히는 경우에는 결제 금액의 2.75%+15센트,

번호 입력 결제의 경우에는 결제 금액의 3.5%+15센트가 부과된다. 스퀘어 등장 이후 동일 서비스로 베리폰, 모피 등이 등장하여 경합 중이다.

이러한 전용 리더기 없이 스마트폰 하나로 거래하는 앱으로는 2010년 3월 출시된 아이폰 전용 P2P 앱인 '페이팔 모바일'이 있다. 이 경우에는 두 대의 아이폰을 범핑함과 동시에 계좌 송금이 이루어진다. 할부결제 리마인더와

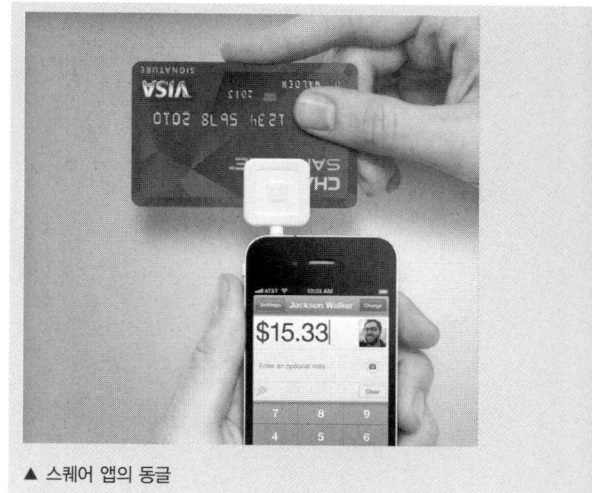

▲ 스퀘어 앱의 동글

▲ 아이폰의 페이팔모바일 앱

계좌관리 기능도 앱에 탑재되어 있다. 이 모바일결제 앱은 인기 앱 랭킹 톱10에 오를 정도로 인기를 얻고 있다. 신용카드사들도 직접 결제 앱을 내놓기 시작했다. 비자의 페이웨이브 PayWave와 마스터카드의 페이패스PayPass 가 있다.

애플은 자체적으로 '앱내 결제 모델'을 통해 결제 시스템을 통제하려는 전략을 구사하고 있다. 그렇게 되면 개발자들은 구글이나 페이스북 등이 제공하는 결제 시스템을 애플 앱스토어에서는 사용하지 못한다. 예컨대 애플 iOS 앱 개발자가 가상통화인 페이스북 크레딧을 구입하는 것을 금지하는 것이다. 애플은 가상통화는 아니지만 선불 방식의 기프트 카드를 통해 아이튠즈의 음악 등 가상상품 구매 기능을 제공하고 있다. 아이폰용 결제 시스템에 대한 몇 건의 특허를 신청한 상태이고, 차세대 아이폰(아이폰5)에의 NFC 탑재설이 유력하다. NFC로 애플이 원하는 것은 두 가지다. 하나는 '앱내 구매' 매출의 30%를 결제 수수료로 갖는 것이고, 다른 하나는 NFC를 통한 애플 기기 간의 데이터 싱크Sync이다. 현재 아이폰과 맥에서 이 기술을 활용한 데이터 동기화 기능이 실험 중에 있다.

2011년 초, MS도 윈도우폰7의 앱 결제를 위해 모바일 솔루션 업체인 MACH사의 DBGDirect Billing Gateway 솔루션을 채택했다고 발표했다. 윈도우폰7 이용자들은 이 솔루션을 통해 MS 앱스토어인 '윈도우폰 마켓플레이스'에서 '앱내 구매'를 통한 추가 구입비용을 휴대폰 요금에 합산하여 지불할 수 있게 된다.[23]

NFC 기반 모바일결제의 경우에는 이동통신사들도 주요 플레이어가 된다.

MWC2010에서 심SIM 카드를 이용한 NFC 결제 서비스가 제시되었다. 이는 모바일 근거리 결제에 대한 이동통신사의 관심을 시사한다. 간단한 데이터를 주고받는 정도의 비(非)접촉식 통신을 위한 용도인 NFC 탑재 폰들이 기하급수적으로 늘어나면 직관적으로 폰을 어디엔가 갖다 대는 동작이 습관화될 것이다. 이동통신망을 통해 사용자 정보를 수집하는 것 자체가 제약이지만, NFC 데이

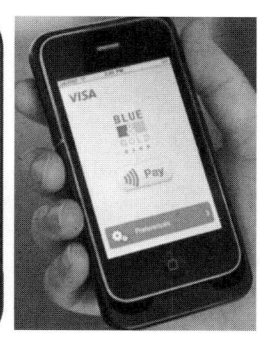

▲ 현재의 아이폰 결제 인터페이스와 차세대 아이폰의 NFC 결제 화면

터 서비스 제공자와 이용자 간의 약관 설정을 통해 이러한 제약은 극복될 수 있다.

이동통신사의 움직임은 2010년 중순부터 시작된다. 8월에는 노키아가 NFC칩이 탑재된 자사 휴대폰을 이용한 노키아머니를 개시했고, 연이어 일본 도코모, KDDI, 소프트뱅크 등 이통 3사가 비접촉식 IC칩인 펠리카가 탑재된 단말을 통해 결제 서비스를 제공하기 시작했다. 11월에는 영국 O2도 심 카드 기반 결제 서비스를 비자와 공동으로 개발한다고 발표했다. 이 경우 이용자는 심 카드에 저장된 UI를 통해 비자카드 서비스를 계속 제공받는다. 구글도 자사 안드로이드 OS에 NFC 기능을 통합하여 2.3버전 단말부터 이 기능을 이용할 수 있도록 했다. 또한 애플도 아이폰에 NFC 기술을 탑재할 것으로 예상된다.

최근엔 개방성을 활용해 모바일결제를 활성화하려는 노력들이 진행되고 있다. API 공개를 통해 모바일결제 서비스 자체를 확대시킴으로써 가맹점을 늘릴 수 있기 때문이다. 이에 발 빠른 페이팔은 2010년 5월 개발자들이 자사 앱의 결제 서비

스를 통합할 수 있도록 하는 안드로이드용 개발자 툴인 '모바일 페이먼트 리버티'를 발표했다. 구글도 개방 움직임을 보이기 시작했다. 2010년 7월 안드로이드 마켓의 개발자 유통 약관DDA을 변경하면서까지 인증된 이동통신사에 통합 빌링을 허용한 것이다. 즉, 구글 체크아웃 결제 시스템을 사용하지 않고도 이동통신사를 통한 결제가 가능하다. 문제는 개발자와의 수익 배분이다. 현재 안드로이드 마켓에서는 앱 판매액의 70%를 개발자가 가져가고, 구글이 과금 시스템 운영비로 30% 중 일부를 징수하고, 나머지를 이동통신사에게 주는 구조이다. 그런데 구글이 이동통신사의 통합 빌링을 허용하게 되면 구글의 일부 몫이 이동통신사로 가게 된다. 물론 이용자에게는 통합 빌링을 통해 결제를 한 사업자로 일원화한다는 장점이 있다.

지금까지 글로벌 사업자들의 움직임을 살펴보았다. 그러면 국내 모바일결제 시장은 어떠한가? 스마트폰 활성화 이전, 이동통신사와 금융업계 간 오너십 다툼으로 모바일결제 시장은 정체 상태를 유지했다. 이를 해결하려는 노력에서 2008년 9월 금융정보화추진분과위원회가 유심USIM을 이용한 금융 서비스 표준을 제정함으로써 이동통신사와 금융업계 간 합의점을 찾기 시작했다. 2010년 7월, KT는 신한카드와 제휴해 원스톱 결제인 '쇼터치Show touch' 사업을 개시했다. 이는 단순 결제 시스템을 넘어 통신과 금융의 컨버전스이다. KT는 일본 NTT도코모와 제휴해 안드로이드 단말을 이용한 NFC 서비스 공동 개발 및 상호 이용에 합의하고, 2010년 10월부터는 쇼터치 NFC를 제공하기 시작했다. 지원 기종의 제한이 있으며, 월 2000원에 제공 중이다. 유심 기반으로 T머니와 쿠폰, 신용카드 결제가 가능하다.

2010년 말, 국내 휴대폰 결제 규모는 1조 1410억 원이었다.[24] 국내에서의 다양한 노력에도 불구하고 NFC 기술을 탑재하는 애플 등이 모바일앱 결제시장에 본격 진출할 것으로 예상됨에 따라, 이동통신사나 금융업체가 이들과 어떤 관계를 유지할 것인가에 대해 귀추가 주목된다. 고객은 원스톱 결제를 원할 것이다. 모바일앱 및 서비스의 진화 속도가 급진전되면서 고객 기반을 넓히기 위한 결제 수단 개선이 지속적으로 진행될 것으로 기대된다.

자동차에서도 키워드는 앱이다
: 텔레매틱스 앱

자동차 산업의 글로벌 경쟁이 치열해지면서 자동차업계는 IT를 안전 외에도 운전자에게 편의와 재미를 주는 놀이 수단으로 활용하려 한다. 이미 2004년 BMW, 메르세데스벤츠, 볼보, 페라리, 닛산, 마쓰다, 도요타, 혼다 등 주요 자동차기업들은 애플 아이팟과 차량 내 정보기기를 연결시킨 아이팟 통합차iPod Integration Car를 발표했고, MS도 2005년 7월 윈도우오토모티브5.0을 출시하는 등 내비게이션 OS 시장을 공략하기 시작했다. 그런데 10여 년 전부터 추진된 이러한 텔레매틱스Telematics 노력들이 대중적 시장을 형성하지는 못했다.

2010년 말 국제자동차통신기술전ATTT에서 일본 소프트뱅크가 주장했듯이, 스마트폰 보급이 텔레매틱스 확산에 기폭제가 될 것으로 기대된다. 소프트뱅크에 따르면, 일본에 보급된 7000만 대 자동차 가운데 아직은 6%만이 통신형 내비게이션을 탑재한 상태이며, 서비스 활성화율은 이보다 더 낮아 2% 미만이다. 그런데 아이폰용 내비게이션 앱이 6000개나 되어, 이는 곧 내비게이션 제조업체가 6000개 있는 것과 같다고 강조했다. 내비게이션 앱이 플랫폼 역할을 한다는 뜻이다. 이는 또한 활발한 콘텐츠 업데이트가 가능한 개방적 모델이 주를 이루게 될 것임을 시사하는 말이기도 하다. 즉, 자동차업체와 텔레매틱스 업계가 스마트폰과 앱을 적극 수용하지 않으면 지난 10년처럼 텔레매틱스가 성장하지 못할 것이라는 점을 시사한다.

ABI리서치(2011. 1)에 의하면, 미국 시장을 중심으로 스마트폰용 텔레매틱스 앱 이용자가 2011년 320만 명에서 2016년 1억 2900명까지 성장할 것으로 전망된다. 스마트폰용 텔레매틱스 앱의 종류는 인포테인먼트, 원격조종, 원격차량진단, 비상호출, 가장 대시보드, 운전행태 모니터링, 고급 내비게이션, SNS 등 매우 다양하다. 이 앱들은 차량의 OBD-II 버스에 연결되는 독립된 형식이나 차량에 장착된 임베디드 텔레매틱스 시스템에 연결되는 형식을 취한다. 이 부문의 수요가 증가함에 따라 자동차 제조업체 외에도 텔레매틱스 서비스업체, 관련 소프트웨어 개발자들의 관심이 더욱 높아지고 있다.

미국 자동차 제조업체인 포드는 2010년 출시된 차량을 대상으로 앱스토어인 '싱크'를 임베디드로 제공 중이며, API를 공개하고 써드파티 앱 개발을 지원할 것임을 밝혔다. 먼저 학생들을 통해 앱이 개발되도록 하기 위해 미시간대학과 함께 '어메리컨저니2.0'이라는 프로젝트도 론칭했다. 다양한 앱들이 이 프로젝트에 공모했고, 최우수작으로 '카라반트랙Caravan Track' 앱이 선정되었다.

최우수작인 '카라반트랙'을 소개하자면, 이 앱은 공동으로 운행하는 여러 대의 차량끼리 상호 주행 상태와 속도, 연료 수준을 파악할 수 있게 하고, 동료 차량에게 도로 상황, 위험 상황 등 긴급 정보를 즉시 알려주게 한다. 우수작인 '오토매틱 블로그Automatic Blog' 앱은 차량에서 전송되는 정보에 따라 @AJtheFiest로 블로그, 트위터에 글을 남긴다. 차가 잘 달리면 '신난다excited', 정체하면 '지루하다bored'로 글을 남기는 등 자동차가 블로거 역할을 한다. 그 외에 LBS 기반 SNS 포스퀘어와 연계된

▲ 포드의 마이포드모바일

앱도 등장했다. '로컬서치'는 차량이 멈출 때마다 그 지역을 포스퀘어로 체크인하고, 주변 식당, 주유소, 공원 등을 검색하게 하는 앱이다.

2011년 1월 열린 CES2011에서 포드는 새 모델인 포커스의 5도어 해치백 모델 기반 전기자동차 '포커스 엘렉트릭'을 공개하면서 자체 텔레매틱스 앱인 '마이포드모바일'도 함께 출시했다. 이 앱은 차량에 내장된 무선 모듈로부터 정보를 수신해 마이포드모바일 웹사이트나 앱에 접속한 이용자에게 정보를 전송해주는 클라우드 기반 서비스로 안드로이드, iOS 등 다양한 OS에서 이용될 것이다. 이 앱의 목적은 스마트폰과 전기자동차를 연동해 차량 진단 및 이동경로 확인 정보를 제공하는 것이다. 또한 운전자는 이 앱을 활용해 원격으로 전기자동차의 충전 상태를 확인하고 차량을 열 수도 있다.

다양한 텔레매틱스 앱들이 차량용으로 개발되기도 하지만, 이미 존재하는 다양한 앱들이 운전 중에 이용될 수 있는 환경은 이미 조성되고 있는 것 같다. 2010년 포드가 선구자이다. 포드는 4월 안드로이드와 RIM OS용 앱링크를 출시했으며, 12월 아이폰 지원 기능을 추가함으로써 운전자가 판도라 라디오 등 다양한 모바일앱에 접속할 수 있다. 포드에 따르면, 2010년 말 스마트폰 이용자의 36%가 출퇴근길에 앱을 이용하고 있다.[25] 2011년 초, GM 산하 온스타도 모바일앱 푸시 서비스를 출시했다.

미국가전협회의 2010년 말 조사에 따르면, 스마트폰 이용자의 절반 이상(55%)이 차량 내 스마트폰 통합 UI 중 음성조작을 가장 선호하는 것으로 나타났다. 이는 텔레매틱스 앱 시장의 최대 걸림돌이 '안전 문제'라는 점과 연계된다.

이는 자동차 제조업체에게 매우 중요한 이슈이다. 따라서 스마트폰 텔레매틱스 앱은 안전을 최우선으로 여기는 자동차 제조업체에게 양날의 검이다. 자동차 제조업체는 저렴한 접속비용으로 기존 앱들을 속히 시장에 침투할 수 있게 할 수 있지만, 안전을 우선시해야 하는 문제가 남아 있다. 더 나아가 수익성 있는 앱스토어 비즈니스 기회를 애플이나 구글 등에 모두 넘겨주는 것에 대한 우려도 상존한다.[26]

이런저런 문제의식 속에서 자동차 제조업체들은 앱 조작이 가능한 HMI Human Machine Interface 개발을 포기하고 오히려 자체 앱스토어를 구축하고 인증 프로세스를 스스로 만들 생각을 하게 된다. (자동차기업이 고객가치 제고를 위해 노력하는 비즈니스 모델에 대해서는 4장 9절에서 자세히 다룬다.)

모바일컨버전스
최고의 파트너는
소비자다

Next IT Revolution

라이프 전반의 모바일화를 요구한다
: 모바일 컨슈머

인류가 경험한 다양한 매체 가운데 최단 기간에 가장 빠른 속도로 확산된 휴대폰은 전 인류의 3분의 1이 사용하는 생활필수품이 되었다. 김성도(2008)에 의하면, 휴대폰의 매체적 속성은 크게 다섯 가지다.[27] 시간과 공간의 제약을 극복해 커뮤니케이션을 가능케 하는 연락성, 목소리의 상호작용과 결합된 직접 접속을 함의하는 즉시성, 가지고 다니면서 움직일 수 있는 이동성, 그리고 운반성과 착용성 등이다. 이러한 기능적 특성 때문에 휴대폰은 생활필수품이 되었다.

2009년, 노키아는 인도에서 인구 100만 이상 도시 15개를 선정해 모바일 이용에 대한 설문조사를 실시했다. 여기서 모바일 이용으로 소비자가 얻을 수 있는 세 가지 가치가 제시된다. 첫째는 기능 및 편의상의 이점으로 접속성, 프라이버시, 편리성, 시간 보내기, 효율적 문제해결 등이다. 둘째는 사회적 이미지화로 교양/인지/지위, 자신감, 신시대 방법론의 수용, '유행에 뒤처지지 않음' 등이다. 셋째는 감성적 성과인데 여기에는 관리, 유대, 편안함, 성취, 흥미, 자랑, 스타일, '남들보다 앞섬'

등이 속한다. 이들은 모두 사람들의 라이프스타일과 연관된다.

모바일컨버전스 현상이 라이프 전반의 '모바일화'를 요구하고 있다. 수치상 확인되는 것은 먼저 트래픽이다. 국내에 아이폰이 등장한 이후 6개월 정도 지난 2010년 3월, 122배나 증가한 모바일트래픽을 경험하게 된다.[28] 이제 또다시 아이패드가 국내에 상륙하면서 아이폰 이상의 트래픽 폭발을 야기시킬 것이다. 폭발한 트래픽만 보아도 그동안 갇혀 있었던 모바일 세상이 해방되는 느낌이다. 그 배경엔 애플의 단말과 함께 수년간 구축된 아이튠즈와 앱스토어 등 '비즈니스 생태계'가 있다. 또한 앞서 언급했듯이 다양한 비즈니스 모델들의 등장으로 앱과 미디어가 통합된 콘텐츠 세상이 열리면서 라이프 전반의 모바일화를 요구하고 있다.

사람들은 늘 편안하고 안전하며 즐겁게 살려는 욕구를 가지고 있다. 모바일컨버전스가 이를 더 풍요롭게 만든다. 즐거움, 편리함, 시간 절약 등 기본 욕구들은 모바일 특성과 밀접하게 연관된다. 라이프와 모바일의 컨버전스이다! 인도인들의 설문조사에서 일상생활의 니즈들이 휴대폰과 연계됨을 보았다. 그런데 전 인류의 모바일 니즈와 이용이 과연 획일적일까에 의문을 던지고 싶다. 2010년 6월, 시장조사업체 콤스코어에서 일본, 미국, 유럽 5개국 등 주요국 13세 이상 성인들의 모바일 이용 행태를 조사했다. 여기서 지역별로 이용자 간 콘텐츠 이용에 차이가 존재함이 발견된다.

조사 결과를 살펴보면, 특히 이용량과 SNS 인기도, 이용자 행태 등에서 차이가 나타난다. 지역마다 쓰는 모바일 단말이 다르고, 다양한 단말과 OS, 콘텐츠 접속 방법에 따라 이용자 경험도 달라지는 것 같다. 먼저 일본의 모바일 이용자가 무선 브로드밴드 콘텐츠를 이용하는 비율은 75%로 세 지역 중 가장 높다. 또 일본 모바일 인구의 59.3%가 모바일 브라우저를, 42.3%가 모바일앱을 이용하는 것으로 나타났다. 한편 미국의 경우에는 43.7%가 무선 브로드밴드 콘텐츠를 이용하며, 모바일

인구의 34%가 브라우저를, 25.8%가 앱을 이용하고 있다. 유럽에서는 38.5%가 무선 브로드밴드 콘텐츠를 이용하고, 브라우저 31.1%, 앱 24.9%로 나타나 일본이 월등히 높은 수치를 보이고 있다.

가장 재미난 지역 간 차이는 콘텐츠 서비스 이용에서이다. SNS/엔터테인먼트, 금융 정보, 소매/여행, 기타로 크게 구분하여 조사되었다. 여기서 SNS/엔터테인먼트 부문만 살펴보면, 이는 다시 SNS 접속, 음악, 사진 찍기, 비디오 촬영, TV/비디오 시청, 게임으로 세분화된다. 1, 2순위만 비교해보자. 일본에서는 사진 찍기(63%)와 TV/비디오 시청(22%) 순인 반면, 미국에서는 사진 찍기(50.6%), 게임(22.5%) 순, 유럽에서는 음악(24.2%), 게임(24.1%) 순으로 나타났다. 특히 현저한 차이를 보이는 카테고리는 TV/비디오 시청이다. 일본선 22%인 데 비해 미국과 유럽에선 각각 4.8%와 5.4%로 나타나, 미국과 유럽의 모바일 TV/비디오 시청이 일본의 4분의 1 수준을 보이고 있다.

모바일 SNS 이용은 큰 차이는 아니지만, 미국에서 제일 높게 나타났다. 미국 모바일 이용자의 21.3%가 모바일 SNS를 이용하는 데 비해 일본은 17%, 유럽은 14.7%로 집계되었다. 인기 SNS 브랜드 순위도 추가적으로 조사되었는데, 세 지역 모두에서 가장 인기 있는 SNS 브랜드는 PC 기반 웹 브랜드였으며, 미국과 유럽은 페이스북이고, 일본에서는 토종인 '믹시'로 나타났다.

이처럼 지역별로 모바일 이용에 차이를 보이고 있지만, 스마트폰의 등장으로 그만큼 다양한 콘텐츠가 이용되고 있는 것이라 해석된다. 사람들은 지하철이나 소파에서 모바일인터넷을 검색한다. 더 편하게는 이미 다운로드된 앱을 통해 동일 콘텐츠를 즐긴다. 이들은 신문과 잡지도 앱으로 읽으면서 관련된 동영상까지도 시청한다. 짬 시간이 있으면 뉴스 앱에 들어가 속보도 체크해본다. 시간이 좀 더 있으면 드라마나 영화까지도 기꺼이 작은 화면으로 보는 데 익숙해졌다.

모바일 이용자들은 편리성과 효율성에도 관심을 갖는다. 대중교통을 이용할 때 최단경로를 확인해 시간을 절약하려 애쓴다. 낯선 여행지에 도착하면 맛집도 찾아낸다. 여행 중 책도 읽고 음악도 듣는다. 자투리 시간을 재미있게 보내려고 게임도 즐긴다. 길을 가다 지도를 보며 다음 행선지를 정한다. 사용하지 않을 때는 가족사진을 담은 액자로도 활용한다. 결제가 편하면 간단한 쇼핑도 즐긴다. 지금 이 순간에도 다양한 이용자의 니즈를 맞추기 위한 수많은 앱들이 무수히 쏟아지고 있다.

수십만 가지 앱들이 개발된다. 하지만 이들 모두가 소비자의 환영을 받는 것은 물론 아니다. 소비자에게 가기도 전에 플랫폼에서 거절당하기도 한다. 중요한 점 하나는 소비자가 3인치 화면에서 라이프 전반의 모바일화를 요구하고 있다는 사실이다. 결제와 검색, 건강관리, 광고, 엔터테인먼트 등 다양한 부문에서 새로운 가치가 창출될 수 있다는 말이다. 심심해서, 궁금해서, 누군가와 수다를 떨고 싶어서, 시간을 절약하고 싶어서 3인치 화면을 들여다보는 모바일 소비자들의 욕구를 만족시키는 데만 주력한다면 모바일비즈니스 미래지도가 그려질 것이다. 비즈니스에서 수익을 창출하는 방법도 더욱 다양해져 여러 가지 수익모델을 결합하거나 번들로 제공하는 모델들이 자연스레 등장할 것이다.

보는TV를 앱으로 경험한다

시장조사업체 이마케터(2010. 8)에 의하면, 2010년 미국 모바일 동영상 이용자 수는 무려 30%나 성장한 2390만 명에 이른다. 이는 미국 휴대폰 이용자의 10% 정도이다. 모바일 동영상 이용은 모바일 브라우저와 가입형/PPV 다운로드 방식, 그리고 유료와 무료 앱 형태로 모두 가능하다. 그렇게 보면 사실상 상당히 파편화되어 있기 때문에 경쟁은 치열해질 전망이다.

소비자가 보고 싶은 동영상 장르는 사실상 매우 제한적이다. 이는 TV방송 산업에서 이미 검증된 사실로 주로 영화, 드라마, 스포츠 등이다. 따라서 PC 웹 환경에서의 롱테일 법칙이 모바일 동영상/TV 앱에서는 재현될 것 같지 않다. 실제로 UGCUser Generated Content보다는 기존 미디어가 주는 뉴스나 드라마 등 RMCReady Made Content가 앱에서 더 선호되고 있다. 이는 모바일 단말이 전통 미디어에 버금가는 '엔터테인먼트 자판기' 역할을 하고 있음을 의미한다. 이를 먼저 의식한 〈와이어드〉나 〈파이낸셜타임스〉, 〈뉴욕타임스〉, ABC, CBS 등 내로라하는 잡지, 신문, 방송사들은 앞 다투어 앱을 출시하고 있다. 기존 PC 웹 환경에서 이들 전통 미디어/콘텐츠 기업들은 검색포털이라는 관문을 통해 콘텐츠를 제공하는 데 더 익숙하다. 그간 자체 웹사이트를 만들어도 보았지만 실패하거나 그다지 성공적이지 못했다. 이제 이들 전통 미디어/콘텐츠 기업들은 앱 출시를 통해 이 관문에서 벗어나려는 것 같다.

모바일 환경도 PC 웹의 연장선상에 있다고 생각했는데, 더 엔터테인먼트 자판기 역할을 하는 이유는 무엇일까? 2장에서 언급했듯이 모바일기기와 앱이 PC보다 수동적 소비에 더 잘 어울리기 때문이다. 모바일 환경은 PC 환경보다 TV 환경에 더 가깝다. 그래서 미디어기업들은 웹기반 검색포털을 모바일의 관문으로 이용할 필요가 없다고 생각한다. 모바일 소비자들은 앱을 통해 미디어 콘텐츠를 미디어기업들과 직거래하는 데 서서히 익숙해지고 있다.

기존의 미디어에서 제공되지 않는 차별화된 콘텐츠 포맷도 모바일 환경에 등장할 수 있다. 따라서 모바일기기에 맞는 콘텐츠 포맷의 변화로 수익원의 다원화가 기대된다. 아예 모바일 전용으로 제공하는 사례도 등장하기 시작했다. 이는 잡지에서 먼저 시작했다. 2010년 10월, 영국 버진그룹은 아이패드로만 볼 수 있는 전자잡지 〈매버릭〉을 창간한다고 발표했고, 최근에는 〈더데일리〉도 창간되었다. 모바일 소비자에게 즐거움을 선사하는 앱들이 자리를 잡아 가면 잡지나 신문뿐만 아니라, 하나의 영화나 드라마를 다양한 길이의 콘텐츠 버전(10분용, 30분용)으로 변화시켜 제공하는 것도 가능하게 된다. 에피소드식으로 만들어질 것이다.

2장에서 언급했듯이, 최근 방송사들은 모바일앱용 포맷 개발에 의외로 적극적이다. 이들도 이 시기를 신문기업들이 검색포털에서 해방되려는 것처럼 유료방송 플랫폼이라는 관문에서 벗어나는 독립화 모색기로 생각하는 것 같다. TV 콘텐츠의 모바일앱 개발은 스마트폰에서 시작되었지만, 아이패드 같은 태블릿PC로 급속히 확산되고 있다. 미국 지상파방송사인 디즈니의 ABC가 가장 먼저 아이패드에 앱인

'ABC 플레이어'를 출시한 이후, 시청자들이 쇼에 대해 대화를 나누는 'ABC 패밀리즈 채터박스', 쇼에 대한 특별한 콘텐츠와 양방향 서비스를 제공하는 'ABC 마이제너레이션' 싱크 서비스를 개발하는 등 매우 다양한 포맷의 앱을 계속 내놓고 있다.

▲ 패밀리즈 채터박스

TV 콘텐츠를 가진 방송사들의 앱 출시 외에 TV 콘텐츠 유통의 관문 역할을 하고 있는 유료방송 플랫폼들도 스마트폰과 아이패드 출시 이후 이를 적극 활용하려는 움직임을 보이기 시작했다. 이들은 넷플릭스 등 인터넷 동영상의 모바일앱 및 애플TV, 구글 TV 등 스마트TV 진출로 인해 자사 가

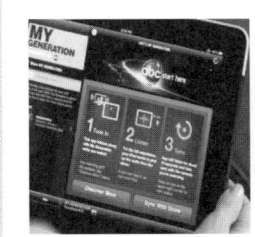

▲ ABC 마이제너레이션 싱크 서비스

입자가 이탈하는 것을 막으려는 수성 전략 차원에서 출발한다. 모바일 단말인 스마트폰과 태블릿PC가 적격이라 판단한 이들은 아이폰이나 아이패드를 고기능 리모컨으로 활용한다거나, VOD를 실시간 스트리밍 받거나 실시간 방송을 바로 시청할 수 있도록 하는 등의 다양한 비즈니스 모델들도 함께 내놓고 있다.

버라이즌의 IPTV인 파이오스TV의 경우를 보면, 2010년 초부터 스마트폰용 파이오스TV 앱이 무료 배포되기 시작했다. '파이오스 모바일 리모트'와 'DVR 매니저' 앱을 통합한 형태인 아이폰은 제외된다. 이를 통해 스마트폰이 TV 리모컨 기능과 DVR 기능을 동시에 제공한다. 아이폰을 출시하지 않은 상태에서 버라이즌은

2010년 말에 아이패드를 먼저 출시하게 되고, 제공 중인 스마트폰용 앱을 아이패드로 확산시킨다. 아이패드는 파이오스TV 셋톱박스의 리모컨 기능과 DVR 기능을 갖게 된다. 아이패드 저장 사진을 TV로 볼 수 있게 하는 기능도 추가된다. AT&T의 IPTV인 유버스U-Verse도 2010년 10월 아이폰용 '유버스' 앱을 출시했고, 2011년 1월 아이패드용 앱을 시연했으며, TV와 스마트폰을 연계해 작동할 수 있는 앱 개발이 가능한 유버스 셋톱박스용 API도 공개한다.

주요 방송제작사와 유료방송 플랫폼의 자체 앱 출시 외에 소수 마니아들만 시청하는 PC 웹기반 실시간 개인방송들까지도 앱으로 진출하기 시작한다. 2007년 3월, 20대 청년인 저스틴 칸Justin Kan이 자신의 24시간 생활을 실시간으로 방송해 실시간 개인방송이 시작된 이래 유스트림 등 유사한 방송이 PC 웹에 출현했다. 저스틴티비는 2010년 iOS, 안드로이드 OS 기반 앱을 내놓았다. 또한 페이스북, 트위터 등의 SNS 공유 기능을 추가하면서 방송과 SNS의 접목 사례로 저스틴티비는 유명해지고 있다. SNS는 개인방송 콘텐츠 확산에 도움이 되는 입소문의 근원지가 되며, 시청자와 출연자 간 양방향 커뮤니케이션이 가능하다. 저스틴티비에 의하면(2010. 11), 저스틴티비 시청자들은 월평균 총 5000만 시간 동영상을 시청했으며, 동영상을 감상하는 동안 매달 1억 건 이상의 메시지를 교환했다.

아틀라스의 분석(2010. 11. 29)에 의하면, 저스틴티비의 안드로이드 OS 앱은 2주만에 저스틴티비 전체 방송의 약 20% 비중을 차지했다. 이 앱은 와이파이와 3G 모두에서 접속 가능하다. 업그레이드된 저스틴티비 2.0 앱에는 기존 버전에 실시간 동영상 방송과 채팅, SNS 공유 기능이 추가된다. 와이파이와 3G 접속 모두 가능하다. 유스트림도 트위터와 연계되는 등 실시간 개인방송이 SNS를 끌어안으면서 상당한 시너지가 기대되고 있다.

국내에서도 짱라이브, 아프리카, 트윗온에어, 아이브이트윗, 트윗캐스팅 등 SNS와 결합한 모바일 개인방송 앱들이 속속 등장하고 있다. 물론 앞서 언급했듯이 실시간 개인방송 같은 UGC가 RMC인 방송 콘텐츠를 대체할 수는 없다. 요즘 방송사들이 리얼리티쇼를 주요 장르로 내세우고 있는 상황에선 더욱 그렇다. 더구나 기술력, 자금력 등에 있어서도 비교가 되지 못한다. 하지만 스마트 기기의 발달로 인기 앱으로 자리를 굳히고 있는 TV/방송 콘텐츠 앱 시장에서 실시간 개인방송들도 매력적인 유사 방송 콘텐츠로서 자리매김하게 될 것으로 기대해본다.

03

게임이 땅콩 까먹듯 친숙해진다
: 캐주얼게임

스마트폰이 모바일게임 시장에서 급부상한 이유는 여러 가지가 있다. 아틀라스의 분석(2011. 1)에 따르면, 우선은 고속 CPU와 터치스크린, 카메라, 가속도 센서, 자이로스코프 등의 다양한 센서가 스마트폰에 장착되어 있기 때문이다. 또한 가격 면에서도 닌텐도 DSi 판매가가 약 169달러, PSP Go가 250달러인 데 비해 아이폰 등 스마트폰의 경우에는 약정으로 구입하면 게임 단말에 비해 가격경쟁력을 갖는다. 이런저런 장점들이 있지만, 스마트폰이 기존 게임기와 가장 차별되는 부분은 뭐니 뭐니 해도 앱스토어라는 개방형 생태계이다.

스마트폰 앱스토어가 게임 수와 질을 높이는 데 결정적 역할을 한다. 가격 면에서는 상당수가 무료이다. 2009년, 2010년 모두 아이폰 유료 앱의 톱10에 선정된 캐주얼게임Casual Game인 앵그리버드의 경우만 보아도 2010면 유료, 무료 버전을 모두 합쳐 총 5000만 건이나 다운로드되었다. 또한 앵그리버드 매출액은 총 1000만 달러를 기록했다. 광고 기반 무료 버전으로 출시한 안드로이드용 앵그리버드는 월 100달러 수익을 정기적으로 보장하고 있다.[29] 단말 가격, 앱스토어 외에 다른 요인이 있다면 네트워크 우위성도 무시할 수 없다. 즉, 와이파이만 지원되는 게임 전용 단말과 달리 스마트폰에서는 3G 접속도 가능해 이동성 측면에서도 경쟁우위를 갖는다.

태블릿PC는 어떠한가? 사실상 아이패드는 닌텐도 같은 휴대용 게임기에 비해 무겁다. 또한 아이패드 플레이스테이션 PS 같은 가정용 게임기와 비교해서는 조작감과 게임성이 다소 뒤처진다. 그러나 소프트웨어 가격이 상대적으로 저렴*하고 앱스토어를 통한 편리한 수급 환경, 아이패드 단말 자체의 우수한 사양(CPU, 해상도, 멀티터치, 중력/가속도 센서 등) 등으로 향후 전체 게임시장에서 상당한 점유율을 차지할 것으로 벌써부터 기대되고 있다.

톱그로싱차트 50위 중 소셜네트워크게임**이 13개나 차지한다. 시장조사업체인 라자드캐피털마켓에 따르면, 2010년 소셜게임 시장규모(디지털 아이템 판매, 게임 내 광고, 부가 서비스 포함)가 전년 대비 92%나 증가했고 아이폰 앱 게임은 100%나 증가한 것으로 추정된다. 앞에서 실시간 (개인)방송과 SNS가 결합되고 있다고 언급했는데, 게임도 같은 양상이다. SNG는 페이스북 같은 SNS를 기반으로 이용 가능한 게임으로 SNS 이용자들이 게임을 할 때마다 게임 참여 내용이 SNS에 바로 게재된다. 게임 서버 내에 SNS를 함께 이용할 수 있도록 연동하는 시스템이 구축되어 있기 때문이다. 게임업체의 SNS와의 제휴 목적은 이용자들을 게임 서버에 더 오래 머무르게 하기 위한 것이다. SNS에 연동하는 것은 게임에 지친 이용자들이 서버 내에서 휴식을 취하게 하거나 지루할 수 있는 게임 대기시간을 활용할 수 있게 한다. 이로써 이용자들은 게임 플랫폼에 보다 오래 머무른다.

---

* 일례로 EA의 Need for Speed Shif의 아이패드용 가격은 12.99달러인 데 비해 PS3용으로는 34.98달러이다.
** SNG(Social Networking Game)라고도 하는데, 이는 SNS와 연동하여 자신과 인맥관계가 형성된 지인들과 게임을 하면서 친목도 도모하는 형식을 취한다. 이는 동시 접속을 통한 온라인게임과 달리, 등록된 상대가 접속 중이 아니더라도 자신의 흔적을 남겨 지속적 관계 쌓기를 하므로 게임의 몰입도와 지속성에 도움을 주게 된다.

전 세계 게임시장 전망

(단위: 십억 달러)

구분	2008	2009	2010E	09/10 성장률
China Online	3.1	4.5	5.6	25%
World of Warcraft	1.3	1.5	1.6	5%
Social Networking games	0.2	0.7	1.3	92%
iPhone game/apps	0.1	0.5	1.0	100%
Xbox Live	0.6	0.8	1.0	25%
Sony PSN	0.1	0.3	0.5	50%
Nintendo	0.1	0.1	0.1	20%

(자료: Lazard Capital Markets, 2010, 아틀라스(2010. 9)에서 재인용)

페이스북은 소셜게임 앱의 앱스토어 같은 역할을 하여 대박을 냈다. 앱인앱App-in-App이다. 2010년 말, 5.5억 명의 페이스북 가입자 가운데 모바일 가입자는 1.5억 명이 넘는다. 이 중 절반이 매일 모바일을 통해 접속 중이다. 2010년 5월, 페이스북에서 제공된 팜빌 이용자 수는 8300만 명이다. 팜빌의 제작사인 징가는 여러 소셜게임을 서비스 중이며 총 이용자 수는 2010년 5월 현재 약 2억 3000여 명이다. 징가는 2009년 한 해에만 소셜게임으로 3000억 원의 수익을 올렸다.

이처럼 앱스토어를 토대로 하는 스마트폰과 아이패드 등 태블릿PC가 휴대형 게임기 시장을 잠식 중이다. 미국 시장조사업체인 인터프리트에 따르면, 2010년 휴대용 게임기에서 휴대폰이 차지하는 비율이 44%로 나타나 전년 대비 50%나 증가했다. 2009년 초만 해도 모바일게임 시장은 닌텐도DS와 소니의 PSP에 의해 지배되고 있었다. 누적으로 보면 2010년 12월 4일 기준, 각각 약 1억 4000만 대, 6300만 대가 판매되었다. 그러나 2008년까지 거침없이 성장한 데 비해 2010년에는 물량이나 매출 면에서 모두 급감하게 된다.

대응 차원에서 닌텐도와 소니도 자
체 온라인스토어를 구축했다. 닌텐도
는 'DSi 웨이브Wave'를 제공하고 있다.
소니는 '미디어 고Media Go' 소프트웨어
를 통해 PSP용 온라인스토어에 접속
할 수 있도록 하고 게임 외에 영상 콘

텐츠 다운로드 서비스도 제공한다. 그런데 이처럼 게임기 업체들이 온라인스토어
를 제공한다 해도 스마트폰에서 가볍게 즐기는 개방형 캐주얼게임과는 다르다. 즉,
폐쇄형 기반이라 스마트폰 앱스토어를 따라갈 수 있을지 의문이다. 물론 게임 전용
단말 수요가 쉽게 사라지지는 않을 것이다. 하지만 매스마켓을 스마트폰과 태블릿
용 게임시장에 내줄 가능성은 커지고 있다. 모바일 브로드밴드 확산과 인터넷 커넥
티드 단말의 다양화, 그리고 OS까지 다양해지는 상황에서 각 단말별 서비스 개발
로는 시장 확산에 분명히 한계가 있음을 시사하는 바이다.

최근 개인용 클라우드 서비스가 확산되면서 개인용 클라우드 게임도 등장하고 있
다. 소비자 입장에서 보면 고가 단말 구입 없이 월정액 기반으로 즐길 수 있다는 장
점이 있다. 선두업자는 미국의 온라이브이다. 이미 2009년 9월 베타서비스를 시작
한 온라이브는 클라우드 기반 게임온디맨드인 '온라이브 게임OnLive Game'을 2010년에
출시하게 된다. 이용자가 보는 것은 클라이언트 단말에 전송된 동영상 피드이다.
이 서비스는 팀플레이, 랭킹, 리더보드, 토너먼트 등 SNS 요소도 포함하고 있으며,
월 14.95달러이다. 이를 계기로 MS나 소니도 콘솔게임에 클라우드 기술을 접목시
키려는 전략을 구상하여 실행에 옮기기 시작했다.[48]

이상에서 살펴본 해외에서의 모바일게임, SNG 시장, 클라우드 게임과 비교할 때
국내 시장은 아직 초기 수준이다. 2010년 초, 게임 광고기업인 디브로스가 페이스

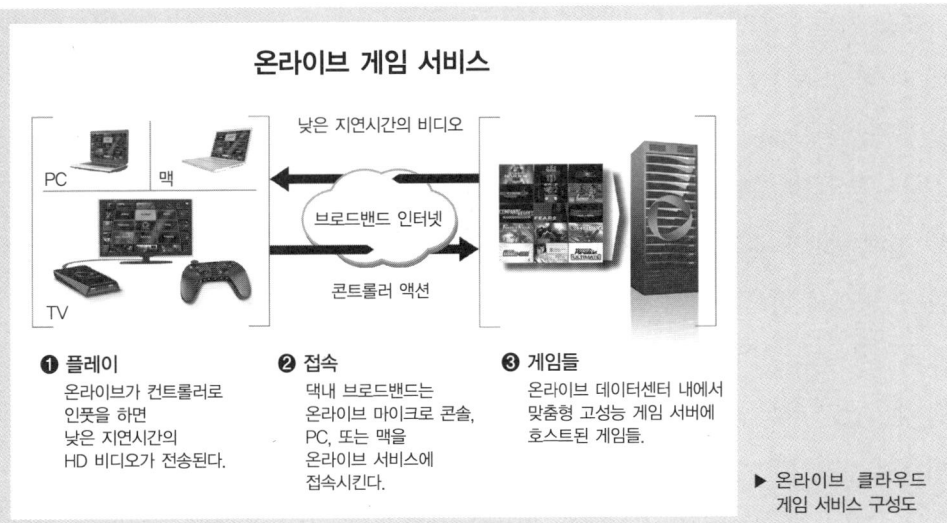

온라이브 게임 서비스

PC 맥

낮은 지연시간의 비디오

브로드밴드 인터넷

콘트롤러 액션

TV

❶ 플레이
온라이브가 컨트롤러로
인풋을 하면
낮은 지연시간의
HD 비디오가 전송된다.

❷ 접속
댁내 브로드밴드는
온라이브 마이크로 콘솔,
PC, 또는 맥을
온라이브 서비스에
접속시킨다.

❸ 게임들
온라이브 데이터센터 내에서
맞춤형 고성능 게임 서버에
호스트된 게임들.

▶ 온라이브 클라우드
게임 서비스 구성도

북에 '버디붐' 게임을 출시했으며, 리젠소프트, 나인휠스 등의 개발사와 함께 SNS용 게임 콘텐츠를 확보해 페이스북에 연동했다. 국내에서는 게임의 사전심의 문제로 인해 국내 아이폰에서 국내 업체의 게임 등록이 매우 제한적이다. SNG는 2009년부터 NHN, SK컴즈 등 포털에 의해 준비되었으나, 2010년 말까지 SNG를 포함한 네이트 앱스토어의 누적 매출이 10억 원 안팎에 불과하다. 오히려 해외 SNS와 연계된 EA의 위룰*, 징가의 팜빌** 같은 해외 SNG가 국내에서 더욱 인기가 있다.

게임기로서 매력적인 태블릿PC의 보급 확대에 힘입어 향후 국내 게임법 개정안이 통과되면 국내 모바일게임 시장은 캐주얼게임 중심으로 성장할 것으로 보인다.

---

* 이용자가 밭을 만들고 각 수준에 맞는 농작물을 키워서 내다 팔 수 있고, 모은 돈으로 집도 지을 수 는 소셜게임으로 이용자는 친구 왕국에 가서 돈을 벌거나 농작물을 재배할 수 있게 해놓는다.
** 징가는 1위인 팜빌 외에도 까페월드, 마피아워즈, 펫빌 등 전체 순위 10위권 안에 포함된 게임들을 석권하고 있다.

그렇게 되면 현재 해외 앱스토어에서 지속적으로 흥행 기록을 내고 있는 게임빌이나 컴투스 등의 국내 모바일게임 개발업체들이 혜택을 얻게 될 것이다. 아이패드 게임도 기존 아이폰 앱스토어에서 유통되는 게임의 연장선이라 볼 때, 현재 아이폰 앱스토어에서 게임 및 회사 브랜드 인지도가 잘 알려져 있는 게임빌, 컴투스 같은 모바일게임 개발사가 보다 유리한 상황에 있음이 분명하다.

2010년 말 기준으로 게임빌은 베이스볼 슈퍼스타 시리즈와 제노니아 시리즈의 인기에 힘입어 본사 기준 31억 원, 연결 기준 53억 원의 해외 매출을 기록하며 전년 대비 각각 64%, 45%의 성장률을 기록했다. 컴투스의 경우에도 스마트폰 게임에서 매출액 본사 기준 76억 원(YoY +235%), 연결 기준 89억 원(YoY +292%)를 기록했는데, 이 중 T스토어를 통한 국내 매출 비중이 15%라는 점을 감안해도 상당한 해외 매출 성장을 이루었다고 본다.

04

단말에 매여 있던 온라인북 소비가
앱으로 이동한다: 이북

2010년 말 현재 미국의 아마존 킨들스토어는 112개의 〈뉴욕타임스〉 선정 베스트셀러 중 107개를 제공하는 등 총 81만 개 이북 콘텐츠와 1923개의 프리타이틀, 저작권이 없는 수백만 건의 무료 콘텐츠를 제공하고 있다. 또한 아마존은 자체 단말인 킨들 외에 아이폰, 아이패드, 안드로이드 및 블랙베리 등에 앱으로 별도 제공하고 있다. 킨들 실적만 보면, 이북 콘텐츠 판매량이 이미 종이책 판매량을 크게 앞질렀다. 2010년 말 100부 종이책 기준으로 115개 이북 콘텐츠가 판매되었다.[31] 〈블룸버그〉지에 의하면, 아마존은 단말 판매도 예상 밖으로 선전하여 2010년 한 해에만 3G 킨들 e리더 단말이 약 800만 대 판매된 것으로 추정된다.

이처럼 이북 콘텐츠 판매량과 단말 판매 면에서 좋은 수확을 거둔 아마존이 아이폰, 아이패드 앱 제공 외에 2011년 1월 안드로이드 기반 앱스토어 출시 계획을 발표한 후 '앱스토어 개발자 포털'까지 출시했다. '아마존 앱스토어 포 안드로이드'에서 제공하는 앱은 안드로이드 1.6버전 이상 모든 스마트폰과 태블릿에서 이용 가능하게 된다. 그 외에도 아마존은 앱 검색 강화를 위해 자사 추천 및 판매 솔루션을 활용하고, 앱 추천 과정에 고객의 소프트웨어 다운로드 이력과 쇼핑 이력 등을 참조할 계획이다.[32]

이처럼 아마존은 하드웨어와 콘텐츠를 결합하는 모델을 지속적으로 고집하는 것만으로 이북 사업을 주도할 수 없다고 판단한 것 같다. 이미 구글과 애플이 이북 시장의 게임 룰을 바꾸기 시작했다. 경쟁의 장이 단말이 아닌 앱 등의 서비스 플랫폼으로 이동하고 있다는 것이다. 특히 아이패드의 등장으로 단말이 아닌 앱을 통해 이북을 즐기는 이용자가 증가하고 있다. 단말과 콘텐츠가 수직통합된 구조를 가졌던 아마존, 관리된 개방형managed open 플랫폼을 구축한 애플, 그리고 웹기반 '구글 이북스토어'(Edition의 신명칭 2010년 12월 6일 출시)까지 전면에 등장하면서 이북 공급과 소비의 장이 급속히 서비스 플랫폼으로 이동 중이다. 아마존은 당분간 단말을 포기하진 않을 것이다. 즉, 다양한 단말로의 확장을 통해 이북 콘텐츠 판매를 극대화하는 동시에 킨들 단말을 특화된 독서 경험을 원하는 독자층에 포지셔닝할 것이다.

이북 열람에만 최적화된 킨들 단말 외에 앱을 통한 콘텐츠 열람이 가능해짐에 따라 이북 단말 수요도 점차적으로 전용 단말보다는 범용 단말에 집중될 것이다. 실제로 2010년 말 이북 단말 시장 내 킨들 점유율이 47%로 내려가고 아이패드가 32%로 킨들을 맹추격 중이다. 다양한 앱이 출시되면 아마존도 킨들 단말 가격을 인하하고 단말을 통한 수익보다는 이북 콘텐츠 판매량을 높이고 자체 플랫폼 경쟁력을 강화해야 할 것이다. 아마존은 이러한 차원에서 이미 콘텐츠 쪽으로 전략 축을 옮기고 있으며 HTML5를 적용한 웹기반 이북스토어 출시 계획도 발표하기에 이른다.*

단말이 아니라 웹기반 서비스 플랫폼인 '이북스토어'를 출시한 구글은 백엔드 소

---

* 아마존은 구글의 이북 서비스 플랫폼 출시 이후 하루가 지난 다음 날 웹기반 '킨들포웹(Kindle for Web)'을 수개월 내 출시할 것이라고 발표했다.

프트웨어와 시스템을 강화하기 위해 이북 플랫폼 업체인 이북테크놀로지를 2011년 1월에 인수했다.[33] 구글의 이북은 아마존과의 경쟁 이상의 의미를 갖는다. 웹과 자사 서비스 기반 이점을 최대한 활용하여 이북 콘텐츠 판매 외에도 과금과 광고, 검색 플랫폼을 근간으로 자사의 웹 서비스들과 매시업해서 새로운 비즈니스 모델들을 창출할 수 있을 것이다.

아마존과 구글이 개방형 전략을 추진하는 데 반해 애플은 여전히 자사 플랫폼인 아이북스가 탑재된 단말 중심으로 관리된 개방형을 유지하고 있다. 이는 그동안 고유한 UI와 UX를 정립하는 데 지속적인 노력을 해왔기 때문에 자사가 가진 배타적 경쟁력을 훼손시킬 이유가 아직은 없어 보이기 때문이다.

그러나 이미 견고한 충성고객 기반을 구축한 애플을 제외한 대다수 이북 플랫폼 사업자들이 독자 단말 제공을 고집하기보다는 웹기반의 개방형 플랫폼에 편승할 것 같다. 개방형 생태계를 통해 OSMU가 가능하고 비용 효율적으로 웹 영역에 진입할 수 있기 때문이다. 그렇게 되면 이북 전용 단말 시장은 쇠퇴할 것이며, 반대로 이북 콘텐츠 산업은 더욱 활기를 띠게 될 것이다. 그렇다면 앱 등 서비스 플랫폼 기반에서 더욱 활기를 띨 이북 콘텐츠 시장은 어떻게 성장해나갈까? 현재 단행본과 교육 서비스로 주로 대별되는데, 미국 전체 도서 시장에서의 단행본 이북 비중은 2010년 1.3% 수준에 머물러 있다. 2010년 말 아이패드 앱스토어 이북 톱20에서 아동 및 학생 대상 이북이 18개를 차지해 주 타깃은 어린이와 학생이라 판단된다. 이들 대상의 주요 제공 유형은 스토리북 15개, 교육용 3개로 나타났다. 한편 전체 1위는 교육 서비스인 '디엘리먼트'가 차지했다.*

이북용 콘텐츠가 더욱 중요해지면서 아마존과 구글, 애플은 이북 콘텐츠 시장을

---

* 디엘리먼트는 주기율표의 원소들에 대한 학습을 하게 하는 멀티미디어 북이다.

주도하기 위해 콘텐츠의 질과 양에 더욱 전력을 기울이게 될 것이다. 구글은 이북스 토어 출시 전에 이미 랜덤하우스, 맥밀란, 사이몬앤슈스터, 하세트 등을 위시한 4000여 개 출판사들과 제휴를 맺었으며 DRM 기술을 적용해 불법복제를 차단했다. 아직은 수십만 편 수준으로 아마존의 80여 만 편 규모에는 못 미친다. 애플도 약 3만 편에 이르는 것으로 추정되어 콘텐츠 측면에서는 아마존이 독보적인 위치에 있다. 특히 이북 콘텐츠는 비디오 콘텐츠와 달리 롱테일 경제가 먹히는 분야이기 때문에 콘텐츠의 수가 매우 중요한 경쟁 요인이 될 것으로 기대된다.

SNS는 모바일 라이프의 감초
: 캐털라이저

2009년 11월 열린 웹 2.0 서밋의 화두는 웹의 패러다임이 '데이터를 수집하는 것 Collecting data'에서 '사람들을 연결하는 것Connecting people'으로 변화하고 있다는 점이었다. 이러한 예견이 현실화되고 있다. 페이스북 이용시간이 구글 이용시간을 추월한 것이다. 2010년 3월, 주간 트래픽에서 페이스북이 7.07%를, 구글이 7.03%를 기록해 처음으로 역전되었다. 또한 닐슨이 전 세계 주요 인터넷사이트의 월 체류시간을 비교한 결과(2010. 4), 페이스북이 가장 높은 6시간을 보인 데 비해 구글은 1시간 21분 51초를 보였다. 국내에서도 방송통신위원회(2010)에 의하면, 국내 인터넷 이용자의 65.7%가 SNS를 이용하며, 이 중 22.2%가 SNS로 최신 정보를 이용한다. 이처럼 PC 기반 웹상에서 정보매개자로 최상의 지위를 가진 포털의 위상이 SNS의 등장으로 약화될 조짐이다. 이는 페이스북, 트위터 등 SNS를 통해 전달되는 개인 콘텐츠 증가가 포털을 통해 제공되는 익명의 콘텐츠에 대해 보완재 역할을 하기 때문이다.

이러한 성장의 주된 배경은 무엇인가? 모바일로 실시간 교류가 가능한 지인으로

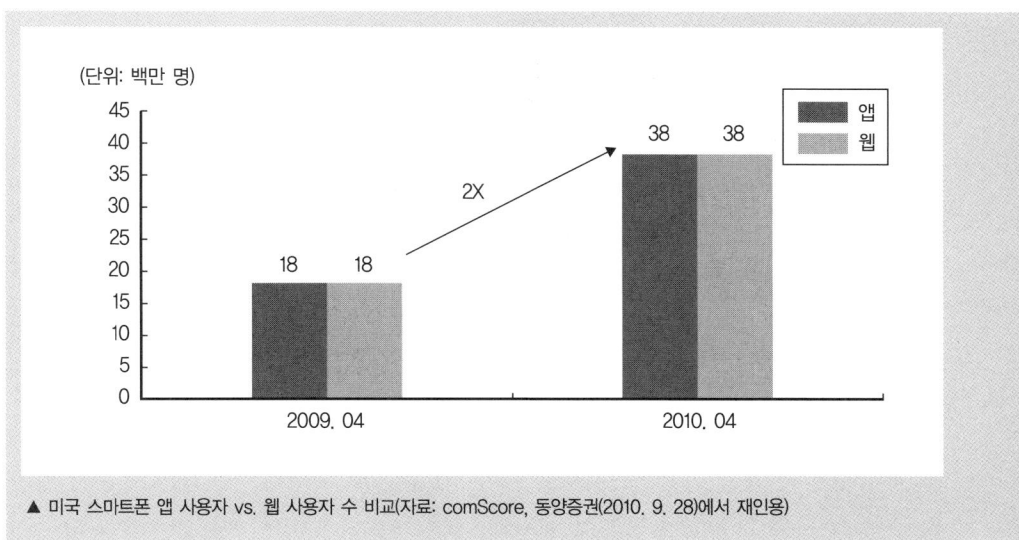

(단위: 백만 명)

▲ 미국 스마트폰 앱 사용자 vs. 웹 사용자 수 비교(자료: comScore, 동양증권(2010. 9. 28)에서 재인용)

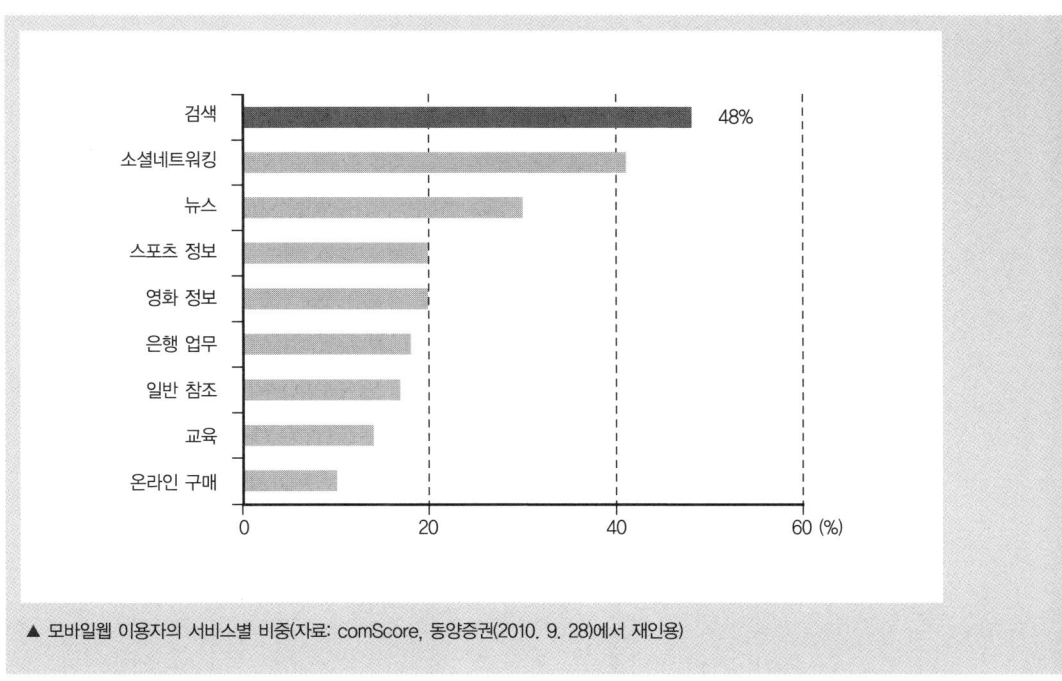

▲ 모바일웹 이용자의 서비스별 비중(자료: comScore, 동양증권(2010. 9. 28)에서 재인용)

부터 받은 실시간 정보를 매개로 해서 지인 간 교류는 더욱 견고해진다. 그러면서 사람들은 여기서 유통되고 축적되는 '개인 콘텐츠'가 상당 부분 '포털 콘텐츠'를 보완해줄 수 있다고 판단하기 시작한다. 최근에 벌어진 이집트의 독재정권 붕괴와 일본 대지진 참사에서 트위터와 페이스북의 실시간 연결이 입증되었다.

사람들은 모바일로 SNS를 통해 지인 간 소식을 전할 수도 있고, 자유로이 이슈를 말할 수도 있다. 어떤 소식은 너무 리얼해서 온몸에 소름이 돋게 하고, 어떤 이슈는 이를 받는 이의 판단에 의해 자신에게 관련 이슈의 확산을 멈출 것인지 아닌지를 판단해야 하는 상황에 처하게도 한다. 예컨대 미국 허드슨 강에 불시착한 여객기를 촬영한 사진이 가장 먼저 트위터에 알려지게 된 사례나 쓰촨성, 일본 지진이 일어났을 때에도 전 세계는 순식간에 소식을 전달받았다. 우리나라에서도 강남 파이낸스빌딩의 화재와 추석 전날의 홍수 상황을 알리는 등 매스미디어나 포털의 블로그로 전달할 수 없는 종류의 소식 전달 매체 역할을 트위터가 담당했다. 이처럼 포털의 블로그, 전통 매체에서 할 수 없었던 역할이 페이스북과 트위터 등의 SNS로 이전되고 있는 것은 그만큼 포털의 기존 정보 독점의 권력이 분산될 가능성이 높다는 점을 충분히 시사한다.

2009년 4월~2010년 4월 미국 스마트폰 이용자들의 모바일앱과 모바일웹 사용자 수는 동일하게 증가했다. 모바일웹 이용을 보면 검색 서비스 비중이 아직은 1위로 48%이고, 2위가 SNS로 약 40%로 나타났다. SNS가 검색을 빠르게 추격 중임을 엿볼 수 있다.

이처럼 PC 온라인에서도 SNS가 포털을 따라잡고 있는 가운데 SNS가 더욱 급성장하게 된 계기는 분명 모바일컨버전스다. 실제로 보면, 페이스북은 2004년에 PC 온라인상에서 먼저 출시되었으나 수년 동안 구글 등의 검색포털을 따라잡지 못했다. 결국 페이스북이 급성장한 계기는 아이폰 판매가 시작된 2007년 하반기와 아이폰

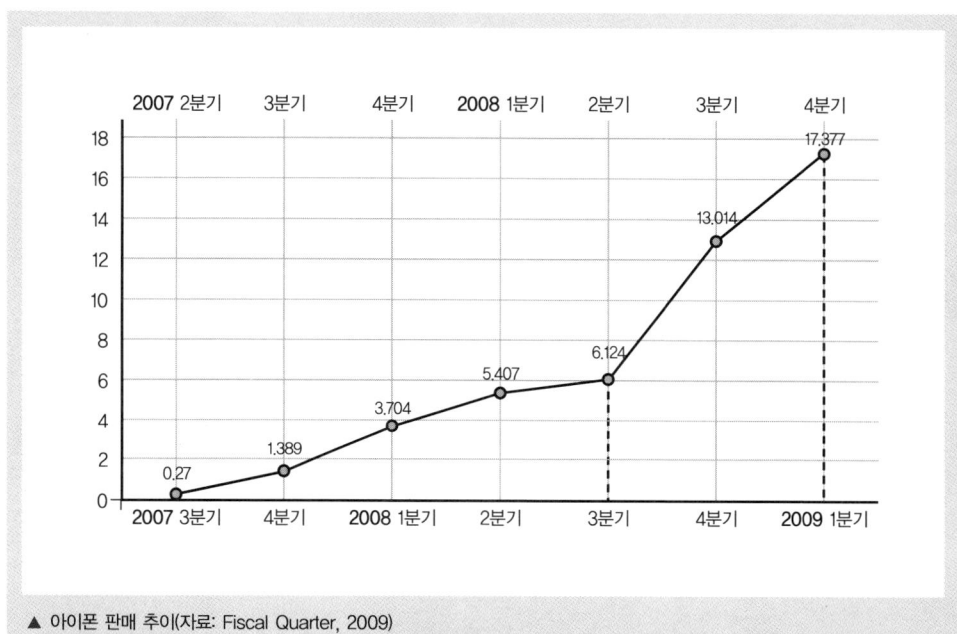

▲ 아이폰 판매 추이(자료: Fiscal Quarter, 2009)

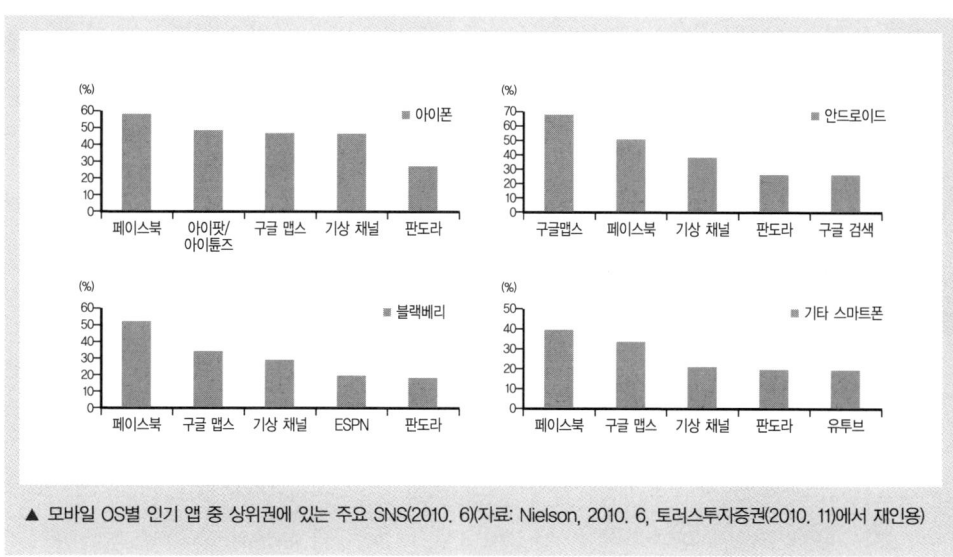

▲ 모바일 OS별 인기 앱 중 상위권에 있는 주요 SNS(2010. 6)(자료: Nielson, 2010. 6, 토러스투자증권(2010. 11)에서 재인용)

앱스토어가 시작된 2008년 하반기이며, 모바일컨버전스 시대가 개화된 2009년부터 본격 급부상했다. 따라서 SNS 성장의 주요 변수는 분명히 아이폰으로 촉발된 모바일컨버전스이다. 이를 계기로 정보 이용 환경이 변화하여 PC 기반 웹에서는 검색이 우세하면서 일부 SNS가 빠르게 추격 중이고, 스마트폰 등의 모바일 기반 웹에서는 검색 뒤로 SNS이지만, 앱에서는 SNS가 단연 우세하게 된다.

모바일앱 열풍과 맞물려 특히 페이스북이 더욱 성장세를 타고 있다. 닐슨(2010. 6)에 따르면, 모바일 OS별 인기 앱에서 안드로이드를 빼면 페이스북이 단연 1위로 나타났고, 카테고리별 스마트폰 이용자들의 앱 사용 빈도에서도 4위권으로 올라왔다. 순위를 보면, 게임이 여전히 우세하여 65%, 뉴스/웨더가 56%, LBS가 55%이고, 그 다음이 SNS이며 54%로 나타났다. 한편 상위권에 있던 음악과 엔터테인먼트는 다음 순위로 밀려나 각각 46%와 38%로 나타났다.

이렇게 급속하게 성장하게 된 SNS가 이제는 다른 콘텐츠 장르 앱들의 성장을 이끄는 촉매제Catalyst가 되고 있다. 앞서 언급했듯이 저스틴티비 등 실시간 개인방송, 팜빌 등의 게임이 SNS와 연계되어 그 소비가 더욱 촉진되고 있다. 이처럼 SNS는 TV 동영상과 게임 외에도 뉴스, 검색, 잡지, 음성 서비스 등과도 연계되어 제공되고 있어서 마치 약방의 감초와도 같다.

또한 SNS의 급성장은 정체기를 맞은 포털 자체의 구도 변화를 야기시키는 기폭제로도 작용하고 있다. 국내 포털들도 페이스북을 벤치마킹하기 시작했다. 처음으로 네이트에 게임 아이템 위주의 앱스토어 코너가 마련되었다. 또 다음은 2010년 7월 15일 소셜게임을, 네이버는 9월 30일 소셜앱스를 출시했다. 글로벌 포털들의 움직임은 더 숨 가쁘다. 구글은 2010년 SNS 강화에 적극 나서면서 SNG 기업 등 다양한 M&A 활동을 보여주었다. (이에 대해서는 2장에서 자세히 다루었다.) 구글은 최근 '구글미'라는 자사 SNS를 구축하여 자사 서비스들을 여기에 통합해 소셜 플랫폼화하려는 계획도 추진 중이다.

애플도 예외가 아니다. 2010년 9월 2일 음악 SNS 기능인 '핑Ping'을 추가한 아이튠즈 스토어 10 버전을 발표했다. 이는 애플 가입자 1억 6000만 명을 대상으로 SNS 기능을 아이튠즈에 통합한 음악 SNS이며, 유명 아티스트를 팔로우하거나 그 인맥을 활용해 음악 정보를 접할 수도 있고, 좋아하는 음악에 대한 의견 교환도 가능하다. 최근에는 무제한 다운로드 서비스를 검토 중인 것으로 전해진다.

실시간성과 항시성을 갖는 모바일과 SNS는 그야말로 찰떡궁합이다. 먼저 실시간성을 가진 뉴스와 SNS 간 연계성을 보자. 뉴스룸 내 SNS는 뉴스 홍보에서 시작되었다. 그런데 이제는 뉴스를 둘러싼 지인 간의 의견 교환, 어젠더 참여까지 확대되는 등 이용자 충성도를 높이는 데 SNS가 촉매제 역할을 톡톡히 하고 있다. 한국광고주협회(2010)가 스마트폰 이용자 613명을 대상으로 한 설문조사 결과, 선호하는 모바일뉴스 이용은 통합뉴스 앱(22.9%), 포털 앱(18.1%), 언론사 앱(8%), 웹브라우저(4.5%) 순으로 나타났다. 신문사들에게 앱은 닷컴 분사 이후 유일한 뉴미디어 투자처로 급부상하고 있으며, 이미 트위터나 페이스북 계정이 개설되었다.

한편 검색의 촉매제로 이용되는 SNS의 가치는 신뢰성에 있다. SNS로 인맥 기반에서 공유하는 정보는 일반 정보와 달리 그 신뢰도가 매우 높다. SNS 이용자들은 지인들이 주는 정보를 더 신뢰하며, SNS 자체가 정보 필터링 역할도 한다. 검색과 SNS를 결합하면 소셜검색이 된다. 구글은 2009년 10월 거액의 라이선싱 비용을 지불하면서 트위터와 제휴했다. 이를 통해 구글은 인맥을 검색 결과에 반영하고 있으며 프렌드피드FriendFeed, 플릭커Flickr로까지 확대했다. 구글이 자체 개발한 SNS인 구글미도 실시간 소셜검색과 데이터베이스를 공유하게 된다. 스마트폰 이용자들의 모바일 검색 쿼리는 2010년 3억 7400만 건을 기록했고, 2012년 7억 6600만 건으로 30~40% 성장률이 예상된다.[34]

SNS를 촉매제로 활용하는 잡지도 있다. 2010년 7월, 미국의 플립보드는 트위터와 페이스북 등 공개된 게시물, 이미지, 뉴스 등을 모아 편집해 아이패드상에서 열람 가능한 디지털 잡지 앱 '플립보드 앱 포 아이패드 Flipboard App for iPad'를 출시했다. 여기에는 〈뉴욕타임스〉나 〈이코노미스트〉 기사들이 올라오기도 한다. 이 앱은 스포츠, 기술, 뉴스 등 관심 분야에 따라 콘텐츠를 분류하여 잡지처럼 열람하게 한다. 즉 '나만의 잡지'이다. 새로운 콘텐츠를 제작해서 올리는 앱이 아니라 기존 콘텐츠를 새로운 방식으로 볼 수 있게 하는 것이다. 이를 위해 플립보드는 웹상에서 실시간으로 전송되는 대용량 정보의 의미를 분석하는 기술을 보유한 엘러데일을 인수했다. 엘러데일은 60억 개 이상의 소셜메시지를 인덱스화하여 하루에 약 7000만 건의 메시지를 처리하고 있다.[35]

실시간 음성 서비스와 SNS 간의 결합도 진행 중이다. 구글은 지메일과 연계된 콜폰을 2010년 8월 출시했다. 인수설이 나도는 가운데 페이스북과 스카이프 간 제휴(2010. 9)로 페이스북 이용자는 페이스북 커넥트 계정을 통해 스카이프에서 제공한 SMS 송수신과 음성 및 영상 채팅을 이용할 수 있다. 기존 통신사들도 SNS를 경쟁 서비스로 보기보다는 적극 활용하기 시작했다. 국내에서는 LGU+가 뒤처진 모바일 음성 부문에서 탈피하여 SNS를 적극 수용해 경쟁구도를 변화시키는 기회로 삼으려 한다.[36]

이처럼 SNS는 동영상, 게임 등의 엔터테인먼트에서 시작해 뉴스와 검색, 음성 서비스 등과의 연계가 가능하더니, 이제는 커머스와도 연계되어 '소셜쇼핑'이라는 신

조어까지 등장했다. 쇼핑과 광고, 검색, LBS, 게임 등이 페이스북과 같은 거대한 SNS 플랫폼에서 유기적으로 결합할 경우 시장 파급력은 상상을 초월할 것이다. (소셜쇼핑에 대해서는 뒤에서 자세히 다룬다.)

SNS가 타 장르 소비의 촉매제로 활용되는 가운데 페이스북 자신도 2010년 말 기존의 커뮤니케이션 툴인 메시지즈Messages를 종합적 커뮤니케이션 관리 툴로 업그레이드하는 등 점차 다른 서비스들을 내부화하는 모습을 보인다. 메시지즈는 이메일, 채팅, SMS 등 서비스 종류에 상관없이 커뮤니케이션 이력을 전용 저장함에서 관리하고, MS 오피스 앱을 제공한다. @페이스북닷컴 도메인 계정이 이용자에게 제공된다.

2010년 10월엔 MS가 검색엔진 '빙'에 페이스북을 통합하여 SNS 기반 검색엔진을 제공한다고 발표해 윈도우폰7이 페이스북폰으로 거듭날 조짐이다. MS는 그동안 윈도우 라이브, 오피스 라이브, X박스 라이브 등 이용자 간 파일 공유 및 콘텐츠에 대한 의견 교환을 할 수 있는 소셜네트워크를 구축해왔기 때문에 이들의 제휴는 댁내 모든 단말에서 이용될 수 있는 미디어에 소셜레이어가 도입되는 것을 의미한다. 예를 들어 X박스 라이브를 통해서 넷플릭스 영화에 대해 페이스북 지인들과 대화를 나눌 수 있다.

2010년 10월 〈주간조선〉 조사에 의하면, 국내 스마트폰(가입자 수 486만) SNS 가입자 수는 스마트폰용 메신저 앱인 '카카오톡' 200만, 미투데이 200만, 페이스북 183만, 트위터 158만, 요즘이 50만 명으로 나타났다. 같은 해 12월 앱스토리의 SNS 앱 선호도 조사(스마트폰 이용자 1537명)에 의하면, 카카오톡 52%, 트위터 17%, 싸이월드 15%, 페이스북 8%, 미투데이 4% 순으로 집계되었다.

카카오톡은 아이폰과 안드로이드폰 이용자 상호 간에 와이파이망에서 무료로 이용할 수 있는 연락처 기반의 모바일 인스턴트 메시징(IM) 서비스로 급부상했다.

2010년 300만을 돌파하더니, 2011년 4월 현재 1000만 명을 돌파했다. '선물하기' 서비스 장착으로 2월 매출액은 100억 원대에 달했다. 이는 다른 SNS같이 혁신적 사업모델을 가졌다기보다는 이동통신사가 내놓은 데이터 정액제와 와이파이망에 힘입어 무료 문자가 가능하기 때문에 급진적으로 성장한 앱이다. 환경 때문에 가능했던 이러한 유형의 비즈니스 모델들이 과도기적 서비스로 머물지, 아니면 시장에 안착할지는 좀 더 지켜보아야 할 것 같다. IM 서비스도 통신 서비스의 하나이며, '친구찾기' 등 그룹핑의 이용 가치를 접목시킨 SNS를 촉매제로 활용하고 있는 것이다.

즐기면서 지키는 건강
: 모바일헬스

　건강에 대한 욕구는 인간 기본 욕구 중 으뜸이다. 이동성을 활용해 이러한 욕구를 충족시키는 모바일헬스Mobile Health는 헬스케어와 모바일 간 컨버전스이다. 이는 사실상 스마트폰 기반 앱스토어가 등장하기 이전부터 시도되었으나 활성화되지는 못했다. 예컨대 일본 욕실제품 회사인 이넥스가 백화점과 제휴해 고객 용변을 분석한 후 휴대전화로 건강 상태를 전송해주는 서비스를 제공한 바 있으나 소비자들의 거부감을 극복하지 못했다.

　소비자들의 거부감에도 불구하고 이러한 종류의 기술적 노력들은 이후에도 지속되었다. MIT미디어랩은 휴대전화를 통해 사람들의 이동경로와 통화내용 등 정보를 수집하고 인간관계나 행동양태를 파악하는 '현실 마이닝Reality Mining' 기술을 소개한 바 있다. 이를 스마트폰에 적용한다면 기기에 장착된 마이크나 가속도계를 통해 이용자 건강 상태를 알려주는 질병 자가 진단 앱이 가능해지게 된다. 예를 들어 축적된 우울증 환자의 음성 데이터를 바탕으로 스마트폰의 통화 목소리를 분석하고 우울증 여부를 알려줄 수도 있을 것이다.

2010년 11월 현재 1만 7000여 개 모바일 헬스케어 앱이 등록되었고 이 중 74%가 유료이다.[37] 시장조사업체 리서치투가이던스[38]에 의하면, 2015년 전 세계 스마트폰 이용자 14억 명 중 1/3인 5억 명이 모바일 헬스케어 앱을 이용할 것이라 전망했으며, 이용자들은 주로 건강관리나 신체이상을 경고해주는 센서 기반 앱을 찾고, 지속적 의료교육, 원격 모니터링, 헬스케어 관리 등의 앱들은 전문직 종사자를 대상으로 할 전망이다. 주퍼터리서치도 2014년 모바일 헬스케어 모니터링 시장을 약 19억 달러 규모로 예상했다.

그렇다면 지난 2년 동안 실제로 아이폰용으로 소비자에게 유용한 앱들은 무엇이 있었나? 무료 앱으로는 포켓 응급처치 및 심폐소생술, 질식 등 긴급 상황 대처 가이드를 지원하는 '웹MD 모바일', 당뇨병 환자들에게 포도당 수치, 음식 섭취량, 진료 기록 등 정보를 실시간 파악하게 하는 '다이어빗 로그', 구글 헬스 이용자들이 언제든지 자신의 건강 기록을 열람할 수 있는 '헬스 클라우드', 두통을 앓는 이들에게 두통 데이터를 기록하고 파악하게 하는 '헤데이크 다이어리', 칼로리 트랙인 '로젤트' 등이 있다.

최근 독일 시장조사업체 이거브모니터 조사(2011. 1)에 의하면, 53%의 응답자가 앱스토어가 가장 중요한 입지를 차지하고 있다고 대답했다. 하지만 2015년이 되면 주요 모바일헬스 플랫폼으로 병원(68%), 의사(65%), 기존 헬스케어 웹사이트(56%) 순으로 응답했다. 이는 그동안 활성화되지 못했던 웹사이트가 앱스토어를 통해 다시 부활할 수 있는 가능성을 암시하는 설문조사 결과라고 여겨진다.

웹이 다시 부활하든, 앱으로 활성화 루트가 바뀌든 간에 모바일헬스가 다시 활성화되면 이와 함께 PC상에서의 e헬스도 함께 동반성장할 것이다. 미국에서 이미 개화기에 돌입한 헬스케어 사업 동향을 보면 이러한 현상을 체감하게 된다. 2008년부터 시스코는 자사의 VoIP 기술에 텔레프레전스를 결합한 원격진료 플랫폼 '헬스프레전스'를 시범 서비스 중이다. 캘리포니아 주의 샌디에이고 시에서 소외 계층을 위한 진료 서비스로 진행되고 있다. 환자는 자신 측에 설치된 디지털 진단 기기를 통해 신체 정보를 보내고 화상통화를 통해 한 명 이상의 의료 전문가에게서 상담받을 수 있다. 혈압, 체온, 맥박 등을 포함한 다양한 신체 정보가 수집되고 전송되게 하기 위해 디지털 청진기와 이비인후과용 카메라, 생체 징후 진단기 등이 이용된다. 전자 검진기록 시스템도 연동되어 환자들은 상담 중에 개인정보 열람도 할 수 있다. 환자와 의사 간 대화 기록은 보안을 위해 암호 처리된다.[39]

미국의 앱 개발 사례로는 음성인식 솔루션 업체인 뉴앙스가 자사의 음성검색 서비스인 드래곤을 헬스 영역으로 확대한 의료 전문가 대상의 구술(임상의들이 스마트폰 상에서 환자 메모와 이메일, 문자메시지 등을 말로써 기록 가능하게 한 드래곤 메디컬 모바일 딕테이션), 검색(구글, 메드라인 등 의학 웹사이트들에서의 음성검색 지원인 드래곤 메디컬 모바일 서치), 모바일레코더(축적전송 앱으로 뉴앙스의 eScription과 Dictaphone Enterprise Speech

뉴앙스의 모바일 ◀ 헬스와 드래곤 메디컬 모바일 앱

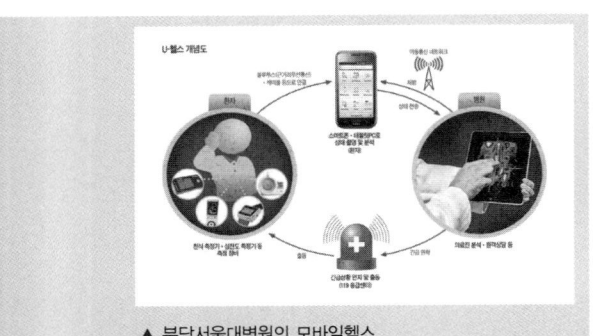

▲ 분당서울대병원의 모바일헬스

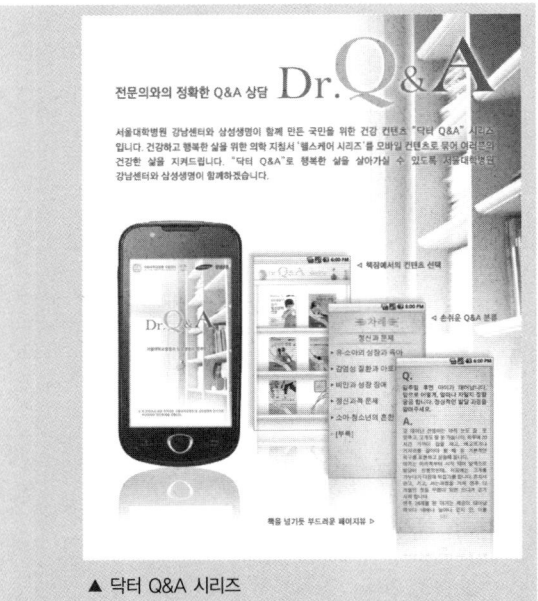

▲ 닥터 Q&A 시리즈

System 소프트웨어를 통한 음성캡처 및 기록) 앱 등이 있다. 이 기업은 제3자 헬스케어 업체들을 대상으로 드래곤 메티칼 모바일 SDK도 공개했다.[40]

통신기업도 모바일헬스 사업에 적극적이다. 예컨대 스프린트는 CTIA2010 컨퍼런스에서 와이맥스의 주요 사업으로 헬스를 지목했다. 속도 면에서 기존 3G보다 월등한 와이맥스는 보안성 측면에서도 안전한 데이터 전송을 보장한다. 단말도 PC뿐 아니라 휴대폰, TV, 원격 모니터링 단말, 동영상 컨퍼런싱 단말 등을 의료 단말로 활용 가능해 유선 인프라가 없는 수술실 등에서 수술 과정을 실시간으로 중계하여 다양한 단말에서 보게 할 수 있다. 이러한 장점들을 수단으로 대형 병원 등과 협력 모델을 구축할 전망이다.

그동안 e헬스에 대한 소비자의 거부감도 있었지만, 우선적 걸림돌은 공공재 성격이 강한 헬스케어에 대한 강력한 규제이다. 따라서 앱으로 부활할 e헬스 시장을 살리려면 의료규제 시스템 정비를 통해 다양한 IT 단말과 앱을 의료용 기기 및 소프트웨어로 허용하는 법적 기반 마련이

모바일컨버전스는 어떻게 세상을 바꾸는가

시급하다. 미(美) FCC는 통신과 의료 간 컨버전스가 진행되는 가운데 FDA와 관련 규제를 재정비하고 단말과 앱의 승인 절차에 관한 규제완화 권고안을 제시했다.

국내에서는 아직 규제 때문에 시범사업 수준이다. 2003년 의료법 34조가 신설되어 의사 및 기타 의료인이 원격지 의료인에게 의료 지식이나 기술을 지원하는 원격 자문을 허용했으나, 의사와 환자 간 원격진료는 아직 불법이다. 시범사업에 한해 2009년 7월 일부 허용되었다. 2010년 4월 취약지역 대상 원격진료를 허용하는 의료법 개정안이 입법예고되어 국무회의를 통과, 국회에 제출한 상태인데 진전을 보지는 못하고 있다.

최근 통신회사와 주요 의료기관 간 제휴를 통한 앱 개발이 한창이다. 예컨대 2010년 말 분당서울대병원이 KT와 함께 천식과 욕창, 경도인지장애 등 세 가지 앱을 내놓았으며, SKT는 서울아산병원과 공동으로 앱인 '내 손안의 차트'를 선보였다. 특히 지속적 관리가 필요한 당뇨와 혈압 등 만성질환 환자들을 위한 '건강관리' 기능은 개인들이 주기적으로 수치를 입력해 질환을 스스로 관리할 수 있다. 입력된 수치는 병원의 전자의료기록EMR과 연동되어 병원 진료의 주요 과정으로 활용된다.

혁신을 이끄는 매시업
: 위치기반서비스

모바일 기술의 최대 장점은 이동성이며 가장 파괴적 혁신을 이끄는 매시업으로 위치기반서비스LBS: Location Based Service가 부상 중이다. LBS는 아직 메인 스트림은 아니다. 시장조사업체인 퓨리서치센터에 의하면, LBS 등에 이용되는 위치기반 기술을 이용하는 미국 이용자 비율이 2010년 10월 기준으로 4% 수준이다. 이는 아직 프라이버시를 활용한 서비스라는 부정적 시각 때문이다.

한편 스마트폰 등장 이후 위치측정 기술은 이용자 단말 식별 시스템은 물론 카메라와 중력, 센서 등 다차원적 포지셔닝으로 진화 중이다. 단말은 와이파이를 이용한 무료 업링크 채널로 GIS 정보를 실시간 요청하여 인터넷 수준의 실시간 양방향성을 구현하고 있다. 이런 진화를 거치면서 LBS는 단순 서비스 수준을 넘어선다. SNS, 검색, 미디어, 증강현실AR, 결제 서비스 등과 밀결합됨으로써 타 서비스 고도화를 부추기는 기반 플랫폼이 되기 시작했다. 현재 나와 있는 LBS 앱들을 장르별로 묶어보면, 대략 식당(Urbanspoon) 등, 지역뉴스 및 날씨(Fizz Weather) 등, SNS/버디 찾기(Loopt, Limbo) 등, 여행지(Travelocity) 등, 사진공유(Mobile Flickr) 등, 영화관(OneTap Movies) 등으로 나뉜다. 영화관의 경우에는 인근 영화관 검색 시 인근 음식점까지 보여주는 등 고객 위치를 반영한 추천광고가 함께 제공될 수 있다.

LBS를 활용한 SNS의 대표적인 사례는 포스퀘어이다. 이는 이용자가 이동 중에 자신의 위치정보를 지인들에게 전달하는 서비스이다. 앱이나 SMS, 웹사이트를 통해 자신의 위치를 늘 체크인할 수 있으며, 등록된 정보가 지인들에게 알려져 소셜맵Social Map이 구성된다. 포스퀘어

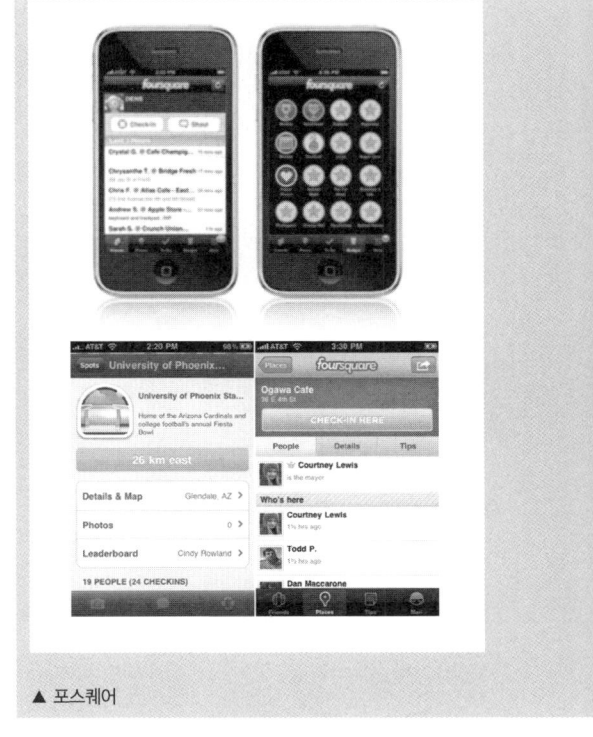

▲ 포스퀘어

는 2009년 5월에는 API를 공개하여 〈뉴욕타임스〉 등 주요 일간지나 브라보TV, C-SPAN, 히트토리채널 등 방송사와 제휴했다. 이를 통해 미디어들은 포스퀘어를 마케팅 툴로 활용한다. 예컨대 특정 지역에 이용자가 체크인하면, 해당 신문의 지역 뉴스가 링크되거나 특정 방송 프로그램이 푸시된다. 또한 해당 상품이나 서비스에 몇 번째로 체크인한 사람에게 경품이 수여되거나, 방문이 빈번한 시장Mayor에게는 무료 서비스도 제공되는 이벤트가 가능하다.

포스퀘어는 단순한 이용자 위치 이상의 정보도 제공한다. 예를 들어 식당에 대한 평이나 공항에 도착했을 때 몇 번째 검색대 통과가 가장 빠른지, 특정 횟집의 회 품

절 여부 등 시각을 다투는 정보들이 제공된다. 뿐만 아니라 비용절감도 된다. 예를 들어 택시 공유 앱의 경우 주변에서 비슷한 목적지로 가는 이용자들을 찾아주어 택시비도 절약하게 도와준다. 이처럼 포스퀘어는 가상 데이터를 실제 위치와 매핑하고 수많은 소스로부터 데이터를 수집하는 등 실제공간과 가상공간을 적절히 융합하는 데 선두 역할을 하고 있다. 2010년 3월 현재 약 50만 명의 이용자와 100만 개의 배지, 140만 개 이상의 장소 등록 기록을 보이고 있다.

최근 페이스북, 트위터, 구글, 애플도 앞 다투어 LBS 기반 SNS를 추진하려는 움직임을 보이기 시작했다. 예컨대 페이스북은 2010년 8월 LBS 앱인 '플레이시즈'를 출시한 이후, 11월 이를 기반으로 한 소셜커머스 서비스인 '딜즈'를 출시했다. 이 서비스가 정착되면 검색과 게임, 커머스 등을 총망라한 통합 서비스 창출 기회를 가질 수 있게 된다.

검색에서도 LBS가 결합된다. 구글은 2004년부터 적용한 지역검색 서비스를 2009년 모바일로 확대하고 '니어미나우Near Me Now'를 내놓으면서 LBS 접목에 나선다. 또한 '구글 고글즈'는 LBS 외에 AR도 같이 접목된 검색 서비스라 실시간 이미지 검색이 가능하다. 즉, 스마트폰의 렌즈로 사물을 향해 촬영하면 사물 정보가 바로 검색되어 제공되고, 그 지역 건축물이나 책 등의 정보가 자동으로 제공되며, 명함을 향하면 스캔하여 주소록 형태로 저장되기도 한다. 예컨대 파리의 에펠탑을 사진으로 찍어 검색하면 관련 상세 정보가 나오고 와인 라벨을 촬영하면 해당 와인의 가격과 종류 등의 정보가 나온다. 현재 안드로이드 OS 탑재 스마트폰에서 활용 가능하며, 크롬 웹브라우저 기반 단말에도 적용된다.

구매와 결제도 LBS와 매시업되어 편리함을 제공한다. 일례로 2장에서 이미 언급했던 (트위터의 공동 창업자인 잭 도시가 설립한) 모바일결제와 LBS, SNS 간 매시업인 '스퀘어' 앱을 다운로드 받아 길거리 상인에게 물건을 구입하고 신용카드로 결제한다.

물건을 구입할 때 스퀘어 리더기를 길거리 상인의 아이폰에 꽂고 고객이 결제할 신용카드 정보를 읽어 신분을 확인한다. 이어 고객은 별도 제공되는 앱을 통해 아이폰 화면에 바로 서명하고 결제 승인을 한다. 현장에서 즉시 전자영수증 발급이 가능하고, 이메일 확인도 가능하다.[41]

결제를 위해 NFC 기능이 탑재된 스마트폰과 LBS가 연계된 서비스도 대세이다. (NFC에 대해서는 2장의 모바일결

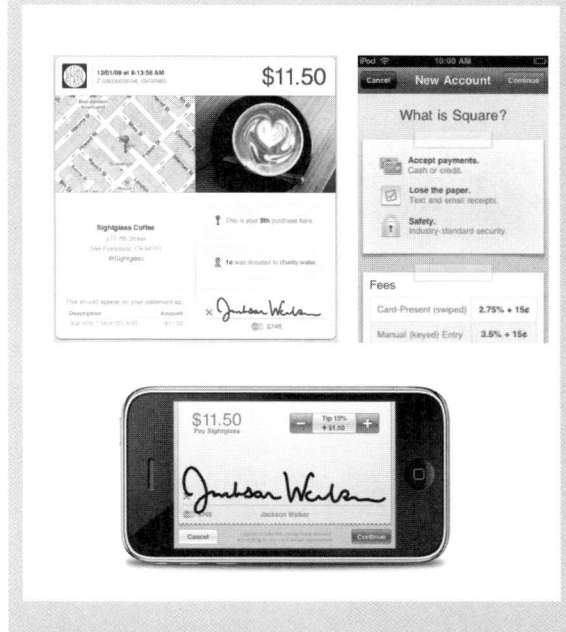

▲ 스퀘어 신용카드 결제 사례

제에서 자세히 설명했다.) 예컨대 구글은 안드로이드 OS에 NFC 기능을 통합했다. 예컨대 이 NFC 폰으로 폰 사용자가 영화를 보러 가면 영화관 내 포스터에 설치된 칩을 통해 영화 정보가 이용자의 NFC 폰으로 전송되고, 매표소에서 이 폰을 이용해 티켓을 즉시 구매할 수 있다.

LBS와 RFID(NFC 포함), LBS와 AR, LBS와 QR코드* 간 매시업이 가능해짐에 따라 LBS를 둘러싼 AR, QR, RFID 간 각축전이 예상된다.

LBS와 AR 결합 사례로 무료로 제공되는 세카이카메라Sekai Camera 앱이 있다. 일본

---

* Quick Response Code는 일종의 2D 바코드로서 1994년 일본에서 처음 개발되었다 스마트폰들은 QR코드를 인식할 수 있는 앱을 다운로드 받을 수 있으며 일부는 이미 인식기가 내장되어 있다.

▲ 세카이카메라의 LBS 기반 AR

톤치닷에 의해 2009년 9월 출시된 아이폰용 앱으로, 에어태그상에 동영상 콘텐츠를 표시할 수 있는 에어무비, 에어태그에 웹사이트 링크를 걸 수 있는 에어웹, 에어태그가 밀집된 지역에서도 에어태그를 잘 볼 수 있도록 하는 에어줌 기능 등 주요 API가 공개되어 제공된다. 스마트폰 카메라로 촬영된 주변 영상 위에 가상 콘텐츠가 덮이는 오버레이 형태로 제공된다. GPS, 나침반, 가속도계 등 센서를 활용해 단말 위치가 파악되면 이는 검색, 광고, 이미지 인식 엔진들과 함께 (백엔드정보서버가 제공하는) 관련 콘텐츠와 결합된다. 예컨대 스마트폰 사용자가 해당 카메라로 주차장에서 차 실내를 찍고 포스트를 하면, 주차장 밖에서 이미 포스트해놓은 사진을 AR로 볼 수 있게 된다.

LBS는 시간 절약을 위해서도 활용된다. 놀이공원에서 긴 줄에 서서 마냥 기다렸던 경험들을 누구나 가지고 있을 것이다. 디즈니월드 웨이트타임스 앤 맵 앱(1.99달러)은 디즈니월드 놀이기구 대기시간과 지도를 제공한다. 대기시간 정보와 티켓 할인 서비스를 제공하여 자신의 위치를 지도에 표시해주어 넓은 놀이공원에서 헤매지 않게 해준다.

GPS와 와이파이가 일반화되면서 LBS 기반 매시업 시장은 더욱 발전할 것이다. 그런데 개인 위치정보 악용 가능성에 대한 소비자의 우려도 상존한다. 실제로 미국 시장조사사업체인 퓨리서치센터스 인터넷 앤 어메리칸 라이프에 의하면, LBS 이용자 비율이 2010년 5월 5%에서 10월 4%로 오히려 감소했다고 한다. 이는 프라이버시 침해 우려에 대한 일시적 거부감 때문인 것으로 이 조사기관은 보고 있다. 이러한 우려에도 불구하고 편의성이라는 본질적 가치를 제공하는 LBS가 SNS, AR 등 다양한 영역에 적용되고 확대되면 이용자들도 지역과 시간에 관계없이 다양한 경험들을 제공받을 수 있는 환경을 환영하게 될 것으로 기대한다.

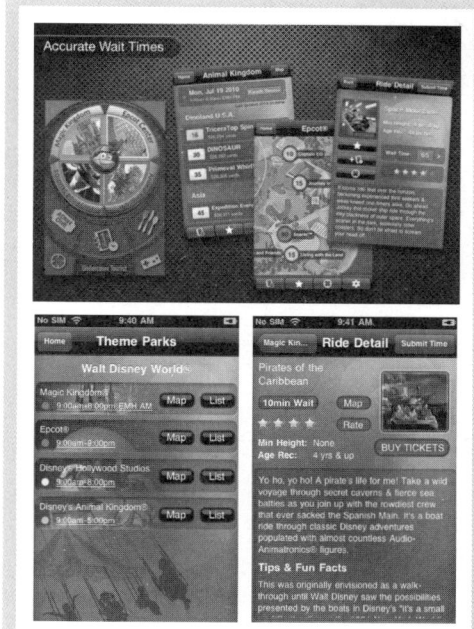

▲ 디즈니월드 웨이트타임스 앤 맵

08 앱내 광고도 매시업을 활용한다
: 앱-버타이징

앱내 광고*가 모바일 광고 유형의 한 축을 형성하기 시작하면서 앱 종류가 다양해진 만큼 광고도 더욱 다원화될 것 같다. 특히 아이패드 등 태블릿에서의 광고효과가 데스크톱 PC보다 여섯 배나 높은 것으로 조사[42]되는 등 신규 모바일 단말에 거는 기대가 커지고 있다. (2장에서 앱내 광고에 대해 이미 논의했다.) 현재는 앱내 배너광고가 대부분을 차지한다. 하지만 LBS, AR, QR코드 등 매시업 기술을 적극 활용한 광고도 확대될 전망이다. 예컨대 이용자가 매장을 방문하면 이용자 위치정보를 기반으로 해당 매장에서 필요한 무료 쿠폰을 바코드 형태로 '날려주는' 앱, 쇼핑 중인 고객에게 '어느 매장이 현재 할인판매 중'이란 정보가 푸시되거나, 이용자의 주변 음식점 중 평이 좋은 집을 소개하는 형식의 광고들이 등장했다. 이에 대해 좀 더 자세히 살펴보자.

---

* 국내 한국광고학회의 분류에 의하면, 최근의 모바일 광고 유형은 메시지, 검색, 디스플레이, 애플리케이션, 동영상 광고로 구분되며, 스트라베이스(2010. 6)에 의하면 스마트폰 기반 모바일 광고시장은 2013년 150억 달러로 전망된다.

애플에 의해 처음 시도된 매시업 기반 광고는 실시간 검색을 기반으로 한 LBS 광고이다. 2장에서 소개했듯이 2010년 4월 제시된 아이애드는 앱 하단 배너를 클릭해 광고를 볼 수 있게 하는 광고 플랫폼이다. 〈토이스토리3〉의 경우 캐릭터 설명이나 예고편 시청외에 게임, 영화 포스터 보기, 영화표예매, 각종 상품 판매 등 다양한 소비자 경험을 시간과 장소에 관계없이 실시간 제공한다. 유선인터넷에서 텍스트 위주 배너광고가 주였다면 모바일환경에서는 양방향 실시간 리치Rich 동영상 광고가 가능하다.

▲ QR 기반 광고 사례

▲ AR 기반 광고 사례

구매자가 위치한 장소와 실시간, 즉 각적 관심사에 맞추어 판매자가 개인화된 정보를 제공하는 추세가 모바일앱의 등장으로 더욱 가속화되고 있다. 특히 LBS 기반 모바일 광고는 마케팅 채널로 적극 활용된다. 특정 장소와 관련한 음식점, 마트, 주유소 등의 알림 서비스 등이 있다. 특정 시간에 관련한 광고 예는 공연예약, 항공권 잔여석 할인, 관광, 주식거래 등이 있다. LBS 기반 광고업체인 지와이어의 조사(2010년 4분기에 3000명 설문조사)에 의하면,[43] 모바일 이용자의 20%가 LBS 기반 광고를 보고 오프라인 스토어를 방문했다.

특히 QR코드를 활용한 온라인과 오프라인 간 연동도 모바일 광고만의 장점이다.

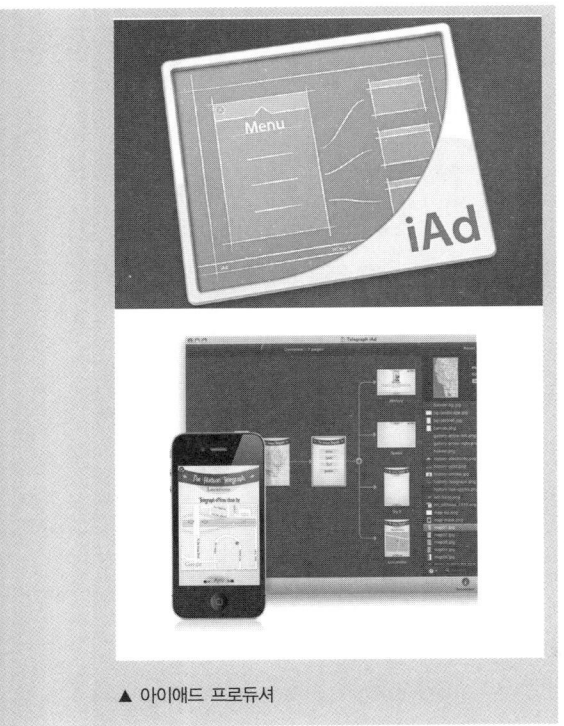
▲ 아이애드 프로듀서

IDC에 의하면, 2010년 미국 모바일 광고 시장은 전년 대비 두 배 증가(8억 7700억 달러)했으나, 애플과 구글의 점유율이 각각 8.4%, 59%로 나타났다. 애플의 광고 시장이 아직은 제한적이라는 말이다. 만약 애플이 모바일 광고 시장점유율을 높이려 한다면 현재 광고주가 특정 단말 대상으로만 할 수밖에 없는 네이티브 앱 광고 모델을 개선할 필요성이 제기된다. 이러한 상황에서 애플은 2010년 말 아이애드 리치 미디어 광고 개발을 돕는 툴인 '아이애드 프로듀서'를 공개했는데, 이는 모바일 광고상의 HTML5, CSS3, 자바스크립트 등을 자동 관리해주어[44] 향후 애플의 움직임이 주목된다.

한편 구글은 애드몹 인수* 이후 유선 기반 애드센스와 애드워즈 광고수익 모델을 모바일로 확대시킨다. 애드몹과 애드센스 포 모바일AdSense for Mobile은 애플 단말, 안드로이드폰과 태블릿 단말을 모두 대상으로 한다.

예컨대 모바일앱 광고인 애드모비는 개방형 API를 이용해 TV 채널 등 제휴사들에게 광고 시청에 따른 수익 배분을 가능케 한다. 이는 아이애드와 달리 모든 휴대

---

* 애드몹은 구글, 애플, 야후의 인수 3파전 끝에 7.5억 달러에 낙찰. 애드몹을 놓친 애플은 쿼트로 와이어리스(Quattro Wireless)를 2.75억 달러에 인수했다.

모바일컨버전스는 어떻게 세상을 바꾸는가

폰과 스마트폰, 앱을 통해 이용이 가능해 모든 모바일 이용자들을 대상으로 광범위한 광고를 집행할 수 있으며, 특히 LBS 기반으로 특정 지역이나 원하는 고객과 다양한 광고 옵션 선택으로 맞춤형 광고를 실행할 수 있다.

애드모비는 특허를 기반으로 약 4년에 걸쳐 개발되었다. 광고주는 원하는 지역과 대상, 다양한 옵션을 선택해 정확한 타깃 광고를 할 수 있다. 아울러 광고 진행 상황을 실시간으로 모니터링해 효과를 분석할 수 있는 시스템과 광고효과가 저조할 때 비용에 대한 리스크를 최대한 줄일 수 있는 세계 최초의 환불Refund 시스템을 제공한다. 뿐만 아니라 사용자를 위한 페이백 시스템도 도입했다. 애드모비에 회원 가입 후 매일 5분 정도 광고를 보면 휴대폰 통화료와 무선인터넷 이용료 등에 해당하는 금액을 줄일 수 있다. 모바일기기 이용에 따라 발생하는 통화료, 인터넷 패킷, 다운로드 요금 등을 획기적으로 줄여 광고에 대한 사용자들의 거부감을 줄였다.

구글이 택한 안드로이드 기반 모바일 OS 개방전략은 구글만의 비즈니스 구조인 무료 서비스(API를 무료로 공개하고 OS를 오픈소스화) 제공으로 이용 기반을 확대하고 웹 트래픽 증가로 자연히 따라올 광고매출 증대라는 선순환 구조를 갖고 있다. 이러한 구조는 구글의 자사 트래픽을 최대화하면서 구글이 모바일 영역에 신속하게 진입할 수 있는 최적안이다. 이렇게 보면, 구글은 광고매출 증대를 위해 개방을 선택한 것이 아닌가 싶다. 〈미디어포스트〉지(2010. 7)에 의하면, 구글은 안드로이드 단말에 스트리밍 음악을 제공하고 10초, 15초, 30초 음성광고를 내보내는 준비도 하고 있다고 한다. 그렇게 되면 애플 아이튠즈의 온디멘드 유료 다운로드 서비스와도 수익 모델 간 경쟁을 벌이게 될 것이다.

09

모바일에서 달라지는 쇼핑의 소셜화
: 소셜쇼핑

쇼핑에 소셜쇼핑Social Shopping이 등장했다. 소셜쇼핑은 기존의 공동구매 서비스에 SNS가 결합된 것이라 생각하면 쉽게 이해된다. 소셜커머스의 한 유형이라 볼 수 있다. 소셜커머스가 탄생하게 된 주요 배경은 모바일컨버전스 환경이다. 즉, 온라인 커머스 이용자가 꾸준히 증가하고 있는 상황에서 소셜네트워크의 등장, 모바일 환경, 개방형 API 등 관련 기술과 개방 문화의 발전 등이 총체적으로 작용한 결과이다. 앞으로 단순 상품 거래로 커머스 시장을 주도하기가 어려워질 것 같다. 소셜네트워크의 특성상 클러스터를 형성하는 경향이 있기 때문에 소비자뿐만 아니라 상품 판매자들도 어떤 구심점을 향해 모이게 될 것이다.

현대경제연구원[45]은 소셜커머스 트렌드가 두 개의 축으로 진행될 것이라 보고 있다. 하나는 실시간 구매와 정보 교환 환경에서 가능한 소비자의 크라우드소싱 Crowdsourcing(생산과정 중 일부를 개방하여 대중이 참여하고 수익을 공유)[46]이고, 다른 한 축은 판매자의 소셜 CRM(기업이 소비자 사이에서 소통하며 펼치는 관계 마케팅 활동, 최근의 기업

인터넷쇼핑과 소셜쇼핑의 차이점

	인터넷쇼핑	소셜쇼핑
고객	사업자(쇼핑몰/Seller)를 신뢰하고 구매	친구를 신뢰하고 구매
브랜딩	브랜드 인지도 증대, 이미지 형성	관심의 공유
매체	4대 매체, Push형	고객 자체, Pull형
웹사이트	전시, 검색, 제안	개인화, 공유, 참여
일차적 정보	판매자가 등록한 상세 설명	고객의 사용후기, 추천, 평가
구매결정	가격	신뢰

(자료: 이석원, "웹월드 컨퍼런스 2010 발표문", 2010. 11)

트위터가 대표적)이다. 이러한 소셜커머스의 한 유형인 소셜쇼핑은 인터넷쇼핑과 차별되어 신뢰하는 친구를 통해 구매하고 상호 관심을 서로 공유한다. 최근에는 소셜커머스와 소셜쇼핑의 개념 구분이 사실상 희미해지면서 혼용되고 있다.

소셜커머스 또는 소셜쇼핑의 효시로 그루폰이 있다. 이의 사업모델은 매우 간단하다. 그루폰은 이용자가 기입한 거주하는 도시를 기반으로 하여 거주 지역 오프라인 매장에서 판매하는 상품 중 선별된 '투데이즈딜Today`s Deal'을 50% 이상의 파격가로 제시하며, 해당 제품을 구입하려는 이용자가 최소수에 이르렀을 때 거래가 성사되게 하면 된다. 거래가 성사되면 해당 계정에 저장된 정보를 통해 카드 결제가 이루어지고, 이용자에게 오프라인 매장에서 이용할 수 있는 쿠폰이 이메일로 발송된다. 이때 최소 구매자 충족 조건이 바로 SNS와의 연계점이다.

그루폰은 2008년 11월 미국 시카고에서 사업을 시작했다. 20대인 프로그래머 앤드류 메이슨Andrew Mason이 피자 반값 쿠폰을 판매하는 등의 행사로 돌풍을 일으키며 서비스를 시작해 2년여 만에 44개국 500개 도시에 진출했다. 최근에는 스타벅스 최고경영자 하워드 슐츠를 이사로 영입해 사업을 확장하고 있다. 2010년 10월 야후의

30억 달러 인수 제의에 이어, 11월 구글이 그 두 배인 60억 달러를 제안했지만, 모두 거부한 바 있다.

그루폰은 2010년 3월 아이폰 앱을 출시하고 페이스북 커넥트도 함께 도입하여 구전마케팅 효과와 마케팅 비용절감 효과를 얻고 있다. 2010년 말에는 타깃형 LBS를 위해 와이파이 기반 광고업체인 지와이어와도 제휴했다. 그루폰은 2010년 말까지 1900만 개 이상의 쿠폰을 통해 약 8억 2000만 달러에 상당하는 할인 혜택을 제공했다.

2011년 3월 14일, 그루폰이 한국 지사를 만들고 본격 영업을 시작했다. 출범식 날 그루폰코리아는 외국상품 쇼핑몰 '위즈위드'의 5만 원 상품권 5000장을 50% 할인가격 판매를 시작으로 날마다 새로운 상품을 내놓겠다고 밝혔다. 서울, 수도권, 부산, 대구, 광주, 대전 등 전국 6곳의 지역에서 출발해 4월까지 서비스 지역을 10곳으로 확대할 예정이며, 상품 구입 후 7일 내 100% 환불을 보장하고, 제휴업체에 대한 전문상담·교육을 하는 등 구매고객과 판매업체에 대한 차별적 서비스를 제공할 계획이다. 또한 소셜커머스의 특성에 맞는 사회관계망 활용 마케팅을 위해 블로그와 트위터, 페이스북 등을 기반으로 마케팅을 펼쳐 나갈 예정이다. 국내에는 이미 티켓몬스터, 위메이크프라이스, 쿠팡 등 비슷한 성격의 업체들이 시장을 선점하고 있어 치열한 경쟁이 예상된다.

▲ 그루폰

소셜쇼핑이 트렌드가 되면서 페이스북도 2010년 말 자체적으로 '딜즈'를 출시했다. 8월 출시된 LBS 플레이시즈에 지역 상권 서비스가 가미된 것으로 이용자가 체크인하면 주변 상점에서 제공하는 경품이나 할인 혜택 등이 제공된다. 2011년 초, 모바일 광고업체인 'Rel8tion'을 인수한 페이스북은 이를 딜즈와 플레이시즈에 활용할 것으로 보인다.

이처럼 공동구매에 SNS를 가미한 그루폰, LBS에 커머스 요소를 가미한 페이스북 딜즈 외에도 SNS 내에 숍인사이트Shop in site로 입점하거나 SNS를 커머스 사이트와 연동하는 형태의 소셜커머스가 속속 출현하고 있다. 국내에서는 그루폰 유형이 주를 이루는데, 그 이유는 사업모델

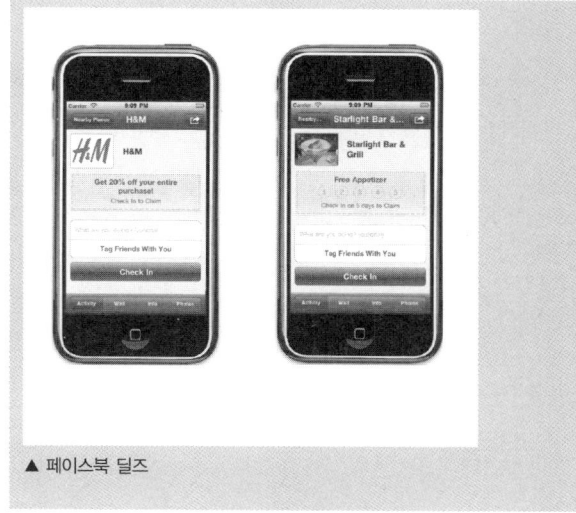

▲ 페이스북 딜즈

이 단순하고 시장 진입장벽이 비교적 낮기 때문이다. 티켓몬스터, 데일리픽 등 2010년 말 국내 포털에 공동구매형 소셜커머스로 등록된 사이트는 200여 개로 집계되었다.

바코드 검색을 이용한 구매 등의 쇼핑 형태도 확산되고 있다. 레드레이저Red Laser 앱(가격은 0.99달러)은 스마트폰 카메라를 이용한다. 카메라가 바코드를 찍으면 해당 가격 검색이 가능해 과거와는 전혀 다른 쇼핑 경험을 제공한다. 국내의 크루크루는 상품 바코드를 인식해 옥션이나 다음 등에서 최저가와 이용후기 등을 검색할 수 있는 앱이다.

이베이가 출시한 무료인 '이베이모바일' 앱은 이베이 웹사이트 서비스를 그대로 스마트폰에서 사용하게 한다. 즉, 상품을 등록, 판매, 조회, 구매하는 모든 기능이 그대로 구현되며 실시간 푸시로 사용자가 입찰한 경매가 상회 입찰되거나 찜해둔 상품이 끝나갈 때 메시지를 통해 알려주는 기능 등이 있다. 실시간 조회가 가능하

여 PC보다 강력한 편의성과 효용을 보여준다. 2010년 12월 둘째 주, 이베이는 모바일 단말을 통한 매출액이 최대치를 기록하면서 모바일선데이Mobile Sunday를 맞이했다고 발표했다.

구글도 이러한 모바일커머스 흐름에 편승하기 위해 2010년 11월 그루폰을 60억 달러에 인수하려고 시도했다가 거절당한 바 있다. 이를 계기로 '구글 오퍼스'를 준비 중이다. IT 전문업체인 매쉐이블에 따르면, 이는 소비자들에게 해당 지역 내 상품을 정해진 기간 동안 특가에 구매할 수 있는 거래를 매일 이메일로 제안하는 서비스이다. 구글은 이 프로그램에 참여할 업체를 모집 중이다.

모바일컨버전스로 더욱 확산되고 있는 커머스 비즈니스 모델들이지만, 추구하는 서비스 가치는 제각각이다. 페이스북과 구글이 그루폰의 플랫폼과 같지 않다는 말이다. 이들은 이미 보유 중인 개방형 플랫폼과 가입자 기반을 활용할 것이기 때문이다. 한편 모바일 소셜쇼핑에서 가장 주목되는 동일한 특징은 가격결정권이 기업에서 소비자로 이동하고 있다는 점이다. 즉, 상품이나 서비스의 최종 판매가가 하락하고 있으며 소비자 간, 소비자와 기업 간 정보 교류와 기회가 증가하면서 축적되는 정보 양이 증가한다. 이러한 증가는 결국 소비자와 기업이 더 가까워지고 의사소통하는 수평적 관계로의 발전을 의미한다. 따라서 이러한 변화 발전에 대한 기업의 투명성 제고, 고객정보 분석, 그리고 고객가치를 제고시키고 비용 부담을 줄여주는 사업모델 개발 등의 혁신적 대응이 아울러 필요해지고 있다고 하겠다. (이에 대해서는 4장에서 다룬다.)

실제 세상으로 다가오는 가상경험

아이폰이 처음 등장했을 때, 아이폰끼리 부딪치면서 일어난 명함 교환 경험은 처음 접하는 이들에게 매우 신기한 것이었다. 점심 내기를 하기 위해 주사위 앱을 다운로드 받아 폰을 흔들어 점심 살 사람을 정하는 경험도 한 번쯤 해보았을 것이다. 윷놀이로드 앱, 칼 소리를 내는 앱, 엄마 자장가 소리를 내는 앱 등 다양한 앱들이 출현했는데, 모두 폰을 흔들면서 즐기는 가상경험Virtual Experience이다. 이러한 기능이 어떻게 가능할까?

애플 홍보 대사 역할을 한 범프Bump가 폰끼리 치면서 즐기는 가장 대표적 사례이다. 이는 두 사용자가 만나서 서로의 스마트폰을 가볍게 부딪치면서 연락처나 사진을 바로 교환할 수 있는 앱이다. 아이폰 출시에 이어 2010년 11월 안드로이드 버전도 출시되었다. 범프는 스마트폰 사용자들의 큰 관심을 받으며 아이폰 TV 광고 전속모델을 할 정도로 대표성을 띠는 앱이 되었다. 신기하게도 아이폰에는 적외선 포트가 없다. 그렇다고 블루투스 페어링같이 두 아이폰을 블루투스로 접속해주는 사

▲ 범프

전 작업이 필요한 것도 아니다. 그냥 범프를 켜고 부딪치기만 하면 된다. 범프는 이동통신망이나 무선랜WiFi을 통한 무선인터넷에서 모두 가능하다.

연락처를 교환하고자 하는 두 아이폰을 정확히 인식해서 데이터를 보내주는 이 범프의 비밀은 무엇일까? 바로 독특한 매칭 알고리즘이다. 범프는 스마트폰에 설치된 범프 앱과 각 스마트폰에서 전송된 데이터를 받아 정확히 상대방에게 보내주는 범프 서버로 구성된다. 범프 앱은 이동통신망이나 와이파이 접속 상태에서 가속도 센서가 작동하면서 사진과 연락처 등 전송하고자 하는 데이터를 범프 서버로 보낸다. 범프 서버에서는 매칭 알고리즘을 통해 전 세계 어디에서든 동시에 부딪친 한 쌍의 아이폰을 찾아낸다. 매칭 알고리즘은 방금 부딪친 한 쌍의 아이폰을 정확히 찾아내기 위해 두 아이폰의 위치정보와 부딪친 시간, 각도 등 다양한 정보를 분석한다. 시간과 위치정보뿐 아니라 중력센서를 통해 부딪친 각도까지도 읽어낸다. 놀랍지 않은가?

범프를 만든 범프 테크놀로지에 의하면, 아이폰과 범프 서버 사이에 데이터를 전송할 때 https 프로토콜을 사용해 암호화하고, 서버로 전송된 데이터는 범프 테크놀로지의 개인정보 보호 정책에 따라 안전하게 처리되며, 전송이 완료된 이후에는 보관하지 않기 때문에 보안에 문제가 없다고 한다. 범프 테크놀로지는 범프의 알고리즘과 서버를 활용해 제3자가 다양한 앱을 만들어낼 수 있도록 API와 SDK도 공개했다. 앱스토어에 등장한 전자결제 서비스인 '페이팔' 앱은 이 범프 API를 활용해 두 아이폰을 부딪치기만 해도 송금을 할 수 있는 기능을 추가한 바 있다.

아이폰이 검이 되게 하는 앱으로 라이트세이버듀얼Light Saber Dual 앱(0.99달러)이 있다. 아이폰을 들고 검을 사용하듯 움직이면 그 움직임에 따라 다양한 소리를 재생해주는 앱이다. 중력가속 센서를 이용하여 폰을 천천히 움직이면 영화처럼 낮은 음역의 광선검 소리가 들리고 빠르게 휘두르면 다양한 타격음을 표현한다.

▲ 라이트세이버듀얼

아이폰이 흔드는 리모컨 역할을 하기도 한다. 와이파이가 지원되는 삼성TV에서 아이폰을 리모컨처럼 사용할 수 있게 하는 삼성TV 리모트 앱(0.99달러)이 있는데, 이도 아이폰을 상하좌우로 흔드는 동작만으로 TV 스크린을 간단하게 조작하게 되어 있다. CES2011에서 LG전자도 스마트폰은 아니지만 흔들면 화면 속 커서가 움직이는 '매직 리모컨'을 내놓았다. 또 '스냅콜'이란 앱은 앱을 작동시킨 후 네 방향(위, 아래, 좌, 우)으로 흔드는 것만으로 전화가 걸리도록 해주며, 흔드는 것이 힘들 경우 화면에 나온 4번호를 터치하는 것만으로 전화가 걸릴 수 있도록 하는 단축 다이얼 앱이다. 주사위 던지기, 윷놀이도 있다.

다양한 유사 게임들도 존재한다. 일례로 아이폰 및 안드로이드용 '전국민의 알까기' 앱은 특별한 규칙이 없어 남녀노소 누구나 쉽게 즐길 수 있는 알까기 게임의 스마트폰 버전이다. 장기알과 바둑알을 선택할 수 있으며, 판도 장기판이나 체스판 등 다양한 판에서 게임을 즐길 수 있다. 실제 알까기 게임처럼 알의 크기에 따라 같은 힘을 주어도 나가는 세기가 다르다. 현재 무료 버전과 유료 버전(0.99달러)이 있다. 이외에도 장기, 오목 등을 즐길 수 있는 앱도 무료로 출시되어 있다. 그뿐만이 아니다. '베이비허쉬'라는 앱은 스마트폰을 직접 흔드는 동작으로 엄마의 심장소리, 딸랑이 소리, 라디오 소음이나 헤어드라이어, 자동차, 진공청소기 소리 등 다양한 소리를 통해 우는 아기를 달랠 수 있게 한다.

엔터프라이즈 니즈, 모바일이 깨운다

Next IT Revolution

기업 니즈의 핵심
: 사업 효율성과 스마트워크

기업에게 가장 잠재적인 니즈는 경영 또는 사업 효율성Business Efficiency이다. 이는 비용을 절감하고 기존고객을 영원한 충성고객으로 유지하는 것 등이다. 기업은 먼저 비용을 절감하고 업무의 효율성을 확보하기 위해 내부 프로세스를 혁신하거나 신기술을 활용해 생산성을 높인다. 또 고객을 잡아두기 위해 고객에게 제공하는 서비스 프로세스를 개선하거나 새로운 고객가치를 제안하여 고객을 다른 데로 가지 못하게 하는 등의 전략들을 모색한다. 이는 기업의 잠재적이고 본능적인 니즈이다.

기업은 생산성과 업무 효율성을 증대시키는 데 모바일컨버전스 환경을 활용할 수 있다. 무선 네트워크를 기반으로 실시간으로 통합 관리하고, IT를 기반으로 산업 안전과 보안 관리 등을 하는 기업들이 출현한다. 예컨대 현대중공업은 작업 능률을 높이기 위해 조선소에 유무선 네트워크인 와이브로를 구축하여 무선으로 모든 공정을 원격 관리한다. 국방산업계도 와이브로 기술을 적용해 전술종합정보통신체계(TICN, 2009)를 개발하거나, 합성전장환경 모의기술을 개발하는 등 IT를 활용해 국방 시스템을 효율화시키고 있다. 또한 도시철도공사는 기존 관리 시스템을 모바일 솔루션화하고 와이브로망과 3G망 간을 연동하며, 스마트폰을 통한 모바일오피스를 구축하여 시간적·재무적 비용을 절감하고 있다. (이에 대해서는 뒤에서 자세히 다룬다.)

기업은 자사 고객의 편의를 증대시키기 위해서도 자사의 서비스나 고객관리 시스템에 모바일컨버전스 환경을 활용할 수 있다. 고객이 서비스나 매장을 이용할 때 유용한 편의 정보가 추가되어 이용 경험이 최적화되는 것이다. 예컨대 뱅크오프아메리카는 고객이 현 위치에서 가장 가까운 현금자동지급기를 찾을 수 있는 스마트폰 앱을 개발했다. 기기 이용 프로세스를 효율적으로 바꾸는 고객가치를 창출한 것이다. 유기농 슈퍼마켓 홀푸드마켓은 마켓 방문자가 소지한 스마트폰 앱에 원하는 요리를 입력하면 필요한 재료 리스트와 매장 내 재료가 있는 위치를 알려주는 등 자사 고객의 편의성 욕구를 최대한 만족시키려 노력하고 있다. (이에 대해서는 뒤에서 자세히 다룬다.)

모바일컨버전스 환경은 기업이 늘 생각하는 비즈니스 효율화뿐만 아니라, 기업 임직원들의 '스마트워킹Smart Working'에도 활용된다. 기업에 속한 개인은 자신이 이미 구매한, 또는 기업이 지급해준 스마트폰과 패드로 하루 업무를 시작하고, 자기계발을 위해 틈틈이 영어회화 공부도 하는 등 업무와 개인의 일을 뚜렷이 구분할 필요가 없는 '스마트워크Smart Work' 세상을 맞이하고 있다. 이러한 개인 차원의 스마트워크 환경은 기업 차원의 모바일오피스 환경이 된다. 모바일컨버전스 환경을 활용해 결국 기업은 두 마리 토끼를 잡게 되는 것이다.

정부도 '스마트워크 활성화 전략'을 내놓았다. 2015년까지 공공부문 인력의 30%, 민간기업 인력의 30%가 스마트워크 방식으로 근무하도록 한다는 계획이다. 이 시스템이 도입되면 수도권 근로자의 출퇴근 시간은 하루 90분 정도 줄고, 교통

비는 연간 34만 원 감소할 것이라는 통계도 나왔다. 기업 측면에서도 1인당 사무공간이 41%, 전기 소모량이 40%나 감소한다. 그뿐만이 아니다. 사회적 측면에서도 탄소배출량 감소뿐만 아니라 일자리 창출과 경제활동인구 증가를 기대할 수 있으니, 모바일컨버전스의 활용으로 일석삼조의 효과를 거둘 것으로 기대되고 있다.

스마트폰 붐이 일기 시작한 2009년을 기준으로 하여 국내 사업체들의 스마트워크 도입 행태와 전 세계 근로자들의 스마트워크 도입 행태를 비교한 결과가 흥미롭다. IDC(2009)에 따르면, 국내의 스마트워크센터 근무는 14% 정도로 전 세계 수준(59%)에 상당히 못 미치고 있다. 반면 재택근무는 39%로 전 세계(5%)의 8배 수준을 보였고, 이동근무는 비슷한 수준이었다.

국내에서는 2010년 9월 KT가 단순한 개념의 모바일오피스 차원에서 벗어나는

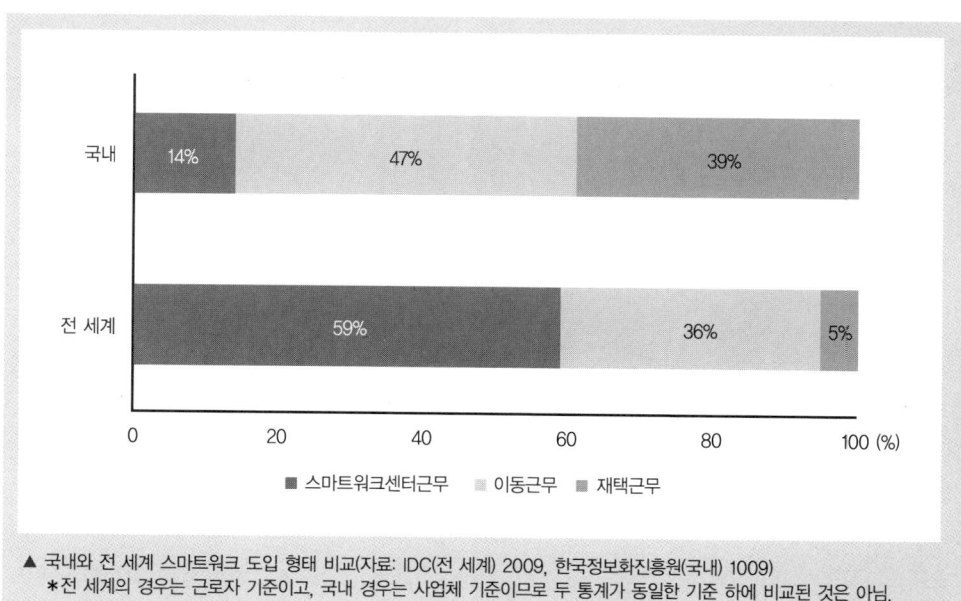

▲ 국내와 전 세계 스마트워크 도입 형태 비교(자료: IDC(전 세계) 2009, 한국정보화진흥원(국내) 1009)
*전 세계의 경우는 근로자 기준이고, 국내 경우는 사업체 기준이므로 두 통계가 동일한 기준 하에 비교된 것은 아님.

모습을 처음으로 시도했다. KT는 기업과 직원에게 모두 유익한 '스마트워크' 제도를 도입한 것이다. 이전까지는 유무선 통합 단말과 업무용 솔루션이 제공되는 정도가 모바일오피스의 수준이었다. 그러나 KT의 스마트워크는 특히 물리적 거점과 클라우드가 결합된 모바일컨버전스 혁신 개념으로 이해된다. 통신사업자 입장에서 스마트워크는 내부 자원을 가장 잘 활용할 수 있는 제도라 일석이조의 효과를 기대할 수 있다. 직원에게 주는 혜택 외에도 하나의 사업영역으로서 모바일컨버전스의 선두 이미지와 기업 대상 B2B 모델을 창출할 수 있는 기회도 얻게 된다.

　KT는 우선 전체 직원(약 3만 명)의 21%인 6500명을 대상으로 삼는다. 즉, 직원 중 육아 여성과 연구개발 분야 직원, 지원 업무를 담당하는 사람들이 우선 대상자이다. 스마트워크 희망자는 재택근무와 '스마트워킹센터Smart Working Center', 그리고 사무실을 오가며 자유롭게 근무지를 선택할 수 있다. 본사가 있는 분당을 시작으로

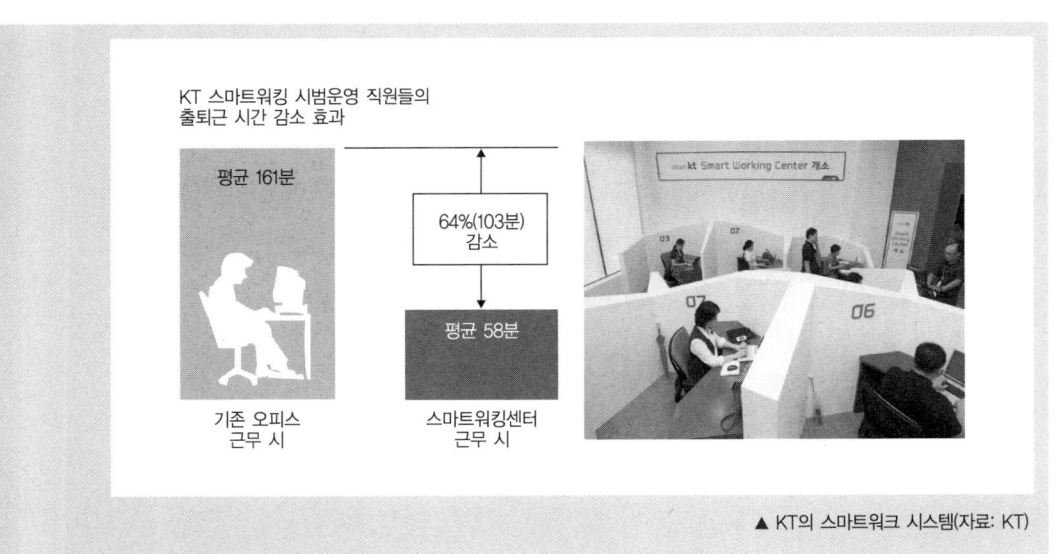

KT 스마트워킹 시범운영 직원들의
출퇴근 시간 감소 효과

평균 161분

64%(103분)
감소

평균 58분

기존 오피스
근무 시

스마트워킹센터
근무 시

▲ KT의 스마트워크 시스템(자료: KT)

2012년까지 전국에 30개 지역의 전화국사가 스마트워킹센터로 활용된다는 계획이다. 원격지에 사무실이 있는 직원이나 출장 온 직원이 이용할 수 있는 이 센터에는 화상회의실과 콰이어트룸 등이 갖추어져 있다.

스마트워킹센터, 재택근무 같은 근무환경이 자리를 잡으면 스마트워크 근로자들의 업무 효율성과 비용절감 등이 기대된다. 그런데 이에 앞서 기업이 고민하는 부문이 데이터의 보안과 보호이다. 기업의 기밀이 전 직원이 자택에 소유한 모바일기기로 분산된다고 생각할 때, 데이터의 보안과 기밀이 저장된 장치에 오류가 발생하면 회사에 미칠 손실이 막대하기 때문이다. 그러므로 이를 먼저 해결하기 위해서는 데이터를 모바일기기 자체에 저장하는 대신, 가상화 기술을 이용한 클라우드에 저장할 필요가 있다. 클라우드 컴퓨팅 기반 클라우드 서비스가 일반화되면서 보안 부문을 특히 강화하려는 노력이 진행 중이다. 예컨대 클라우드 컴퓨팅 기반의 데스크톱 가상화 시스템을 전사적으로 도입하고 태블릿을 통해 VPN 기반의 회사 시스템에 접속하여 업무를 처리하게 함으로써 사고 발생을 미연에 방지할 수 있다. (보안 등의 이슈와 클라우드 서비스 등의 비즈니스 모델들에 대해서는 뒤에서 자세히 다룬다.)

모바일 이용과 업무 수행을 함께
: 컨슈머라이제이션

　개인이 소지한 스마트폰이 기업경영 및 사업의 효율도 높이고, 고객가치를 제고시키는 활용 수단이 된다. 2010년 10월 미국 주피터 조사에 의하면, 모바일 이용자의 40%가 개인용과 업무용 겸용으로 스마트폰을 활용하고 있다. 스마트폰은 이제 개인이 애용하는 대표적 아웃도어 디바이스가 되었으며, 많은 기업들이 직원들에게 스마트폰을 나눠주기 시작했다. IBM의 경우 약 2만 5000명 직원들이 스마트폰을 업무에 동시 활용하고 있으며, 2012년 10만 명으로 증가될 전망이다.[47] 〈포춘〉 상위 100대 기업의 80%가 아이폰을 도입했거나 테스트 중(2010. 7)이며, 이들의 절반은 이미 아이패드를 업무용으로 활용(2010. 10)하고 있다.

　아이패드를 제공 중인 소프트뱅크, KT 등이 전 사원에게 아이패드를 지급한 데 이어 일반 기업들도 아이패드 도입에 매우 적극적인 행보를 보이고 있다. 소프트뱅크는 2010년 10월 2만 대의 아이패드를 통신 관련 계열사들에 배포하고 업무에 활용하도록 하고 있다. CEO인 손정의 회장은 아이폰, 아이패드를 클라우드 서비스(일

명 '화이트클라우드White Cloud')와 조합하
여 생산성 향상과 비용절감을 실현할
수 있다고 주장한 바 있다. 그는 실제
성과를 수치로도 제공하여 화제를 모
았다. 소프트뱅크의 경우, 클라우드-
아이폰-아이패드 업무 환경(일명 '화
이트워크스타일White Work Style')에서 운용
비용 자체는 증가했다. 기업의 직원
에게 지급하는 1인당 월간 지원비용이 1만 5000엔이다. 이는 기존 9000엔보다
6000엔이 오른 금액이다. 하지만 아이패드 지급 이후 하루의 잔업시간이 평균 32분
줄었다고 한다. 또한 이로 인한 재택근무로 직원 1인당 매월 3만 3000엔의 비용을 줄
일 수 있게 되었다. 뿐만 아니라 종이도 절약되어, 이로 인해 생기는 비용절감 효과가
1인당 월 1만 엔이다. 결론적으로 보면, 6000엔의 추가 비용 투자로 4만 3000엔의 비
용절감 효과를 보게 된 것이다. 생산성도 향상되어 영업사원의 방문 건수가 2009년
10월부터 2010년 5월 기간 동안 세 배나 증가했다고 한다.

 일반 기업들에게도 스마트폰과 패드의 도입 붐이 일고 있다. 일본의 여행업체인
탑투어는 개인이 소지한 스마트폰과 구글의 클라우드 서비스를 접목했다. 이를 통
해 직원들은 항공기의 공석(空席) 정보를 확인하고 항공권 예약 등 업무에 활용하게
된다. 미국의 보험업체인 아플랙도 7만 명의 영업사원들에게 다양한 유형의 스마트
폰과 앱을 제공한다. 영업사원들은 회사 외부에서 고객 데이터베이스DB를 관리하고
보험계약 정보를 조회할 수 있다. 이를 통해 콜센터 이용 횟수가 줄어 시간과 비용
을 절감하게 된다. 미국의 쇼핑몰인 제너럴 그로스 프로퍼티즈도 아이패드용 웹앱
을 개발하여, 직원들이 아이패드를 활용해 5만 명에 이르는 구매자 대상의 설문조

사에 적극 활용하여 설문조사 기간을 수개월 단축할 수 있게 되었다. 이러한 사례들이 봇물처럼 쏟아지고 있다.

이처럼 개인의 모바일 이용과 업무 수행의 융합을 통해 다양한 산업 영역의 기업들이 혜택을 보는 사례가 늘어나면서 기업들이 적극 스마트폰과 패드를 도입하려는 움직임이 본격화되고 있다. 국내에서도 마찬가지다. 2010년 5월 기준으로 국내 기업들의 아이폰 도입 현황을 살펴보면, IT기업들로는 포털과 게임업체가 매우 적극적이다. 금융계에서는 신한, 기업 KB 투자증권이 이미 도입했고, 신문사들은 주로 기자들을 대상으로 지급했다. 그 외에 서울아산병원, 포스코, 두산, 울산과학기술대학교 등이 도입한 것으로 나타났다. 또한 한글과컴퓨터의 경우에는 아예 전 직원에게 아이패드와 스마트폰을 지급하여 모바일오피스를 구축할 계획이다. 같은 시점에서 강남성모병원과 서울대병원도 의사의 진료도구로 아이패드를 계획 중이었고, 청강문화산업대학은 2011년 봄학기부터 신입생 전원과 교직원들에게 아이패드를 지급해, 이를 이용한 강의를 시작한다고 한다. 1년이 되어가는 현시점에서 이러한 사례들은 훨씬 더 많아졌을 것이다.

개인 관점에서 보면, 예컨대 소프트뱅크 직원들은 회사 외부에서 보내는 시간을 유용하게 쓰고 있다. 소프트뱅크텔레콤 영업사원들은 사내에서는 클라우드 환경(씬-클아이언트)에서 업무를 보며, 작업 도중에 약속시간이 가까워지면 작업 내용을 그대로 클라우드를 통해 아이패드로 옮기고, 이동시간을 활용해 업무를 계속한다. 메일과 스케줄 관리가 실시간으로 가능해 고객 대응은 더욱 신속해졌다. 윈도우 환경에 원격 접속하여 급한 자료를 외출 장소에서 수정할 수도 있다. 다양한 앱의 발전으로 개인적으로도 활용도가 더욱 높아졌다. 클라우드 환경을 제공하는 소프트뱅크는 직원들에게 개인의 활용을 적극 권장한다. 개인적 활용을 통해 단말에 더 익숙해져야 업무에도 잘 활용할 수 있기 때문이다. 손정의 회장 자신도 개인 사진들을 아이폰에만 7000장 이상 가지고 있다고 말하면서 개인 이용이 활발해야 업무 이용도 활발하고 익숙해짐을 강조한 바 있다.

기업 관점에서 보면, 직원들이 시간과 장소에 관계없이 자신의 스마트폰을 이용하여 업무에 필요한 모든 업무를 진행할 수 있다는 점이 좋다. 이는 이동성 및 생산성의 혁신으로 기업이 또 하나의 경쟁우위를 가질 수 있는 기회 요소가 된다. 스마트폰 하나로 외근 중 업무가 이루어질 수 있다. 이동사무실이다. 메일, 일정 체크, 결재, CRM/ERP 등 내부 시스템 사용이 모두 이동 중에 이루어진다. 기업은 이러한 프로세스를 정립함으로써 실시간 업무 처리를 통한 업무의 지속성을 확보하고, 협업 및 원스톱 환경 제공을 통한 업무의 생산성을 향상시킬 수 있다. 또한 업무 지연을 최소화하고 투자비용을 절감하는 등 기회비용과 관리비용을 절감함으로써 명실상부한 실시간기업Real Time Enterprise을 구현할 수 있게 된다.

이상에서 보았듯이, 스마트폰과 관련 앱 서비스로 개인의 이용과 업무 간 경계는 점차 모호해질 것이다. PC 인터넷 기반의 웹1.0 시대 트렌드라고만 여겨졌던 '개인 대상 서비스의 기업 시장으로의 확대'가 모바일 환경에서도 발생되고 있는 것이다. 이 같은 양상은 최근 IT업계를 지배하고 있는 '역(逆) 폭포효과Reverse waterfall theory'의 단적인 사례들이다. IT업계에선 전통적으로 고사양 기업용 제품이 일반 소비자용으로 흘러내려 가는 '폭포효과'가 진행되어 왔다. 하지만 최근엔 성능이 뛰어난 제품들을 개인 소비자들이 먼저 사용하고, 이를 역으로 받아들여 업무에 활용하는 기업들이 늘고 있는 것이다.

가트너는 이미 2009년 펴낸 자체 보고서에서 "개인 소비자가 기업에 앞서 산업을 주도하는 '컨슈머라이제이션Consumerization'이 IT업계의 가장 의미심장한 트렌드로 떠올랐다"고 말한 바 있어서 '역 폭포효과'와 맥을 같이한다. 모바일 환경에서 컨슈머라이제이션이 일반화되고 있는 것이다. 메신저, 블로그, SNS 등은 사실상 이미 PC 인터넷상에서 개인들에게 제공된 서비스들이다. 하지만 이러한 서비스들이 기업에서도 그대로 활용될 수 있는 주된 이유는 바로 이미 PC 웹상에서 친숙해진 서비스들을 자신의 업무에도 활용하길 원하는 개인들의 니즈가 모바일 환경에 더 커졌기 때문이다. 2010년 1월, 국내 한 소셜네트워크게임 회사인 '루비콘게임즈'를 창업한 위자드웍스의 사장은 자신의 사무실을 '시내버스'라고 말한다. 트위터로 직원들과 회의하고 자금이체와 결제도 모바일로 하기 때문이다. 2011년 3월, 우리나라는 드디어 스마트폰 1000만 시대를 맞이했다. '컨슈머라이제이션'의 기반이 다져진 것이다.

컨설팅업체인 딜로이트(2011. 1)에 의하면, 2011년 태블릿 단말 판매량의 4분의 1 이상을 기업 시장이 차지할 전망이다. 딜로이트는 이에 대해 네 가지 이유를 들었는데, 첫 번째가 IT의 '컨슈머라이제이션'이다. IT 종사자는 이미 개인용으로 태블릿을 구매하며, 곧 해당 단말이 일상 업무에 도움이 된다는 걸 알게 된다는 것이다. 특히 웹에 접속된 태블릿 이용자들은 영화나 게임을 즐기다가 회사 이메일 확인이나 업무용 앱 이용으로 자연스레 이동할 수 있기 때문이다.

두 번째는 소매업이나 의료업, 제조업 등의 산업 영역에서 기업이 태블릿을 직원용으로 도입하는 사례가 늘고 있다는 점이다. 딜로이트는 소매업계와 의료업계에만 2011년 한 해 동안 약 500만 대의 태블릿이 도입될 것으로 보고 있다. 세 번째는 기업용 소프트웨어 제공업체들이 태블릿 앱 개발을 요구받고 있다는 점이다. 딜로이트에 의하면, ERP나 ECM, CRM 분야의 주요 대표사업자인 오라클, SAP 등이 다양한 앱을 이미 개발 중이다. 네 번째는 태블릿의 형상이 기업 경영진의 이용을 유도하기 때문이다. 평면 형태라 이들에게는 눈에 거슬리지 않는 단말로 인식되고 있다.

개인적 니즈가 과연 기업 니즈도 동시에 100% 충족시켜 줄 것인가에 대한 질문을 던지고 싶다. 실제로 보면, 구글이 제시한 '구글 앱스'에 대해 사람들은 편의성 자체를 인정하면서도 도입에 따른 실제 효과와 신뢰성, 그리고 기업 내부의 IT 관리 정책 측면에서 거부감을 가지고 있는 게 사실이다. 기업은 본격적인 실시간기업이 되기 위해 보안 등의 니즈를 충족시키려는 고민을 하는 등 몇 가지 고려사항들을 유념하게 될 것이다.

03

실시간 기업으로의 변신 : 모바일 오피스

삼성경제연구소[48]의 개념 정의에 의하면, '모바일오피스Mobile Office' 란 모바일 통신과 모바일 단말을 활용하여 시간과 장소에 구애받지 않고 모든 회사 업무를 수행할 수 있는 근무환경이다. 직원 간 소통채널이 하나로 통일되어 외근 등으로 자리를 비워도 연락이 가능하고, 고객사나 공급사를 방문할 때도 사내와 동일한 업무환경이 제공되어 신속한 업무 처리가 가능한 환경이다. 또한 기존 업무를 모바일로 대체하는 수준이 아니라 모바일 특성을 활용해 프로세스를 개선함으로써 새로운 가치를 창출시키는 환경이다.

모바일컨버전스를 활용하는 모바일오피스는 교육, 보험, 금융, 유통, 의료, 건설, 제조, 공공 등 다양한 업종에서 실현이 가능하게 되었다. 업종별로 특화된 솔루션 개발이 가능하기 때문이다. 예컨대 대우건설의 경우에는 바로넷이라는 그룹웨어에 '바로미' 라는 실시간 커뮤니케이션, 그리고 PMIS라는 공사 관리/지원 시스템을 아이폰 기반으로 묶는 통합 커뮤니케이션uc 구축으로 생산성 향상을 도모하고 있다.

스마트폰이 도입되면서 모바일오피스에 대한 관심은 더욱 커진다. 스마트폰을 도입하고 수개월이 지난 2010년 4월 삼성경제연구소가 국내 기업 경영진 447명을 대상으로 모바일오피스에 대한 설문조사를 실시했다. 이에 따르면, 모바일오피스를 이미 도입한 경영진 비중이 14% 정도이고, 도입 중이거나 3년 내 도입할 예정이라고 답한 비율이 무려 57.3%로 나타났다. 모바일오피스를 도입해 향후 실시간기업으로 변신하려는 모습이 역력하다.

그런데 아직도 상당수 기업들은 일하는 방식 자체를 혁신하겠다는 의지보다는 단순히 유무선 통합 네트워크 환경 정도를 활용하여 통신비를 절감하는 식의 접근 방식에 머물러 있는 실정이다. 모바일 업무 방식의 1단계 수준이다. 약간 진전된 모바일오피스를 도입한 기업조차도 기껏해야 이메일이나 전자결재를 이용하는 정도의 수준에 머물러 있다. 모바일 의사결정 시스템으로 실시간 정보 공유를 하는 정도는 되어야 2단계 수준이 된다. 이때는 전사적자원관리ERP, 고객관계관리CRM, 공급망관리SCM, 인적자본관리HCM 등 주요 업무 시스템을 사외에서도 활용할 수 있어야 한다.

그러나 아직 이러한 기업 운영에 필요한 다양한 업무용 앱들은 여전히 PC를 통해서만 접근 가능한 상황이다. 앞서 언급했듯이 모바일오피스 업무 방식이 되려면 스마트워크가 전제되어야 한다. 스마트워크는 현장에서 필요한 정보를 모두 확보할 수 있게 하여 업무의 중심이 일하는 현장으로 이동하는 개념이다. 자사 내 정보 공유뿐 아니라 고객사와의 정보 공유도 아울러 활발해져 공급망 전체의 효율화도 도모하는 환경이다. 또한 사내의 정보에 접근하기 위한 모든 물리적 제약(보안 등의 문제는 여전히 존재하지만)이 사라져 재택근무, 원격근무, 스마트워크센터 근무 등의 다양한 근무 형태가 활성화되는 환경이다.

그렇다면 기업이 '모바일컨버전스'를 최대한 활용하여 실제적인 '실시간기업'으로 변신하기 위해서는 어떠한 사항들을 고민해야 할까? '모바일오피스'를 구축하여 향후 통신망과 단말 등의 하드웨어적 요소 이외의 소프트웨어와 서비스에 대한 고민이 함께 필요하다. 소프트업계의 대표기업인 오라클[49]이 생각하는 모바일오피스의 고려사항들이 흥미롭다. 오라클은 세 가지를 제안한다. 첫 번째는 도입 대상의 업무들을 정하는 일이다. 어떤 업무들이 모바일 특성에 가장 적합한가와 기존에 개발된 자원을 어떻게 활용할 수 있을까 하는 고민들이다. 특히 아키텍처 및 관리에 대한 적용 난이도와 업무 도입 후 발생하는 기대효과를 감안해 대상 업무를 결정해야 할 것이다. 대상 업무 영역은 푸시메일(개인 이메일, 회사 이메일, 첨부파일 읽기 등), 그룹웨어(전자결재, 게시판, 일정 조회, 주소록 등), 그리고 업종별 맞춤형 서비스(업종 특화 기능, CRM, ERP, 근태정보 입력 등 인사, 재무관리)로 나뉜다. 물론 이 모든 업무가 모바일 환경에 다 적용될 필요는 없다. 투자 대비 효과를 측정하기가 쉽지는 않지만, 우선순위를 결정하고 표준화 등의 작업을 통해 투자를 효율화하는 노력이 필요하다.

두 번째는 모바일오피스 플랫폼 구축에 대한 기술적 결정, 즉 구현 방식의 결정이다. PC 환경에서는 윈도우 기반으로 플랫폼이 구축되었다. 그런데 모바일오피스 플랫폼은 매우 다양하다. OS가 다양하기 때문이다. 직원들이 가질 수 있는 다양한 장점들을 최대한 고려한 단말과 OS 선택이 관건이다. 스마트폰 도입 전에는 PDA 등 하드웨어 단말의 선택이 중요했고 구현 방식도 이에 종속되었다. 그런데 이제는 단말 선택이 아니다. 웹앱이냐 네이티브앱 방식이냐가 결정사항이다. 네이티브앱의 경우에는 초기 접근이 쉬우나 다양한 모바일 OS를 개별적으로 지원해야 하는 문제가 따른다. 아이패드용으로 애플이 개발한 기업용 앱인 오피스 프로그램 '페이지즈 Pages'를 비롯해 CRM 앱, 메일 접속 모바일 단말 감시 앱 등이 있다.

안드로이드 등 다른 OS들이 시장을 점유하기 시작하면서 점차 공통 플랫폼을 통한 재(再) 사용성 강화 및 애니 디바이스 전략이 중요해지고 있다. 예컨대 IBM은 직원들이 쓸 수 있는 앱을 모아놓은 사내 앱스토어를 개장했다. 이를 통해 직원들은 회의실 예약에서부터 주문 승인, 자료 접근 허가 등 다양한 업무를 스마트폰으로 처리할 수 있으며, 직원들 스스로도 사내용 앱을 개발하고 등록할 수 있을 뿐 아니라 앱의 사용성에 대해 평가도 하는 등 매우 다이내믹하게 운영되고 있다.

세 번째 고려사항은 관리 및 보안이다. 일반적으로 모바일오피스 보안은 크게 네트워크 접근 보안(패킷, 메시지 암/복호화, 디바이스/백엔드 간 사용자 인증 정보 연동 등), 데이터 보안(외부 유출, 변조에 대한 제어 등), 앱 보안(사용자 인증 및 역할에 기반한 실행 제어 등), 디바이스 보안(비인가된 디바이스의 사용 제한, 디바이스의 카메라, 와이파이 및 저장장치 제어 등) 등 네 가지 단계로 분류된다. 이 중 네트워크 접근 보안이 매우 중요하기 때문에 통신기업이 모바일오피스 사업의 주요 수주 대상이 된다. KT와 SKT의 2010년 사업 수주 현황을 보면 업종별로 각기 특화되어 있다. KT의 경우에는 공공/제조/건설 24%, 물류유통/교육 14%, 금융 10% 순이고, SKT의 경우에는 도소매 51%, 운수업 14%, 제조/제약 9%, 전기/가스/수도 8%, 출판/영상/IT 5% 순이다.

PC와 유사한 OS를 가진 스마트폰은 악성 바이러스와 DoS_{Denial of Service} 공격(바이러스에 감염된 PC 등을 활용해 특정 온라인 사이트에 대규모 서비스를 요청함으로써 해당 사이트의 서비스가 마비되게 하는 공격) 등의 위험에 노출된다. 국내에서 처음으로 발견된 스마트폰 악성코드는 트레드다이얼_{TredDial}이다. 이는 무단으로 국제전화를 걸어 비싼 요금을 내게 하는 윈도우 모바일 기반 악성코드로서 2010년 4월 13일 발견되었다. 안철수연구소는 14일과 20일 두 차례에 걸쳐 자사의 모바일 백신 프로그램에 진단 및 치료 기능을 업데이트했고, 전용 백신을 개발해 무료로 배포했다.

도청 위험성도 중요한 고민사항이다. 모바일 단말과 사내 통신망이 연동되기 때문이다. 이로 인해 국내에서는 2010년 5월 청와대 직원들에 대한 스마트폰 지급 계획이 보류되기까지 했다. 안철수연구소(2010)에 의하면, 스마트폰에서 발생하는 주요 보안 위협으로 '정보 유출'(통화기록, USIM 정보, 위치정보, 주소록, 이메일, 사진 등 유출)과 '금전적 손실'(SMS, MMS를 통한 불법 유료 콘텐츠 과금, 모바일뱅킹을 이용한 금전적 탈취)이 거론된다.

웹기반 서비스가 점차 대세가 되고 있는 상황에서 구글 앱스 같은 이용자 편의성을 강조하는 플랫폼이 대세화될 가능성이 높은 건 사실이다. 하지만 기업이 가장 중요시하는 보안 문제 때문에 기업들은 당분간 더 안전한 MS 오피스 프로그램을 원할지도 모르겠다. MS도 기업의 IT 관리자 니즈와 이용자 편의성 트렌드를 주시하면서, 구글을 의식한 듯 2010년 6월 오피스웹을 출시했다. 또한 애플 아이폰도 높은 수준의 보안 실현을 위해 노력 중이다. 〈비즈니스위크〉에 따르면(2010. 9. 14), 아이폰이 이미 다양한 보안 기능을 제공 중이다. 예컨대 애플은 익스체인지를 연계하면 원격지에서 데이터를 삭제하는 '리무트 와이프Remote Wipe' 기능을 이용 가능하게 했다.

모바일오피스 구축의 결과
:사회경제적 효과

　운용비 절감은 물론이고 내부 프로세스 혁신을 통해 생산성 향상을 도모할 목적으로 기업들과 공공기관들은 지속적으로 모바일오피스를 구축하려는 노력들을 해왔다. 국내에서는 스마트폰 도입 이전인 2008년 삼성SDS, 삼성증권 등에서 처음 모바일오피스를 도입한 이래, 삼성그룹 전 계열사를 비롯해 LG, SK, 코오롱, 삼양, 금호아시아나, 이랜드, 롯데, 동부, CJ, KT, 대한항공, 한진해운 등 여러 그룹들의 주력 계열사를 중심으로 확산된 바 있다. 하지만 전자메일, 결재, 사내 정보 조회 등 그룹웨어 기능 구현 수준으로 활성화되지 못하고 있었다. 이는 모두 1단계 수준이다.

　이제는 이를 벗어나 의사결정 시스템으로 실시간 정보를 공유하는 2단계 모델을 구현하는 사례들이 등장한다. 삼성전자, 삼성증권, 신영증권, 아모레퍼시픽, 서울도시철도공사, 기상청 등은 단순한 그룹웨어 수준을 넘어 주식거래 조회시스템, 영업지원시스템, 고객관계관리시스템, 철도운영시스템, 기상상황 조회시스템 등 다양한 업무 앱을 스마트폰 기반으로 구현하고 있다.

여기서 궁금한 점은 이들이 얼마나 효과를 보고 있느냐 하는 것이다. 1단계 모바일 업무 방식인 유무선 통합이나 그룹웨어 연동은 비용절감 효과가 눈에 보이면서 동시에 구현하는 데도 그리 어렵지 않아 초기 도입에 적합하다고 보았다. 삼성경제연구소(2010. 10)에 따르면, 1단계 수준인 유무선 통합 서비스를 최초로 도입한 삼성증권의 경우 이전에 비해 휴대폰 6000만 원, 유선전화 2억 6000만 원의 연간 통신비를 절감했다. 삼성전자는 2010년 초부터 해외법인 유통매장 담당자가 현장에서 모바일로 본사 시스템에 접속해 재고현황을 파악하고 즉시 발주가 가능하도록 하는 등 업무환경 개선효과를 보았다. 미래에셋생명, 한화손해보험 등 보험업체들도 2010년부터 스마트폰을 도입해 영업 프로세스를 획기적으로 개선해 영업사원이 고객의 과거 거래실적과 신용도를 현장에서 조회하고 일상적 수준의 가격 협상 및 계약 체결을 수행하고 있다.

2단계 모바일오피스는 아직 도입 초기라 적절한 투자비용 설정과 이에 대한 효과를 수치로 보여주기가 쉽지 않다. 모바일 관련 기술의 발전 속도가 너무 빠르고 화면 크기나 OS 등의 표준화도 부족한 상황이라 투자 관련 위험도 사실상 존재한다. 따라서 현장 근무가 많은 영업부서 등 기대효과가 큰 분야나 정보 조회 등 구축하기 용이한 분야에 우선 투자하는 요령이 필요하다. 모바일오피스 구축에 필요한 단말기의 운영체제나 해상도 등에 관한 사내 표준을 마련하는 작업도 아울러 요구된다. 이러한 상황을 감안해볼 때, 최근 서울도시철도공사의 사례에서 실제적인 경제사회적 효과가 수치로 제시되고 있어 소개하고자 한다.

서울도시철도공사에서는 기존의 유지보수시스템인 '지하철 운행 인프라 관리 시스템UTIMS'의 모바일 솔루션화를 이루었고, 와이브로와 3G 간 연동과 스마트폰을 통한 모바일오피스 환경을 KT와의 협력으로 구축했다. 이를 통해 2010년 1월 토목, 건축, 설비, 전기 신호시설 등 9개 분야 업무가 모바일로 통합 처리되는 새로운 개념의 '지하철유지관리시스템'이 가동되었다. 이를 기반으로 운행에 필요한 시설 점검과 유지보수가 시행되고 있다. 신규 구축 내용을 보면, 고장접수센터를 구축하고 스마트폰과 신규 UTIMS를 연동했으며, KT 무선망을 활용한 내부통신망을 구축하고 공사 전 직원에게 6500대의 스마트폰을 지급했다.

신규 UTIMS 구축을 통해 서울도시철도공사는, 첫째 실시간 업무 처리로 시간을 절약하고 데이터 손실을 최소화할 수 있게 되었다. 기기 점검 소요시간을 1시간에서 약 28분 내로 처리하도록 단축했고, 현장에서의 실시간 점검 및 정보 입력으로 정보 누락도 최소화되었다. 둘째, 입체적인 고장신고 프로세스 도입으로 정확도가 향상되었다. 글과 말로 하던 프로세스가 바코드 촬영 등 사진과 동영상을 통해 처리되었다. 셋째, 전 직원의 멀티플레잉이 가능해져 조직 운영의 효율성이 증대되었다. 2000명 유지보수 요원만 고장 신고를 전담하는 방식에서 스마트폰이 지급된 6500명의 전 직원 업무 수행으로 확장된 것이다.[50]

이를 통해 시설 점검/정비 등 외근 업무와 결과 보고/결재 등 내근 업무의 동시 처리가 가능해졌고, 사진 촬영, 바코드 인식 솔루션을 활용해 고장 신고 프로세스도 개선되었다. 단말을 원격관리하는 솔루션이 KT에 의해 개발되었으며, 보안에 적합한 단말로 만들기 위해 카메라 억제 기능 등도 추가되었다.

KT경제경영연구소(2010)에 의하면, 서울도시철도공사의 신규 UTIMS 투자비용은 102억 원이었으며, 이 시스템의 도입으로 통신비 절감, 업무처리 효율성 제고, 출퇴근 시간 감소 등 직접적인 운영비용 절감효과가 5년간 총 284억 원으로 추정된다. 또한 인력 재배치를 통한 수익사업 진출 시 총 1100억 원의 미래 혁신가치 창출이 기대된다. 이는 인력 운영 효율화로 전체 인원의 20%를 신규사업에 투입했기 때문이다. 그 외에도 고장 방지를 통한 안전, 정시 운행으로 총 3242억 원의 사회적 편익이 증대되는 결과를 낳게 된다.

모바일 컨버전스 주도의 필수조건
: 클라우드

급속한 기술 발전으로 기업 입장에서는 매년 증가하는 신규 하드웨어와 소프트웨어 투자는 물론 기존 시스템의 업그레이드로 값비싼 하드웨어를 구입해야 하는 부담이 매년 가중되고 있다. 그런데 컴퓨팅은 과거 전기처럼 점차 일상재화로 변화하고 있다. 표준화된 컴퓨팅을 학습하지 않고 소비할 수 있는 시대, 대중화 시대가 되는 것이다. 과거 전기를 연상해보라.

이러한 환경을 기업의 수요 니즈 측면에서 관찰해보자. 기업의 총소유비용TCO을 절감한다는 차원에서 클라우드 서비스가 주목받는다. 클라우드 서비스와 클라우드 컴퓨팅은 개념적으로 다르다. 2008년 IDC 보고서에 나온 개념 정의를 인용하면, 클라우드 서비스란 "인터넷을 통해 실시간으로 전송되고 소비되는 개인고객 및 기업고객 대상의 제품 및 서비스, 솔루션"이다. 한편 클라우드 컴퓨팅이란 "클라우드 서비스를 가능하게 하는 IT 개발과 배치 및 전송 모델로서, '규모의 경제'에 입각한 대규모 분산 컴퓨팅 패러다임"이다. 컴퓨팅 파워, 스토리지, 플랫폼, 서비스를 추상화, 가상화, 동적 확장이 가능한 체계이다. 사용자가 필요한 만큼 인터넷을 통해 제공받는 사회 기반적 컴퓨팅 서비스 환경이다. 간단히 말해, 필요한 만큼만 빌려 쓰는 컴퓨팅이다.

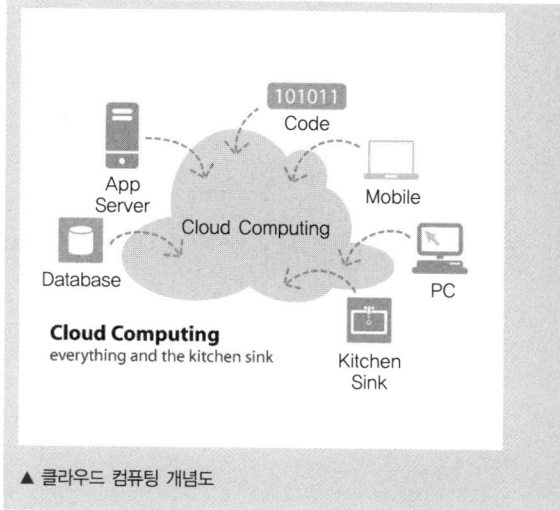

▲ 클라우드 컴퓨팅 개념도

다양한 서비스를 보다 빠르고 비용 효율적으로 제공하고 받도록 하기 위해 클라우드 컴퓨팅 기반의 클라우드 서비스가 더욱 요구된다. 기업의 비용절감과 효율적인 모바일컨버전스 서비스 제공 차원에서 보면, 클라우드 서비스는 기존 컴퓨팅 산업 가치사슬상에서 '소유' 형태로 있던 하드웨어와 소프트웨어 시장을 '임대' 형태 제공 방식의 시장으로 변화시킨다. 기업의 IT 인프라 및 업무용 솔루션의 클라우드 서비스가 대표적 니즈가 된다. 이로 인해 TCO가 절감된다.

분산컴퓨팅이 전제된 클라우드 컴퓨팅 환경에서 하드웨어상의 제약이 사라지고 있다. 단말의 요소기술들이 발달하면서 더 강력한 씬-클라이언트thin-client형의 이동형 단말, 이용자 편의성과 이동성이 강화된 스마트 단말로 발전하고 있기 때문이다. 스토리지와 서버가 모두 클라우드에 존재하고 클라이언트에는 데이터가 저장될 필요가 없다. 그래서 가능해진 씬-클라이언트화는 PC 하드웨어 시장에 근본적 변화를 야기하게 된다. 즉 HDDHard Disk Driver와 CPUComputing Power Unit의 중요성은 상대적으로 작아지고, 디스플레이와 입출력 기능 및 네트워크 기능의 중요성은 상대적으로 커지게 된다.

이처럼 컴퓨팅 소재 발달과 스마트기기 출현이 맞물리면서 분산컴퓨팅 작업을 필요로 하는 기업의 클라우드 서비스 니즈가 생겨나고, 이를 잘 충족시키는 비즈니스 모델이 나와준다면 새로운 시장 개척이 가능하게 된다. 그리고 이러한 시장이 개화되면 하드웨어 제약은 더욱 사라지고, 소규모 벤처기업이라도 참신한 아이디어 하나만으로 글로벌 업체와 경쟁할 수 있게 되는 시대가 열리게 된다. 국내의 경우 중소기업 수는 약 300만 개로 파악된다. 이 중 268만 개는 10인 미만의 소상공인이다. IBK증권의 추정에 따르면, 국내 중소기업과 소상공인의 50%가 클라우드 서비스의 하나인 (공유 폴더 기능을 하는) 스토리지 서비스만을 사용한다고 가정해도 연간 4262억 원의 시장이 형성된다.

기업들에게 클라우드 서비스는 제3자에 의해 제공되는 서비스이며 인터넷을 통해서만 가능하다. 따라서 이 서비스를 받는 기업은 IT에 대해 문외한이라도 상관없다. 다양한 맞춤형 서비스가 가능하다. 셀프 서비스형도 가능하고 실시간에 가까운 배포와 동적 구성, 세밀한 규모 조절도 가능하다. 더욱 놀라운 것은 가격 모델이 작은 단위까지 세분화가 가능하다는 점이다. 사용량 기준의 종량제인 것이다. 유저 인터페이스는 브라우저와 연동되는 기능 중심이므로 매우 편리하다. 시스템 인터페이스에서도 웹 서비스 API가 활용된다. 공유된 자원과 공통 버전 활용도 가능하다. 예컨대 대형 규모의 병원들은 태블릿 단말과 클라우드 서비스를 통해 차트를 기록하고 유지하며 업데이트할 수 있다. 정해진 장소에서 의료기록을 확인해야 하는 불편함이 사라진다. 서버 및 스토리지 비용도 사용한 만큼만 지불하므로 시스템 유지비용도 크게 절감된다.

클라우드 서비스를 기업들에게 제공하는 제3자 기업들은 누구인가? 이미 시장을 선점한 아마존을 비롯한 MS, 구글 등의 IT업체, 버라이즌 등의 통신사업자, 델, HP, 애플 등의 단말업체, 장비업체 등이 있다. 인터넷 환경에서는 서비스 개발자들에게

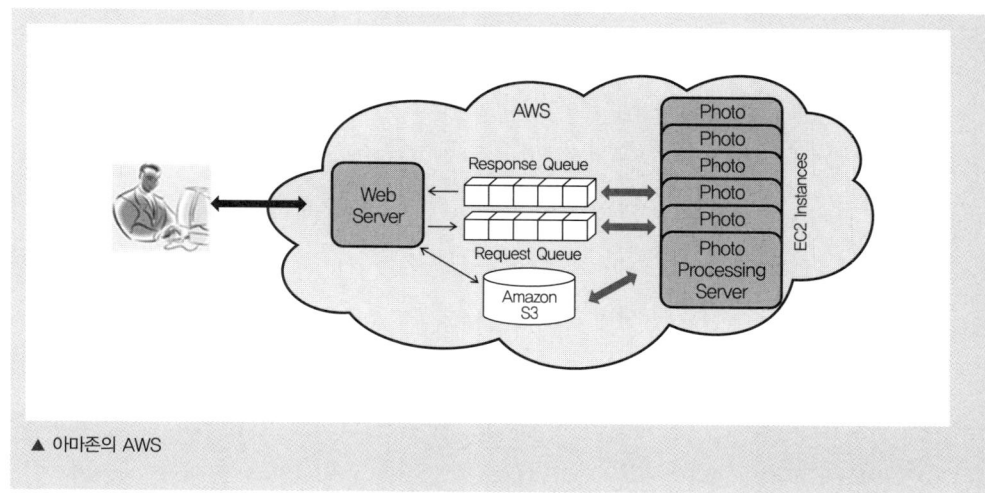

▲ 아마존의 AWS

가장 먼저 클라우드 서비스를 제공한 선두 사업자는 아마존이다. 이 기업은 2002년에 자체 웹서비스인 '아마존 웹서비스AWS'를 시작하여 클라우드 서비스를 개화시켰다. 2006년, 자체 서비스가 기업 대상으로 상용화된 AWS는 개발자들에게 아마존 백엔드 기술 플랫폼 기반 클라우드 서비스를 제공하고, 개발자들은 이를 이용해 비즈니스 모델을 개발하고 구축한다. 2010년 10월, AWS는 클라우드 컴퓨팅, 스토리지, 결제 및 과금 등 12개 카테고리를 통해 20개 관련 서비스를 제공 중이다.[51]

골드만삭스(2010. 2)에 의하면, 미국 내 클라우드 서비스 이용 기업의 77%가 아마존의 EC2Amazon Elastics Compute Cloud 서비스를 쓰고 있다. UBS 투자리서치에 의하면, 미국 내 아마존 클라우드 서비스의 2010년 매출액을 5억 달러(수익률 50%)로 추정했다. 아마존의 최장점은 유연성, 강력한 셀프 서비스 인터페이스, 세분화된 종량제 등이며, 아시아 시장 진출을 위해 2010년 4월 싱가포르에 새로운 데이터센터를 개장했다.

이처럼 아마존이 선두적이지만, 사실상 클라우드 컴퓨팅의 핵심 원천기술이라 할 수 있는 '하둡 분산 파일 시스템HDFS'은 구글 파일 시스템에 기반하고 있다. 따라서 구글이 클라우드 탄생의 원조격인 셈이다. 모바일 시장에서 B2C 모델로 웹 서비스를 시작한 구글도 B2B로 사업영역을 확장 중이며, 그 중심에 모바일 클라우드 서비스가 있다. 이는 데이터 스토리지와 데이터 프로세싱이 앱이 탑재된 모바일 단말의 외부에서 진행되는 컴퓨팅 서비스를 말한다.

구글은 2006년 웹기반 협업 서비스 '구글 앱스'를 선보이면서 B2B 시장에 진입했고, 2007년부터 1인당 50달러 사용료로 '구글 앱스 프리미엄 에디션'을 제공 중이다. 2010년 4월, 구글 앱스 개인 이용자 수는 2500만 명, 기업 수는 200만 개로 집계되었다. 이 시기에 출시된 SaaSSoftware as a Service 기반 기업용 앱스토어인 '구글 앱스 마켓플레이스'는 구글 앱스를 비롯해 급여관리, 제품관리, CRM 앱 등 각종 기업용 앱을 함께 제공한다. 여기서 개발자들은 판매수익의 80%를 가져간다. 구글은 클라우드 서비스 사업을 위해 IDC 보유에 더욱 적극적이 되었다. 2010년 6월, 전 세계 36곳에 대규모 IDC를 보유하거나 건설 중이다.

2010년 말에는 모바일VoIPMVoIP인 '구글 보이스'도 추가되어 구글은 기업용 음성 시장으로까지 확장 중이다. 또한 MS 오피스 문서를 클라우드 기반 구글 닥스로 동기화(전환)할 수 있는 오피스용 플러그인 '구글 클라우드 커넥트 포 MS 오피스Google Cloud Connect for MS Office'가 11월에 발표되었다. 이를 통해 오피스에서 닥스와 동기화된 문서가 클라우드상에 저장되고 고유한 URL이 할당된다. CNET(2010. 4)에 따르면, 통신장비업체인 산미나SCI는 메일과 스케줄 관리 툴을 구글 앱스로 전환한 이후에 연간 200만 달러를, 로스앤젤레스 시는 최소 500만 달러를 절약할 수 있게 되었다고 한다.

통신기업인 버라이존도 대기업 전용 클라우드 스토리지 서비스 외에 중소기업을 겨냥한 종량제 방식의 클라우드 컴퓨팅 솔루션 'CaaS SMB'를 최근 내놓았다. 이는 IT 자원이 부족하거나 직접 운영하기 어려운 유통 및 제조업체, 서비스업체, 앱 개발자 등을 대상으로 한다. 가상사설망vpn 등을 포함한 보안 기능 사전 탑재가 통신 기업의 최장점이다. 버라이즌의 CaaS 서비스는 기업고객에게 해당 사업자가 제공 중인 기존 툴셋과 프레임워크를 이용할 수 있게 한다.

2009년 이미 영국의 DCMSDepartment of Culture, Media and Sport와 BISDepartment for Business, Innovation and Skills의 '디지털브리튼' 보고서(2009. 6)에 'G-클라우드' 프로젝트가 제안 된 바 있다. 이 프로젝트는 정부에서 필요한 데이터센터 풀을 구축하고 모든 IT 기 능을 제공하는 정부용 클라우드 구축을 목표로 한다. 정부 내부에서 사용할 수 있 는 앱스토어를 통해 분산된 정부 부처 간에 공동 활용할 수 있는 환경을 제공하는 개념이다. 이에 따라 2015년까지 영국 전체 부처의 80% 이상이 클라우드 체계로 전 환될 계획이다. 영국 국무조정실 보고서[52]에 따르면, 영국 정부에 대한 ICT 투자를 클라우드로 전환하는 경우 정부 IT 예산 160억 파운드 중 32억 파운드(약 5조 9000억 원)를 절감한다고 예측되었다. 소시튬2010Socitm2010 컨퍼런스(2010. 10)에서 이 프로젝 트 관계자는 "일부 공공기관에서 이를 통해 최고 65%의 예산절감 효과를 보았다" 고 밝혔다.

2010년, 앱 개발이 활성화되면서 각국 정부의 클라우드 프로젝트가 더욱 활발하 다. 로이터(2010)에 따르면, 미국은 보안과 프라이버시 문제가 발생하지 않는다면 클라우드 컴퓨팅을 수용한다는 입장이고, 72조 달러 예산을 투입해 정부 IT 인프라 를 클라우드로 전환할 계획이다. 유럽연합도 미래 인터넷을 위한 FP7Seventh Framework Programme의 일환으로 모바일 클라우드 컴퓨팅 이니셔티브 '프로젝트옵티미스'에 700만 유로를 투자한다고 밝혔다. 이는 클라우드 기반 모바일앱 개발을 위한 것이 며 에릭슨, 노키아, 오렌지 등이 참여한다.[53]

국내에서도 2009년 말부터 행정안전부와 지식경제부, 방송통신위원회 공통으로 범정부 차원의 '클라우드컴퓨팅활성화종합계획'이 발표되었다. 이를 통해 10대 세부 추진 과제가 마련되었고 B2G 시장이 원천기술 개발의 테스트베드로 활용되고 있다. 이를 통해 정부는 공공부문 IT 인프라 운영비용을 2015년까지 절반인 6877억 원 절감한다는 계획이다. 한국과학기술정보연구원에 따르면, 국내 클라우드 서비스 시장 규모는 연평균 30.5% 성장해 2014년 2조 5000억 원 규모로 전망된다.

　기업과 정부의 클라우드 노력들은 TCO 절감 차원의 서비스 전송과 모바일컨버전스 비즈니스 모델 등 서비스 창출 부문에서 동시다발적으로 진행될 것이다. 로이터는 2014년 모바일 클라우드 가입자 수를 10억 명으로 예측했다. 클라우드 서비스는 유비쿼터스 시대로의 변화를 가속화시키며, 이에 요구되는 방대한 IT 인프라 효율성 차원에서 사회간접재로 변화할 것으로 기대된다. 글로벌 사업자들이 원천기술 투자를 토대로 글로벌 진출을 가속화하는 가운데 국내 통신 및 SI 사업자들도 적극적 사업 의지를 표명하기 시작했고, 운영경비 절감 차원에서 글로벌 기업과의 다양한 제휴와 협력도 예상된다.

기업들의 새로운 고객가치 : 모바일 컨비니언스

기업은 모바일 서비스들을 자사 서비스나 고객관리시스템에 추가해 자사 고객가치를 제고시킬 수 있다. 고객이 모바일 단말을 이용할 때 기업이 제공하는 상품이나 서비스에 대한 유용한 편의 정보가 추가되어 고객의 상품 및 서비스 이용 경험이 최적화된다면 '고객가치 제고'이다. 포레스터의 테드 쉐들러Ted Schadler 부사장은 자신의 저서인 《임파우어드Empowered》(2010)에서 "아이패드가 소비자용으로 발매되었으나, 실제로는 기업의 수요가 급격하게 늘어나고 있다"고 지적한 바 있다. 이러한 지적은 아이패드 출시 이후 현실로 나타나고 있다. 이유는 간단하다. 고객이 이용하는 아이패드가 기업들의 새로운 고객가치인 편리성 제고에 활용될 수 있기 때문이다.

IDC에 따르면(2011. 1), 2011년 초 약 1700만 대 규모의 글로벌 태블릿 시장이 형성되었으며, 아이패드가 90%의 점유율을 보이는 가운데 향후 2년간은 아이패드가 시장을 지배할 것으로 전망된다. 또한 은행, 식당, 의류업체, 호텔, 항공사 등에서 고객 편의성을 증대할 목적으로 모바일 단말과 전용 앱들이 활용되고 있으며, 아이폰과 아이패드가 주도하는 모습이다.

은행 매장에서의 아이패드 단말 도입이 눈에 띈다. 일본 미즈호은행은 아이패드를 2010년 7월부터 은행 창구에 설치해 금융상품을 설명하는 용도 외에도 방문객이 로비에서 기다리는 동안 전자잡지를 열람하는 용도와 자사 앱인 '미즈호다이렉트'를 체험하는 용도로 활용하고 있다. 조작이 비교적 용이하고 스마트폰과 대비해 화면도 큰 편이라 매장들의 활용이 증가할 전망이다. 국내에서는 은행권 최초로 하나은행이 아이폰 앱을 출시했다. 출시 후 첫날 3000건의 다운로드를 기록했고, 일주일간 트위터에 300여 건의 관련 글이 등록되었다. 그 외에도 2010년에 신한BNP파리바운용이 '신한BNPP모바일펀드 가이드'라는 펀드 앱을 출시했는데, 고객은 이 앱을 통해 다양한 투자 정보를 접할 수 있다.

음식점의 경우는 더욱 활발하고 재미있다. 터치 메뉴판으로 아이패드를 활용하는 예로 호주의 더노스시드니릿지즈호텔의 한 레스토랑(글로벌 문도 타파스Global Mundo Tapas)에서는 2010년 6월에 이를 선보였다. 손님들은 주문 전에 사진을 보면서 주문하고, 주문 내용을 무선으로 주방에 전송해 관련 와인이나 메뉴 추천도 받는다. 모바일결제에도 활용된다. 또한 인터컨티넨탈호텔은 홍콩, 런던, 뉴욕 등의 직원들에게 아이패드를 지급하여 숙박객들에게 추천 레스토랑과 공연, 지역 관광지 등의 동영상을 적극 소개하게 한다.

의류업계도 적극적이다. 일본 내 영국 의류 브랜드인 프레드페리는 2010년 8월부터 직영점에 디지털 사이니지 단말로 아이패드를 도입했다. 프레드페리 내방객은 아이패드를 통해 디지털 카탈로그를 열람할 수 있다. 또한 일본의 웨딩업체인 노바시스는 방문객들에게 아이패드를 통해 웨딩드레스를 입고 걷는 영상을 보여주는 등 마케팅에 활용하고 있다. 9월에는 의류업체 뉴요커가 고객이 옷을 입는 모습을 볼 수 있게 하는 가상 피팅 툴로 아이패드를 시험 도입했다.

자동차업계에서는 메르세데스벤츠가 2010년 5월 말부터 미국 350개 점포 중 일부 쇼룸에 아이패드를 설치하여 메르세대스 캐피탈의 각종 자동차 론 정보를 고객에게 제공한다. 영업점 직원은 고객 신용도를 실시간으로 분석하여 최적의 할부 프로그램을 제안한다. 또한 메르세데스는 10월에 고객이 거래 계좌의 관리와 지불에 사용할 수 있는 아이폰용 앱을 출시했다.

그 외에도 호주의 저가항공사인 젯스타는 기내에서 아이패드 대여 서비스를 제공 중이다. 비행시간 동안 이북 콘텐츠를 열람하거나 게임을 즐길 수 있게 한다. 또한 기내 제공의 영화나 TV 프로그램들도 아이패드로 시청 가능하게 한다.

이처럼 다양한 산업 분야의 기업 시장에서 아이패드는 자발적인 고객 편의용으로 활용되고 있다. 아직은 아이패드가 주도하고 있지만, 이 밖에 삼성전자의 갤럭시탭, 모토로라의 줌 등의 안드로이드 태블릿과 RIM 기반의 플레이북, MS의 윈도우7 기반, HP의 웹 OS 기반 등의 단말들이 또 다른 선택지가 될 전망이다. 특히 플레이북은 블랙베리의 테더링 기능과 기업의 최고 고려사항인 보안 기능이 탑재되어 있어 기업들의 주목을 끌 것으로 보인다.

고객의 눈높이에서 시작된
이색적 이미지 제고: 브랜드 앱

앱의 등장으로 다양한 기업들이 고객의 눈높이에 맞춘 이색적인 앱을 개발해 선풍적인 인기를 끌고 있다. 이를 일명 '브랜드 앱'이라 한다. 이 앱은 고객에게 자사 브랜드와 제품에 대한 양방향 의사소통을 가능하게 하는 신 커뮤니케이션 도구 역할을 하게 된다. 아이디어는 고객의 눈높이에서 시작된다. 국내 광고사인 HS 애드 Ad에 따르면, 소통채널인 브랜드 앱의 활용 목적은 크게 비즈니스 채널, 브랜드 참여 채널, 캠페인 미디어 채널로서의 활용이다. 이를 통해 기업은 고객관계를 강화할 수 있고, 매출도 증대시킬 수 있으며, 특히 기업 이미지를 제고하게 된다. 각각의 활용 목적별로 살펴보자. 특히 2010년 6월 미국에서 개최된 '스마트폰 기업 브랜드 앱 마케팅 성공전략' 세미나에서 제시된 예들을 여기에 접목하여 소개하고자 한다.

먼저, 비즈니스 채널로의 활용 사례이다. 이는 기업이 제공하는 제품이나 서비스를 아주 직관적으로 제공하는 앱이다. 이러한 사례로는 피자헛과 같은 패스트푸드

업종과 헤르메스, 아르마니, 구찌 등의 명품 브랜드, 그리고 IBM, 오라클, 시스코 등의 IT 기업의 앱들이 있다. 일례로 미국의 피자헛의 경우 아이폰 흔들기와 터치 기능을 이용해 고객이 직접 피자에 치즈나 소스를 뿌리고 토핑을 얹어 맞춤형 메뉴를 만들고 주문까지 가능하게 하는 비즈니스 채널 앱을 만들어 인기를 얻고 있다. 2010년 6월 현재 피자헛은 이 앱을 통해 약 1000만 달러의 매출 증대 효과를 거뒀다고 한다. 다른 예로는 아웃도어인 팀버랜드가 트래킹이나 등산을 하는 앱을, 아디다스는 주변의 농구장 검색이 가능한 앱을 등장시켰다.

▲ 피자헛의 앱 주문

두 번째는 브랜드 참여 채널 사례이다. 일반적으로 생각되는 브랜드 앱이 모두 여기에 속한다. 예컨대 자동차업체인 아우디는 아이폰의 중력 센서를 활용해 아우디 A4를 운전할 수 있는 경험을 제공하는 엔터테인먼트 앱을 개발했고, 이를 본 이용자의 15%가 구체적인 정보를 얻기 위해 기업 웹사이트를 접속했다(2010. 6). 이는 자동차 게임처럼 자사 브랜드를 자연스럽게 연상시키는 서비스이다. 즉, 우회적으로 브랜드를 강화하고 고객관계를 강화하는 데 기여하는 앱이다. 그뿐 아니라 비즈니스 채널과 홍보 채널 역할도 함께 한다. 이외에 화장품업계도 있다. 화장품회사인 랑콤은 자사의 화장품을 스마트폰상에서 가상으로 사용해보고 고를 수 있으며 이 정보를 타인에게 전달하는 앱을 개발했다.

음식업계에서도 활발하다. 음료회사인 코카콜라는 콜라병으로 룰렛 게임을 즐길 수 있는 앱을 개발했고, 앱솔루트 보드카는 칵테일 레시피 앱을 개발했다. 캔디회사인 틱택은 아이폰에서 다른 폰으로 캔디를 옮기는 간단한 게임을 할 수 있는 앱을, 식품회사인 베티크록커는 소비자가 자신이 가지고 있는 식재료를 선택하면 이것으로 만들 수 있는 요리 레시피를 제공하는 앱을 만들었다. 식품회사인 크래프트도 앱을 통해 자사 제품을 사용해 만들 수 있는 요리 레시피 7000여 건을 제공해 0.99달러에 판매했으며, 이를 통한 판매수익이 100만 달러가 넘었고 브랜드 앱 이용자의 90% 이상이 추가적 정보를 얻기 위해 크래프트 홈페이지의 회원으로 가입했다.

마지막으로 브랜드 앱을 특정 캠페인 목적으로 사용하는 경우도 있다. 캠페인 목적으로만 특성화하기보다는 앞의 두 가지와 믹스되어 활용되는 경우가 대부분이다. 캠페인용으로만 특성화된 브랜드 앱으로는 인텔의 CPU를 사진을 찍어 올리면 포인트를 획득하는 사례가 있다. 하이네켄 그린 얼랏Heineken Green Alert 앱의 경우에는 앱을 설치하고 메시지를 적어 페이스북 친구를 선택한 다음 병뚜껑을 따면 친구 담벼락에 메시지가 등록된다. 국내에서는 KT가 "뒤집힌 KT 광고를 찾아라"라는 캠페인을 벌여, 트위터를 통해 주말 동안 위와 아래가 뒤집힌 KT TV 광고를 찾아서 트위터에 올리는 사람에게 커피 이용권을 제공하기로 약속함으로써 참여자들이 KT 광고 찾기에 몰입하게 만든다.

이들 브랜드 앱에서 공통점이 발견된다. 그것은 모바일 특성과 재미 요소를 잘 살렸다는 점, 그리고 기업과 브랜드에 어울리는 핵심 콘셉트를 뽑아 단순한 기능으로 구성했다는 점이다. 그리고 모두는 아니지만 이들은 소셜미디어를 적절히 활용하려는 노력들을 보이고 있다. 이들 모두는 유튜브에서 검색하면 동영상으로 체험할 수 있게 올라와 있다.

기업들의 새로운 시도
: 트위터 매니지먼트

2010년 10월, 가트너는 플로리다 올란도에서 개최된 연례 컨퍼런스에서 향후 5년 내로 거의 모든 기업용 앱에 소셜미디어 기능인 SNS가 추가될 것이라고 주장했으며, 2011년 기업용 소셜소프트웨어 매출이 약 7억 7000만 달러로 전년 대비 16% 상승할 것이라고 전망했다. 아울러 페이스북, 링크드인 등에 등록된 정보를 통합하고 이를 분석하는 기능이 고객 및 파트너, 그리고 직원들과의 관계를 분석하는 데 매우 중요할 것이라고 전망했다. 스마트폰이나 태블릿을 개인에게 나눠주어 기업용 커뮤니케이션 단말로 활용하는 데서 한 걸음 더 발전하여, 기업들은 트위터나 페이스북 등의 SNS 플랫폼 자체를 기업용으로 활용하기 시작한다. 그런데 SNS가 기업에 적용되게 하려면 과연 기업에 소속된 개인들, 그리고 상품을 구매하고 서비스를 이용하는 고객들이 이를 원할까에 대해 먼저 질문해보아야 할 것이다.

기업의 소셜경영 붐이 일면서 트위터 경영에 대한 기사들이 눈에 띄는데, 대부분 CEO에 의해 주도되고 있다. 이들은 우선은 고객의 생생한 목소리를 듣고 기업의 혁신에 반영하거나 기업의 잘못에 대해 사과하는 도구로서 트위터를 활용하고 있다. 기업의 소통 방식이 단순한 일방적 홍보에서 벗어나 고객의 목소리를 듣는 대화 방식으로 바뀌고 있는 것이다. 글로벌 홍보대행사인 버슨마스텔러가 2009년 11월에서 2010년 2월의 3개월 동안 2010년 〈포춘〉 100대 기업을 대상으로 한 실태 조사에서 약 80%가 SNS 플랫폼을 활용하고 있으며, 플랫폼별로는 트위터 65%, 페이스북 54%, 유튜브 50%, 기업 블로그 33% 순으로 나타났다.

선도적 기업들은 경영 전반의 흐름에서 소셜미디어를 바라본다. 소셜미디어를 통한 의사소통 혁신이 기업의 전반적 변화를 만드는 작업이며 소셜미디어를 통한 고객과의 교감으로 경쟁에서 살아남을 수 있다고 경영진들은 보는 것이다. 삼성경제연구소[54]에 따르면, 미국 CNBC가 선정한 트위터 잘하는 기업 톱10으로 델, 홀푸드마켓, 자포스, 제트블루, 컴캐스트, 〈뉴욕타임스〉, 사우스웨스트항공, 스타벅스, 코닥, 홈데포가 채택된 바 있다. 한편 국내에서도 2010년 5월 대한상공회의소가 상장기업 대상으로 SNS 플랫폼 활용 실태를 조사한 결과 소셜미디어를 응답한 기업은 16.1%로 나타났다. 삼성전자, KT, 신세계이마트, 대한항공, 현대자동차 등이 적극적이다.

그렇다면 SNS가 어떤 면에서 기업경영의 가능성을 갖는가? 아틀라스리서치(2010. 2)에 따르면, 첫째는 생산성 향상의 가능성이다. 글로벌 경쟁이 심해질수록 기업들의 비용절감에 대한 압박은 더욱 커진다. 이때 트위터 등의 활용이 기업의 생산성 향상에 도움이 된다. 불필요한 의사소통 시간을 줄일 수 있다는 말이다. 특히 140자 단문 메시지의 등장으로 커뮤니케이션이 '마이크로화' 되고 있다. 한편 기업은 업무를 효율적으로 처리하기 위해 중요도를 구분하게 된다. 이때 커뮤니케이션이 필요한 업무에 있어 불필요한 작업을 줄이는 데 트위터 같은 SNS가 매우 도움이 된다. 둘째는 복잡한 정보에서 상황Context을 추출할 수 있다는 점이다. 물론 기업용 트위터 이용자가 너무 많아지면 팔로어가 많아져 정보 홍수에 빠질 위험성도 배제할 수 없을 것이다. 그러나 이러한 대량의 정보의 흐름 속에서 기업의 경영진은 오히려 역발상적으로 상황을 제대로 파악할 수 있어서 업무의 우선순위 등 효율성을 높이는 데 도움이 될 것이다. 셋째는 개인 서비스와의 연계이다. 미국 P&G는 사내에서 페이스북이나 플릭커를 활용하고 있다. 이제 소비자와 생산자, 개인과 기업이라는 구별이 사라지고 있음을 의미한다고 하겠다.

최근에는 트위터를 활용하는 것이 아니라 아예 기업 전용의 SNS가 등장하고 있다. 개인용으로 상용화된 트위터 등이 편리하긴 하지만, 보안 등의 이유로 실제 업무상 커뮤니케이션에 활용되는 것이 꺼려질 수도 있기 때문이다. 그래서 기업 전용의 마이크로블로깅 서버를 구축해 단독 제공하는 방법이 등장하는 것이다. 예컨대 2009년 11월 세일즈포스닷컴은 트위터와 페이스북 아이디어를 접목해 기업 전용의 클라우드 기반 SNS인 '채터chatter'를 개발했다. 2010년 6월, 모바일 버전인 무료의 '채터모바일'도 발표되었는데, 이는 안드로이드 단말과 아이패드, 아이폰, 아이폰터치, 블랙베리 등을 지원하며, 2만여 개 기업들이 이미 도입한 상황이다. 이후 야머, 프리젠틀리, 소셜텍스트 등이 기업 전용 서비스들을 잇달아 출시하게 된다.

모바일컨버전스 패러다임에 편승하기 위해 기업들은 자사 상품이나 서비스

▲ 세일즈포스닷컴의 채터

를 유통시키는 새로운 마케팅 기법을 지속적으로 개발해야 한다. 마이크로블로그, SNS가 이제는 기업의 마케팅 툴로도 자리를 잡는 모습이다. 트위터 사례를 보니 기업 공식 사이트로의 유도를 위해 활용되고 있다. 일본 아사히신문은 공식 트위터 계정인 '앳아사히@asahi'를 통해 공식 사이트에 게재하고 있는 기사 헤드라인과 URL을 팔로어들에게 전송하고 있다. 아사히신문의 팔로어는 2010년 4월 35만 7000명으로 6개월 전보다 두 배나 증가했다.

트위터는 기업이 제공하는 제품 홍보나 이벤트 공지, 점포 정보 발송에도 활용된다. 일례로 델은 트위터 계정(www.dell.com/twitter, 28개 트위터 계정 운영 중)을 통해 2007년부터 2년 간 300만 달러 매출을 달성했다. 이는 주로 최신 제품 홍보나 뉴스, 할인 정보, Q&A 서비스를 제공한 결과이다. 스타벅스도 트위터를 통해 "이번 주말 오후에 스타벅스 디지털팀에서 파티를 열 거예요"라는 식의 이벤트 메시지를 보내 고객과 친구 같은 관계를 형성하는 데 성공한다. 호주의 청바지회사 리바이스도 '아이 스파이 리바이스 spy Rivis'이벤트를 개최해 자사 청바지 모델의 위치정보를 트위터에 남기고 모델들을 찾아낸 참여자에게 해당 청바지를 선물했다. 또한 미국에서 한국풍 타코를 판매하는 '고기Kogi'라는 노점상도 트위터 계정(@kogiBBQ)을 통해 점포 위치를 발신하고 있으며, 이를 수신한 팔로어들이 매일 밤 트럭 점포로 몰려든다.

트위터는 고객접점 확대와 고객 서비스 지원에도 활용된다. 델은 제품 홍보 외에도 고객과의 커뮤니티 형성을 목적으로 엣델라운지(@DellLounge), 엣델디지털라이프(@DellDigitalLife) 등의 계정을 개설해 2010년 5월에 1만 2000건 이상의 피드백을 수집했으며, 이 중에서 350건의 아이디어를 실행에 옮겼다고 한다.[55]

미국의 저가항공사인 제트블루도 2007년부터 트위터를 활용하고 있다. 일례로 공항에 일찍 나온 고객이 "짐을 부치려는데 직원이 없네요"라고 트위터에 글을 올리면, 기업은 즉각 조치하고 트위터에 조치사항을 알려준다. 이 밖에 기업은 싼 항 공료 이벤트를 트위터를 통해 고객들에게 실시간으로 공지하기도 한다. 유료방송 사인 컴캐스트도 온라인 콜센터를 운영하는 팀에게 트위터를 이용해 고객 응대를 신속히 하게 함으로써 기업의 평판을 올리는 데 활용하고 있다. 국내의 AK플라자 는 트위터 계정을 통해 이벤트를 열고 고객들과 실시간 소통함으로써 계정 오픈 이 후 대표번호로 오는 문의 전화가 15%나 감소했다.

이상에서 소셜미디어를 기업경영에 활용할 수 있는 가능성을 트위터 사례에서 살펴보았다. 기업이 트위터 등의 SNS를 기업경영에 잘 활용하기 위한 몇 가지 고려 사항들이 있다. 삼성경제연구소[56]에서 제시하는 네 가지를 소개한다.

첫째는 사고 틀의 전환이다. 특히 기업에 우호적 이슈를 만드는 일이 중요하며, 그 주체는 기존의 대중매체가 아니라 네티즌이라는 사고 틀이 필요하다. 제프 자비 스에 의해 만들어진 델에 대한 부정적 이슈 사례가 대표적이다. 이 경우는 물론 잘 못된 정보는 아니었다. 하지만 진실과 다른 정보가 유포되거나 과장될 경우 기업에 미치는 영향은 치명적이다. 따라서 기업은 경영활동과 제품에 대해 고객과 끊임없 이 소통해야 하며, 특히 SNS 이용자들의 자발성을 존중해야 한다. 기업의 역할은 소통의 생태계가 조성되도록 촉매제 역할을 하는 것이며, 그 선을 넘어서는 안 된 다는 말이다.

둘째는 운영 주체와 역할의 명확화이다. 소통의 질을 제고하기 위해 전담인력을 전문화해야 하며, 외부와의 소통에 임직원 모두가 참여하게 하는 것이 필요하다. 썬 마이크로시스템즈는 전 임직원의 기업 블로그 활동을 적극 장려하여 고객, 협력업 체, 개발자 등 외부와의 소통 기반을 구축했다. 또한 외부 소통 시의 리스크를 최소 화하기 위해 가이드라인을 수립하여 전 직원이 공유할 필요가 있다. 일례로 IBM은 '소셜미디어 활용에 관한 가이드라인(www.ibm.com/blogs/zz/en/guidelines.html, 기밀

준수, 발언의 소중함, 출처 명시, 비방 금지 등 제시)'을 작성해 전 직원뿐만 아니라 홈페이지를 통해 외부와도 공유하고 있다.

셋째는 소통 콘텐츠의 다변화이다. 경직되지 않은 자연스러운 소통을 위해 기업 활동과 관련된 흥미로운 내용을 소통 콘텐츠로 활용하고 기업 외부 활동까지 콘텐츠 범위를 확장하고 구체화할 필요가 있다. 예컨대 SNS의 특징을 고려하여 재무성과 정보를 필요로 하는 투자자들에게 발신하고, 다양한 친(親) 고객활동을 콘텐츠화하여 환경보호나 지역공헌 등에 기업이 역할을 담당하고 있음을 알리는 것이다. 또한 무엇을 소통할 것인가에 못지않게 중요한 사항이 어떻게 소통할 것인가이다. 브랜드 앱 사례에서도 보듯이 SNS를 활용하는 데 있어서도 재미를 추구하고 진솔한 자세를 보이며 신속히 응대하는 등의 자세가 기본 원칙이 된다.

넷째는 미디어의 통합적 관리이다. 매스미디어와의 통합적 관점에서 소셜미디어를 활용함으로써 시너지 효과를 극대화할 수 있다. 예컨대 에비앙은 젊은 브랜드 이미지를 구축하려고 2009년에 '에비앙 롤러 베이비즈Evian Roller Babies' 캠페인을 진행했다. 매스미디어 외에 유튜브, 트위터, 페이스북 등의 SNS를 적극 활용했다. SNS 간 통합적 관리를 통해서도 이용자 편의성 제고와 확산 효과를 극대화할 수 있다.

에비앙 롤러 ◀
베이비즈

인텔은 기업 블로그를 중심으로 트위터(팔로어 2만 명), 페이스북(친구 12만 5000명), 디그, 유튜브 등을 상호 연동시켜 주요 콘텐츠를 공유하게 했다. 사업영역, 제품 및 서비스, 소통 대상, 지역별로도 SNS 세분화가 필요하다. 지역별 별도 계정 운영 사례로 IBM은 기업 트위터 운영 시에 각국 지사별로 자체 계정을 개설하여 현지 밀착형 소통을 추구하고 있다. 지역뿐만 아니라 제품, 서비스 단위로도 별도 소통채널을 개설해 이슈를 명확히 하고 전문성을 강화하는 것도 아울러 필요하다.

자동차와 M2M,
모바일플랫폼이 하나로 뭉친다

IT의 발달로 자동차에 장착되는 IT 하드웨어와 소프트웨어의 비중과 중요성이 증가하고 있음은 이미 주지하는 바이다. 일례로 도요타의 하이브리드자동차인 프리우스의 경우 전자부품이 자동차 총 원가에서 차지하는 비율이 절반에 육박할 정도이니 말이다. 여기에 모바일 태블릿, 내비게이션 등 정보기기, 안전용 센서 등의 탑재가 확대되면 그 비중은 더욱 늘어날 것이다. 스마트폰을 기점으로 한 모바일컨버전스 빅뱅 이후 산업 간 컨버전스가 다시 고개를 들고 있다 특히 주목되는 컨버전스는 모바일과 자동차, 그리고 M2M_Mashine to Mashine 간 삼중주이다.

무선 네트워크의 보급과 위치기반서비스, 센서 등의 발달로 M2M 플랫폼의 역할이 커지고 있다. 이는 사람 간의 통신이 아니라 사물 간의 통신, 즉 단말 간 통신이다. 단말의 발달과 그 수의 증가로 단말과 단말, 지점과 지점 간 무한한 포인트들에서 정보가 수집되고 저장되는 일이 비일비재할 것이다. 앞서 언급했지만, 대량의 정보처리를 효율적으로 관리하게 하는 클라우드 컴퓨팅 기술이 서비스화하면서 정보처리는 더욱 용이해지고 있다.

에릭슨(2010)에 의하면, 자동차 등에 모바일 통신 단말들이 탑재되면서 무선 브로드밴드에 접속하는 M2M 단말 수가 2014년에 무려 500억 개를 넘을 것으로 예측된다. 국내에서도 방송통신위원회의 집계 자료를 보면, 2010년 6월 현재 M2M 가입자 규모가 6000만 회선 이상이나 된다. 기기 간 통신에 기반하여 시스템 운용비용 절감과 효율화, 생산성 향상을 목적으로 하는 사물 통신 M2M이 자동차나 물류, 디지털 사이니지 등으로 확산되고 있다. 먼저 자동차와 M2M의 결합은 차량의 효율적 관리와 유류비용 절감 차원에서 자동차업체들에게 주목받는 트렌드가 되고 있다.

MWC2011에서도 M2M에 대한 논의와 함께 사례로 자동차가 제시되었다. 한 세션이 "닷의 연결? A360? 제조사의 시각"이라는 주제로 개최되었는데, 토론자로 퀄컴 회장과 노키아, RIM, 도코모 사장이 나왔다. 퀄컴 회장에 의하면, 2014년까지 70%의 가전제품이 통신모듈을 탑재해 인터넷 커넥티드Internet Connected된다고 한다. 도코모 사장에 의하면, 일본의 M2M이 급속히 성장 중이며 도코모의 시장점유율이 40%를 차지한다. 그는 "도코모는 지난 10년간 이동통신의 가능성을 추구했지만, 향후 10년은 모바일 커뮤니케이션 중심의 포괄적 서비스업체를 추구하는 것을 목표로 삼는다"고 비전을 제시했다.

2장에서 개인 드라이버를 즐겁게 하거나 편리하게 해주는 텔레매틱스 앱들을 소개한 바 있다. 자동차와 관련한 텔레매틱스 앱의 종류는 다양해지고 있다. 앞서 언급한 드라이버에게 즐거움과 편리함을 주는 인포테인먼트, 원격조종, 내비게이션, SNS 외에 안전과 관련한 원격 차량진단, 비상호출, 가장 대시보드, 운전행태 모니터링 등도 있다.

이러한 다양한 서비스 앱들이 탑재되는 환경을 이제는 자동차기업들이 직접 조성하기 시작한다. 포드가 MS와 협력해 2009년에 만든 자체 플랫폼인 '싱크'는 자사가 제조한 자동차 내부에 구축된 와이파이에 USB 모뎀을 연결하여 와이파이 핫스팟을 만들었다. 즉, 무선통신이 가능해져 2010년 출시되는 포드자동차를 대상으로 제공되기 시작했다. 포드의 운전자는 음성 및 TTS Text to Speech 기술을 통해 전화통화, 음악 감상, 경로 안내, 뉴스 및 기상정보 습득 등 통신과 엔터테인먼트, 정보 서비스를 제공받는다. 이를 통해 포드 고객이 전방을 주시하지 않는 시간이 1/4 수준으로 단축되었다.

▲ 포드의 싱크

　2장에서 언급했듯이 싱크는 개방형 생태계를 추구하여 API를 공개했으며, 제3자 앱 개발 지원 차원에서 학생 공모를 하는 등 앱 개발 환경을 적극 조성 중이다. 2011년 1월, 자체 앱도 출시했다. 앱을 통해 운전자는 차량의 주행 상태에 대한 정보를 얻거나 스마트폰을 내비게이션 대신 이용 가능하다. '싱크 앱링크' 앱을 이용하면 트위터의 업데이트 메시지를 차량 내에서 확인 가능하다. (이에 대한 자세한 내용은 2장을 참조하기 바란다.)

　2011년 초, 도요타도 내장형 자체 플랫폼 '엔튠'을 발표했다. 이는 2011년형 일부 모델에 장착될 예정이다. 엔튠은 도요타가 이미 추진 중인 '세이프티 커넥트' 텔레매틱스 프로젝트의 연장선이다. 이 프로젝트에는 자동차 사고 통지 서비스, 도난

▶ 도요타의 엔튠 플랫폼

차량 위치추적 서비스, 긴급출동 서비스, 노견지원Roadside Assistance 서비스 등이 포함
된다. 도요타는 세이프티 커넥트와 엔튠을 결합해 안전과 재미를 동시에 주는 고객
가치를 제고할 계획이다.

　엔튠은 스마트폰과 자동차가 M2M으로 무선망으로 연결되어 차량 내 엔터테인
먼트, 내비게이션, 정보 서비스 등이 가능한 만능 플랫폼이 되는 것이다. 엔튠은 특
히 음성인식 솔루션을 통해 핸즈프리 형태로 콘텐츠에 접근할 수 있게 하고, 웹에
접속 가능한 스마트폰과 블루투스를 통해 연결되어 실시간 교통정보, 날씨, 뉴스
등의 정보는 물론 판도라, 무비티켓닷컴 등 다양한 앱을 이용할 수 있다. 엔튠은
RIM의 태블릿인 플레이북과 동일한 QNX OS를 채택하고 있으며, 안드로이드 단말
이나 아이폰, 블랙베리 등의 스마트폰들과도 호환된다. 이 서비스의 이용자는 스마
트폰과 연동해 차량 내에서 인터넷에 접속하고 판도라를 이용하여 음악을 듣거나
온라인 사이트에 접속해 식당도 예약하고, 음성으로 MS 빙을 통해 다양한 정보를
검색할 수도 있다.

　이처럼 이미 선도적 자동차업체들은 모바일과 M2M 환경을 기반으로 스스로 앱

스토어나 자체 플랫폼을 구축하여 자사 고객가치를 제고하려고 노력 중이며, 자체 앱 개발에도 매우 적극적이다. 최근 국내의 현대자동차도 이 대열에 들어가 자체 텔레매틱스 플랫폼인 '블루링크'를 발표했다. 이는 음성검색 기능을 비롯해 트위터 등 SNS, SMS, 이메일 서비스를 이용 가능하게 하며, 댁내에서 PC로 자동차의 주행 상황을 추적하는 것도 가능해질 전망이다.

API 개방화 추세에 맞추어 자동자 제조업체들이 직접 앱스토어를 개발한다. 차량용 앱 개발자 커뮤니티인 엠피쓰리카닷컴은 2010년 9월 11일 개방형 차량용 앱 스토어 '오토앱마트Auto App Mart'를 출시했는데, 이는 자동차 제조업체들이 구축한 플랫폼이다. 이를 기반으로 운전자들의 정보와 엔터테인먼트 니즈를 충족시킬 차량용 앱 개발자들을 지원하는 것이 목적이다. 최근에는 IT기업들도 앱스토어 출시에 가세하는 등 개방화 트렌드에 맞추어 주체가 누가 되든 모두 차량에 다양한 모바일 콘텐츠 서비스가 결합된 시장에 주목하기 시작한다.

자동차가 직접 앱스토어나 미디어 플랫폼 역할을 하게 된 배경은 무엇일까? 무엇보다도 더욱 치열해진 자동차시장 경쟁에서 스스로가 서비스 차별화를 통해 고객을 잡아두어야 하는 상황이 전개되고 있기 때문이다. 또한 2장에서 이미 언급한 텔레매틱스 앱의 등장과 무선망의 일상재화, 그리고 M2M 등 통신모듈 가격 하락으로 더욱 수월해진 스마트폰과 자동차 간 연계 등이 총체적으로 작용하고 있다.

M2M을 활용한 자동차업계와 보험업계 간 협력도 가능하다. 보험업계는 고객가치를 혁신하고 서비스를 차별화한다는 차원에서 차량용 M2M 앱과 주행 정보들을 수집하여 보험료 인하의 근거 자료로 제시할 수 있다. 이로 인해 보험 가입자들의 편익이 도모된다. 예컨대 미국 프로그레시브는 M2M 단말에 탑재되는 '마이레이트My Rate' 앱을 통해 고객의 주행 관련 정보가 보험사에 바로 전송되게 한다. 차량의 제동, 가속 빈도 등의 정보가 탐지되고 차량 주행시간뿐 아니라 월별 주행거리까지

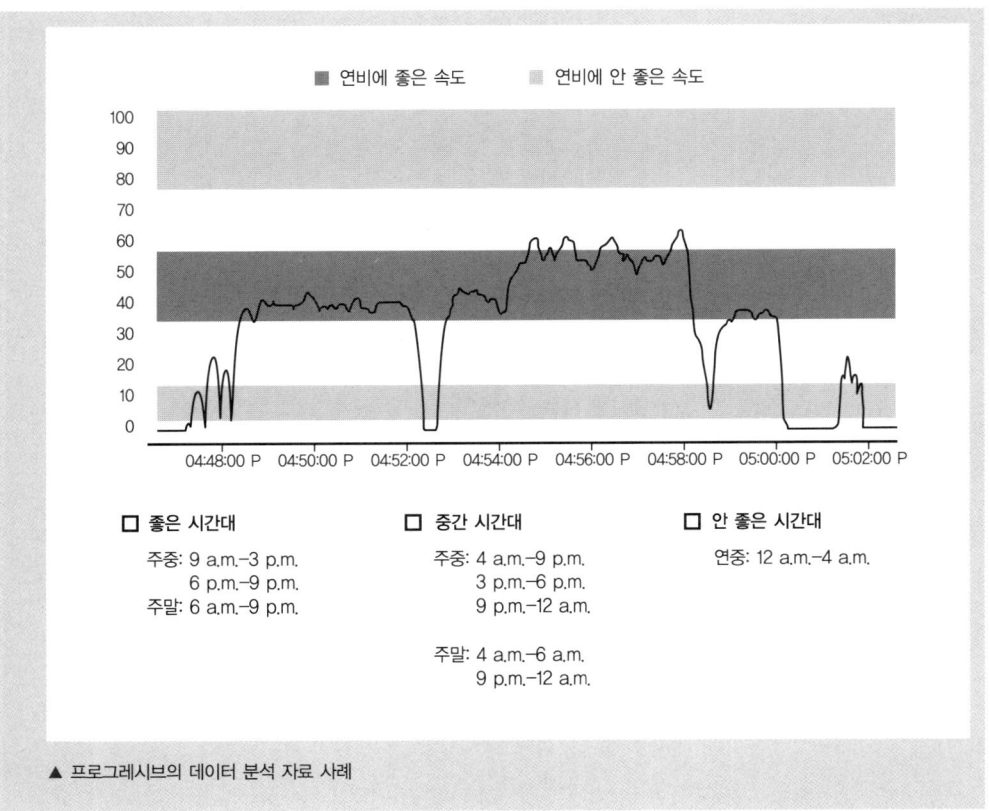

□ 좋은 시간대
　주중: 9 a.m.–3 p.m.
　　　　6 p.m.–9 p.m.
　주말: 6 a.m.–9 p.m.

□ 중간 시간대
　주중: 4 a.m.–9 p.m.
　　　　3 p.m.–6 p.m.
　　　　9 p.m.–12 a.m.

　주말: 4 a.m.–6 a.m.
　　　　9 p.m.–12 a.m.

□ 안 좋은 시간대
　연중: 12 a.m.–4 a.m.

▲ 프로그레시브의 데이터 분석 자료 사례

도 측정된다.

　프로그레시브는 앱이 전송한 데이터를 컴퓨터로 분석해 안전하게 주행한 고객에게 보험료 인하 혜택을 준다.[57] 이러한 앱은 이용자의 자동차 이용 습관과 보험 관습을 본질적으로 변화시키는 데 도움을 줄 것이다. 또한 보다 정확하고 개인화된 자동차 보험료 책정이 가능하다. 여기에 판도라 같은 음악 앱이 제공되고 SNS로 음악 정보도 공유하는 등의 다양한 콘텐츠들이 앱으로 동시에 개발되면 자동차는 N스크린 시대의 제5스크린으로 부상하게 될 것이다.

모 바 일 컨 버 전 스 는   어 떻 게   세 상 을   바 꾸 는 가

10

정부도 비용절감과 이미지 제고를
: 거번먼트 앱

정부기관의 니즈도 기업의 니즈와 다를 게 없다. 비용절감과 국민의 국가에 대한 신뢰와 충성을 유지하는 일이 정부가 바라는 바이다. 앞에서 클라우드를 통한 정부의 비용절감 노력에 대해 언급한 바 있는데, 다양한 모바일앱 서비스를 통해서도 정부는 비용을 줄이고 국가 이미지를 제고시킬 수 있다.

2010년 영국 지방정부협회에 의하면, 지방자치단체들이 모바일앱과 LBS를 공공 서비스에 도입해 2억 3000만 파운드의 비용절감 효과를 얻었다고 한다. 영국 내 각 시청에서 모바일웹 지도와 GPS 기술을 이용해 쓰레기를 효율적으로 수거하고 있으며, 쓰레기 불법 투기나 공공기물 훼손 현장을 목격한 시민이 사진을 촬영해 지방자차단체에 전송하는 앱도 나왔다고 한다. 버스 운행 상태를 분 단위까지 확인할 수 있게 하는 앱도 생겼고, LBS 기술로 쓰레기 수거 작업의 효율성을 높이는 앱도 등장했다고 한다. 이를 통해 영국은 쓰레기 소비량과 관련 인력의 초과근무가 주는 경험을 했고, 어떤 지방자치단체는 소형 장비를 이용해 작업 과정을 간소화하여 22만

3000파운드의 비용을 절감했다고 한다.[58]

미국 뉴욕 시는 교통, 부동산, 식당 위생을 점검한 결과 시민생활에 도움이 되는 각종 공공정보를 모바일로 제공하기 위해 앱 경진대회인 '뉴욕시티빅앱스New York City BigApps'를 개최한 바 있다.[59]

2010년 들어 국내 정부기관들도 앞 다투어 공공 앱을 선보였다. 문화체육관광부에서는 2월에 '정책투데이' 앱을 정부와 연구기관, 통신기업 협력으로 출시했다. 기상청에서는 날씨 정보를 제공하는데 일반 폰에서 제공되는 날씨 정보에 비해 동네 단위까지 확대하고, 이동 지역의 날씨까지 함께 볼 수 있게 했다. 또한 한국어 맞춤법 검사기는 나라인포테크에서 제공하며 철자, 띄어쓰기 등을 확인할 수 있게 하여 모바일로 글을 쓰거나 문자를 보낼 때 활용하게 했다. 6월에는 기획재정부가 '시사용어사전' 앱을 출시하기도 했다. 이 앱을 출시한 지 한 달 만에 13만 건의 다운로드 횟수를 기록했는데, 중요한 것은 정부기관의 이미지 개선에 한몫을 했다는 점이다.

또한 2011년 설 연휴 때는 국토해양부가 귀성(경)길에 이용자들이 듣고 싶어 하는 음악을 국가 종합교통정보사이트(m.mltm.go.kr/sul)에서 제공하고, 음악은 설 연휴 전인 1월 25~27일 국토해양부 트위터(@Korea_land)에 신청된 곡 중심으로 선정되었다. 지난 설 연휴에는 귀성(경)길 도로정체 여부를 같은 길을 앞서 간 운전자들로부터 확인할 수 있는 '티알오아시스TrOASIS' 앱도 무료로 제공되었다. 이 앱은 같은 방향으로 이동하는 운전자들이 실시간으로 교통 상황을 서로 얘기하며 도로 정체를 피해 갈 수 있게 하는 SNS이다. 애플 앱스토어와 안드로이드 마켓에서 무료로 다운로드 받을 수 있으며, 설날 고향으로 가는 사람들끼리 길벗으로 연결되어 서로에게 필요한 정보를 문자, 사진, 영상, 음성 등으로 주고받을 수 있게 되어 있다. 행정안전부도 2010년 10월부터 건축물대장, 토지대장 등 민원 10종을 스마트폰에서 간편하게 열람할 수 있는 '민원24모바일' 앱을 개시했다.

이처럼 정부도 기업 못지않은 노력을 하고 있다. 개인들의 모바일 라이프스타일에 맞추어 대국민 서비스 방식에도 변화가 일어나는 것이다. 공공서비스를 개선한다든지, 여론을 수렴한다든지, 대국민 대화를 양방향으로 더욱 활성화한다든지 등 모바일컨버전스 기술과 아이디어, 비즈니스 모델들을 활용한다면 그 범위는 무궁무진해질 것이다. 정부는 모바일 네트워크 환경을 개선하는 일에도 열심이다. 즉, 공공 와이파이망을 확충하고, 모바일 기반 행정 서비스를 활성화시키는 데 주력하고 있다. 이외에도 앱 분야의 전문인력 육성을 위해 창업지원센터를 설립하고, 모바일오피스 구축비용에 대해 세제를 지원하는 방안 등도 검토 중이다.

또한 정책적 지원도 모색되고 있다. 규제기관들은 모바일컨버전스 이전에 만들어진 각종 규제가 이후 비즈니스 모델 추진에 장애가 되지 않도록 하기 위해 규제개혁에도 손을 뻗치고 있다. 일례로 금융당국은 공인인증서를 의무적으로 사용하도록 한 규정을 2010년 7월에 폐지하여 모바일결제 활성화가 기대되고 있다. 금융당국은 공인인증서 외에도 암호통신기술ssl, 1회용 비밀번호발생기ott, SMS, 가상식별번호인 아이핀 등 다양한 인증기술을 활용할 수 있도록 허용하는 등 다양한 측면의 정책적 변화가 진행되고 있다.

성공하는 모바일비즈니스의 8가지 패러다임

모바일비즈니스는 장소에 상관없는 편재성, 단말 사용에 따라 타인의 접근을 차단할 수 있는 보안성, 소형 단말을 활용하는 편리성, 사용자 위치정보를 파악하고 활용하는 지역성, 사용자별 서비스 특화가 가능한 개인성 등과 같은 기본적인 모바일 속성을 기반으로 전개되는 비즈니스이다. 인터넷 비즈니스와 기본적으로 유사하지만 모바일 단말을 활용하므로 콘텐츠 및 앱, 수익 기회를 비롯한 비즈니스 모델 측면에서 차이가 있다.

LG경제연구소는 2010년 말 펴낸 《2020, 새로운 미래가 온다》에서 네 가지 미래 비즈니스 형성축으로 고객, 파트너, 기업의 혁신, 그리고 기업의 사회적 역할을 제시하고 있다. 먼저, 고객은 예상을 뛰어넘는 속도로 빠르게 변화하여 기업의 고객이자 동반자이며 파트너로서 개인적 만족을 넘어 사회적 효용에도 관심을 갖는 주체이다. 파트너의 범위도 고객과 공급자 외에 경쟁자와 이해관계자 등에까지 확대되고 있으며, 파트너와의 긴밀한 공존 및 상생 관계가 급변하는 환경 속에서 기업의 사업 경쟁력과 비즈니스 생태계의 지속성을 유지시켜 주는 원천이다. 또 산업과 시장, 지역 간 경계를 넘나드는 초경쟁 시대의 도래로 기업의 창조적 혁신이 사업 경쟁력의 원천이 되고 있으며, 기업은 미래 고객들이 요구하는 다양한 가치를 창의적인 방식으로 제공해야 생존과 성장이 가능하다. 고객, 경쟁자 외의 사회적 이해관계자들의 영향력도 높아지고 있어서 사회적 책임경영은 단순한 CSR 차원을 넘어 핵심 경영코드로 부상하고 있다.

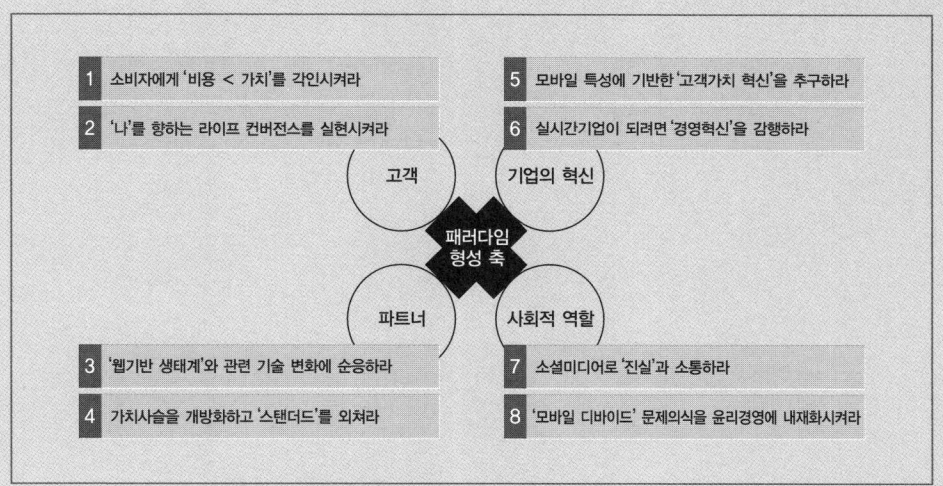

1	소비자에게 '비용 < 가치'를 각인시켜라	5	모바일 특성에 기반한 '고객가치 혁신'을 추구하라
2	'나'를 향하는 라이프 컨버전스를 실현시켜라	6	실시간기업이 되려면 '경영혁신'을 감행하라
	고객		기업의 혁신
		패러다임 형성 축	
	파트너		사회적 역할
3	'웹기반 생태계'와 관련 기술 변화에 순응하라	7	소셜미디어로 '진실'과 소통하라
4	가치사슬을 개방화하고 '스탠더드'를 외쳐라	8	'모바일 디바이드' 문제의식을 윤리경영에 내재화시켜라

▲ 미래 비즈니스 패러다임 형성 축을 중심으로 살펴본 8가지 성공법칙

　　미래의 모바일비즈니스 패러다임을 주도하는 축도 이 네 가지 형성축과 맥을 같이한다. 고객과 개발자, 경쟁사 등 다양한 파트너들과 기업의 고객가치 혁신에 대해서는 앞에서 논의했다. 이 내용을 바탕으로 하여 사회적 역할 부문을 추가해 네 가지 축을 중심으로 여덟 가지 성공 법칙들을 도출했다. 각각에 대해 살펴보기로 한다.

Next IT Revolution

소비자에게
'비용 〈 가치'를 각인시켜라

모바일컨버전스 환경은 끊김 없는Seamless 네트워크를 기반으로 한다. 그래서 개인의 니즈가 반영된 맞춤화된 서비스 교류가 매우 용이하다. 이때 고객이 원하는 서비스에 신속하게 접근하고 편리하게 이용할 수 있는 '플랫폼' 환경 제공이 기업 간 경쟁의 승패를 좌우한다.

'플랫폼'에 대한 이해가 먼저 필요하다. 플랫폼이란 용어는 그동안 광의적 의미로 '서비스의 핵심 기반'이라는 관점에서 다양한 의미로 사용되어 왔다. 이는 응용 서비스 구동을 위한 하드웨어나 OS, 미들웨어 등을 지칭하기도 하며, 하나의 OS나 컴퓨터 아키텍처 또는 그 두 가지를 통칭하기도 한다. 최근 기업들은 '핵심 기반'이 되는 이러한 자산을 외부에 개방하기 시작한다. 그래서 플랫폼 자체가 하드웨어 영역에서 서비스 영역을 지칭하는 의미로 자연스레 변화하고 있다. 개방화 추세로 플랫폼 구축과 활용이 그만큼 용이해졌다는 말이다.

개방형 생태계가 트렌드가 되면서 기업들은 자신이 제공하는 특정 서비스만을 이용할 수 있는 폐쇄형 플랫폼이 아니라 고객이 진정으로 비용$_{Cost}$ 대비 실제 가치$_{Value}$를 감지할 수 있는 다양한 서비스를 제공할 수 있는 개방형 플랫폼 구축을 고민하기 시작한다. 추가적 비용을 최소화하기 위해 기꺼이 개방화 물결에 동참한다. 3장에서 언급했듯이 모바일컨버전스의 진전으로 네트워크와 하드웨어가 범용화되기 시작하면서 앱스토어와 앱 자체가 플랫폼으로 진화하고 있다. 페이스북이나 트위터 등이 대표적이다. 이들은 자체적으로 플랫폼이 되기 시작하면서 나름의 생태계를 구축하는 모습을 보인다. 이때 플랫폼의 핵심 요소는 앱 이외에 콘텐츠 서비스와 각종 솔루션, API 등이 된다.

삼성경제연구소[60]에서 최근 제시된 세 가지 플랫폼 유형들도 이러한 플랫폼 진화의 모습을 여실히 보여주고 있다. 즉 제품 플랫폼, 고객 플랫폼, 거래 플랫폼으로 유

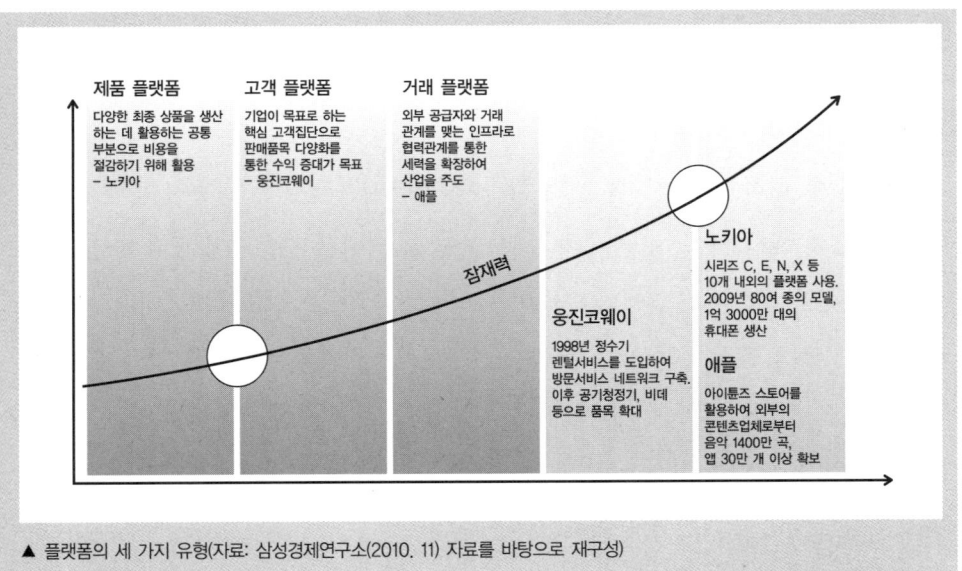

▲ 플랫폼의 세 가지 유형(자료: 삼성경제연구소(2010. 11) 자료를 바탕으로 재구성)

형화되었는데, 결국 플랫폼이 하드웨어에서 서비스로 이동하고 있는 모습이다. 간단히 소개하면, 제품 플랫폼은 다양한 최종 제품을 생산하는 데 활용되는 공통 부문으로 비용절감이 목적이다. 고객 플랫폼은 기업이 목표로 하는 핵심 고객집단을 말하며, 수익 증대가 활용 목적이다. 마지막으로 거래 플랫폼은 외부 공급자와 거래 관계를 맺는 인프라로 산업 주도가 목적이다. 그래서 거래 플랫폼으로 갈수록 플랫폼 활용도는 더 커져 잠재력 또한 높아지게 된다. 애플의 아이튠즈나 페이스북 같은 거래 플랫폼들을 연상하면 될 것이다.

플랫폼이 점차 거래 플랫폼 성격을 갖게 되면서, 플랫폼은 다양한 복수 그룹들을 서로 연결시켜 부가가치를 창출시키게 된다. 자세히 표현하면, 단말의 진화와 네트워크 성능의 향상으로 기존의 실시간 운영시스템RTOS: Real Time Operating System(이벤트 발생

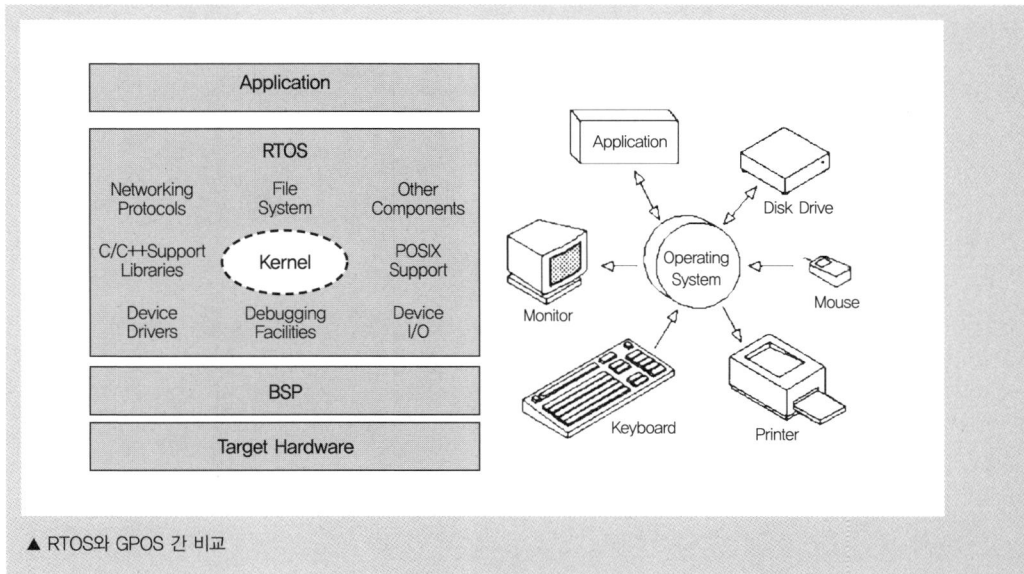

▲ RTOS와 GPOS 간 비교

과 처리가 실시간으로 이루어지는 OS) 중심의 플랫폼 사업이 범용 운영시스템GPOS: General Purpose Operating Systme(범용 OS) 중심의 플랫폼 사업으로 진화하게 된 것이다. 그동안 핵심 자산(하드웨어, 결제 시스템 등)으로 여겨왔던 내부 플랫폼의 의미가 축소되고 있다는 말이다. 피처폰 플랫폼과 스마트폰 플랫폼을 비교하면 쉽게 이해될 것이다. 피처폰 OS는 표준화가 안 되어 있고 제조사별로 각각 제공되어 유지보수에 어려움이 많았다. 이에 반해 스마트폰 OS는 다양한 네트워크와 서비스를 수용하기 위해 고성능 CPU를 탑재하고, 향상된 성능과 서비스 품질과 표준화된 개발 환경을 제공한다.

이제는 기업이 플랫폼을 잘 활용하기만 하면 비용도 절감하고 동시에 시장도 주도하여 수익 증대를 꾀할 수 있다. 특히 거래 플랫폼의 부가가치 창출이 가장 크다면, '비용 < 가치' 실현 차원에서 플랫폼은 많은 연결이 가능케 하는 장을 제공해 교류를 촉진할 필요가 있다. 개발자들과 소비자들로 하여금 각자가 개별적으로 거래할 경우 시간과 비용이 드는 기능을 거래 플랫폼이 대신 제공해주면 된다. 플랫폼은 브랜드가 개발자와 소비자 모두에게 신뢰감을 부여해야 하며, 커뮤니티 형성을 통해 네트워크 효과를 제고시키고 애착심을 고취시킬 수 있다.

부가가치 창출 노력을 통해 플랫폼은 내부 핵심 자산의 활용도를 제고함은 물론 규모의 확장을 통해 타 플랫폼을 압도해나가게 되며, 개방생태계 구축을 통한 네트워크 효과로 타 플랫폼과의 차별화를 이루게 되고, 결국 고객들로 하여금 자연히 '비용 대비 큰 가치'를 느끼게 할 수 있게 된다.

이러한 플랫폼이 전개되게 하려면 필수적 전제조건이 '개방'이다. 애플처럼 개발자들에게 SDK와 API 공개를 통해 생태계를 구축하는 수직적 개방도 가능하고, 경쟁사 간에 기술을 호환하는 등의 수평적 개방도 가능하다. (가치사슬 개방화에 대해서는 5장 4절에서 다룬다.) 고객에게 '비용 < 가치'를 각인시키는 차원의 고민이라면 우선은 수직적 개방이 중요하다. 애플은 이러한 활동을 통해 궁극적으로 개발자인 참여

모 바 일 컨 버 전 스 는   어 떻 게   세 상 을   바 꾸 는 가

자들이 애플 앱스토어에 35여 만 개의 앱을 등록하게 만드는 데 성공했다.

이러한 개방을 밑거름으로 단순 웹기반 SNS가 거대한 거래 플랫폼으로 거듭난 사례도 있다. 페이스북을 보라. 처음 페이스북의 목표는 그저 인터넷을 소셜social하게 만드는 것, 고객을 자사 사이트에 머물게 하는 정도였을 것이다. 이를 위해 내부에 스토리story의 스트림stream을 만들어 페이스북을 많이 소비하게 했다. 예로 사진앱, 뉴스피드, f8, 비이콘(실패함), 커넥트, 라이크 버튼 등이 있다. 고객 참여에 필요한 인센티브를 지속적으로 발굴하여 네트워크 효과를 증대시킨 것이다.

그러나 페이스북도 이것만으로는 불충분하다는 것을 알았다. 이는 고객 플랫폼 수준인 것이다. 플랫폼을 제공한다고 하지만, 고객이 많아지는데 판매자가 같이 증가하지 않으면 언젠가는 고객이 느끼는 가치가 멈출 수도 있다. 궁극적인 '비용 < 가치' 해결책은 확장을 위한 개방생태계 구축이고, 수평적 개방을 의미한다. 즉, 기업 내부에서만 자사 고객을 위해 사용하던 플랫폼을 동종 업계에 개방하는 개념이다. 제조 플랫폼들도 한때 이러한 개방을 통해 비용절감을 이룬 사례들이 있다. 르노, 닛산, 다임러 3사 간, 그리고 BMW와 푸조시트로앵 2사 간 소형차 플랫폼 공유를 통해 비용을 절감한 경우이다.

페이스북도 SNS를 통해 구축한 고객 플랫폼에 게임 등의 새로운 부가 서비스를 추가시켰다. 거래 플랫폼으로의 진화이다. 페이스북은 게임 등의 타 플랫폼들에게 자사 가입자 기반을 아낌없이 제공했다. 페이스북이 만약 자사 고객 증대에만 주력할 생각이었더라면 게임 플랫폼을 끌어들이지 못했을 것이다. 게임 플랫폼이 다양한 앱을 개발해 수익을 올릴 수 있도록 하기 위해 페이스북은 크레딧 같은 결제 시스템도 정비했다. 플랫폼 참여자들이 페이스북 가입자를 기반으로 수익을 얻고 수익의 일부를 다시 페이스북에 제공하여 결과적으로 상호 윈−윈하게 된다.

페이스북은 이처럼 개발자 외에도 직·간접적 경쟁자인 타 플랫폼들에도 페이스북 가입자 정보를 활용할 수 있도록 하기 위해 일찍부터 API를 개방했다. 페이스북 가입자들의 타 사이트 활동이 뉴스스토리News Story로 페이스북 사이트 내의 친구들에게 전파되고, 친구들은 가입자가 링크한 사이트의 콘텐츠 소비를 위해 해당 사이트를 방문하게 된다. 이러한 해결책을 통해 페이스북은 소비자가 지불하는 비용보다 가치가 크다는 것을 소비자에게 보여주었다.

페이스북보다 먼저 출시되었던 마이스페이스는 이상과 같은 플랫폼 진화 마인드와 경쟁력에서 밀려 결국에는 시장에 매물로 나오는 신세가 되었다. 모바일컨버전스 패러다임을 제대로 읽지 못했던 것이다. 모바일 소비자는 이제 '도토리 키재기' 같이 비슷비슷해진 하드웨어 성능보다는 그 속에 담겨 있는 맞춤화된 서비스와 콘텐츠의 질에 더 관심을 갖고 있다.

시장에서 경쟁하려면 소비자들이 자신이 지불한 비용보다 이의 효용가치가 크다고 느끼며 사용할 수 있도록 각인시켜야 한다. 삼성경제연구소(2010. 11)에 의하면, 미래 경쟁의 핵심 이슈는 "다품종 소량생산 및 고객화를 얼마나 낮은 비용으로 달성하는가"이다. 새로운 IT가 계속 등장하고 경쟁은 더욱 심화되며, 소비자는 다품종 소량생산을 원하는 모바일컨버전스 환경이 전개되고 있다. 이제 모든 것을 직접 개발하고 제공하려는 '나홀로' 플랫폼은 경쟁에서 뒤처지게 될 것이며, 소리 없이 사라지게 될 것이다.

필수조건인 개방이 전제되었다면, 모바일 혁신 가치를 염두에 둔 비즈니스 모델들을 끊임없이 개발해야 할 것이다. 《모바일 이노베이션》(김지현, 21세기북스, 2010)이란 책에서 개념화된 '모바일의 혁신 가치'를 보면, 실시간 반응Real time reaction, 근거리 Near time location, 하이브리드 컨버전스Hybrid Convergence, 양방향 멀티미디어Interactive Multimedia, 그리고 상황인식 마케팅Context Aware Marketing 등이다. '모바일' 하면 생각해봄직한 일반적 혁신 가치들이다. 이 다섯 가지가 지속적으로 실현되는 비즈니스 모델들이 나와

준다면 비용을 능가하는 효용가치가 발휘될 수 있을 것이다.

이러한 비즈니스 모델들이 시장에 등장하게 되면, 소비자들의 생활 패턴도 크게 변화할 것이다. PC와 TV에서만 즐기던 서비스가 실시간으로 근거리에서 편리하게 양방향적으로 사용 가능해지고, 이는 끊김 없는 모바일 라이프를 실현시킨다. 소비자는 원하는 곳에서 원하는 시간에 원하는 콘텐츠 서비스를 즐길 수 있다. 상황인식 기반의 모바일 광고 등 사용 환경의 변화로 소비자는 이전보다 더 저렴하고 쉽게 서비스에 접근하게 된다. 이러한 가치 변화는 일상생활을 더욱 풍요롭게 만들어 모바일 라이프를 누리게 할 것이다.

'나'를 향하는 라이프컨버전스를 실현시켜라

앞에서 개방이 '비용 < (효용)가치'의 전제조건이라고 언급했다. 모바일컨버전스 시대에는 '콘텐츠Content-플랫폼Platform-네트워크Network-단말Terminal(이하 CPNT)'간 수직적 구조가 전면적으로 깨진다. 쉽게 표현하면 방송과 통신, 인터넷 콘텐츠가 웹기반으로 융합하는 시대이다. 이는 PC에서 사용되던 OS와 웹브라우저가 모바일과 TV로 확대되면서 더욱 본격화된다. 웹기반 플랫폼을 선점하기 위한 경쟁이 심화되고 개방 물결이 밀려들면서 '나' 중심 라이프컨버전스Life Convergence를 실현시키는 노력들이 요구되고 있다.

삼성경제연구소[61]에서는 기술 중심의 컨버전스와 개인 중심의 컨버전스를 구분한 바 있다. 핵심은 IT 컨버전스의 진화가 기술 중심에서 개인 중심으로 이동되고 있다는 사실이다. 기술 중심에서는 공급자 중심의 매스마케팅 전략이 지배적이었지만, 개인 중심에서는 개인에게 적합한 IT, 콘텐츠, 광고 등이 맞춤화되어 유무선 네트워크를 통해 끊김 없이 제공되게 하는 고객 맞춤형 전략이 지배적이다.

이런 흐름에 맞추어 미디어도 매스미디어에서 점차 개인미디어로 진화 발전하고 있다. 바야Baya와 갠트Gauntt[62]는 매스미디어와 차별되는 개인미디어를 라이프스타일 미디어Lifestyle Media라 칭했다. 이의 주요 특성은 자유와 참여, 역동성 그리고 상호연결 등 네 가지이다. 먼저 '자유'는 미디어 소비자들이 시공간 제약을 넘어 능동적으로 이용할 수 있는 환경이다. 스마트폰에서 제공되는 TV 앱과 티보, 슬링박스 같은 쉬프팅 기기들이 등장하면서 TV 콘텐츠 소비자들은 언제 어디서나 TV를 시청할 수 있다. '참여'는 사회적 네트워크가 잘 활용되어 미디어 소비자들이 코멘트와 창작, 협업, 공유를 할 수 있는 환경이다. 또한 '역동성'을 통해서 실시간 콘텐츠 제공이 가능하다. 마지막으로 '상호연결'을 통해서는 예컨대 특정 동영상 화면에 링크를 걸면 소비자가 클릭하여 상호연결Hyperlinked된 동영상으로 이동하여 흥미를 지속적으로 유지할 수 있게 된다.

개인미디어가 되든 라이프스타일미디어가 되든, 이러한 네 가지 특성들이 발휘된다면 고객에 맞추어진 '라이프컨버전스' 비즈니스 모델들이 창출될 수 있을 것이다. 이를 실현하려면 개인정보 기반의 맞춤형 플랫폼을 구축하고 관련 CRM 시스템을 고도화하는 작업이 우선적으로 요구된다. 즉, 추천 알고리즘을 통한 개인 대상 롱테일 시장을 형성해나가는 것이다. 플랫폼은 개인의 다양한 콘텐츠 이용 이력들을 지속적으로 데이터베이스화하여 소비자 선호에 대한 종합적 분석을 일상화해야 한다. 이를 위해 개인 맞춤형 서버 구축도 필요하다.

TV를 생각해보자. 고객인 '나'를 중심으로 보면, 모바일 환경에서는 기존 채널 상품 개념에서 벗어나 마이My채널 및 콘텐츠 상품 개념으로 바뀌게 된다. (미디어)서버는 다양한 콘텐츠의 메타 데이터를 검색하여 개인에게 적합한 콘텐츠를 파악하고, 방송 규정 및 소비자 특성, 디스크 여유 용량 등을 고려해 프로그램을 선별적으로 저장하며 저장된 프로그램을 동적으로 조합해 마이채널을 생성시킬 수 있다. 개인은 리모컨으로 마이채널을 이용하면 된다. 구글이나 아이튠즈, 유튜브, 아마존, 넷플릭스가 모두 이 방향으로 가고 있다. 모두 '라이프컨버전스' 의 주역들이다.

대표적 사례로 인터넷동영상 사업자인 넷플릭스를 소개한다. 이 기업은 추천 시스템인 '씨네매치Cinematch'를 자체 개발했다. 이것이 바로 미디어서버이다. 이를 기반으로 개인의 콘텐츠 선택 폭은 매우 다양해진다. 씨네매치는 먼저 가입 회원의 DVD 클릭 패턴이나 대여 목록, 그리고 DVD 반납 후의 회원의 평가 점수 등을 기반으로 하여 개인 취향들을 분석한다. 이를 기반으로 고객을 위한 DVD 자동 추천이 가능해지게 된다. 아마존의 추천서적 시스템과 같은 개념이다.

넷플릭스에 따르면(2010), 자사 전체 고객의 60%가 추천된 영화를 이용한 적이 있으며, 90%가 이 추천 시스템에 만족했다고 한다. 넷플릭스는 DVD 이용 행태 데이터뿐 아니라, 이를 토대로 한 평점 및 추천 시스템도 개발했다. 이를 통해 개인 이용자에게 적합한 영화가 추천된다. 이러한 혁신적 시스템은 모든 정보가 '나'를 향한다. 따라서 '라이프컨버전스'를 실현하게 하는 주요 툴이 된다. 또한 이러한 기능들을 통해 넷플릭스는 콘텐츠 수급비용도 절약하는 등 일석이조의 효과를 경험했다. 즉, 넷플릭스는 이 시스템을 통해 그동안 최신작 영화에만 집중되었던 DVD 수요를 롱테일로 확대하는 데 성공한다. 이는 누구보다도 콘텐츠사업자들이 매우 환영할 일이다. 넷플릭스는 콘텐츠사업자들에게 이를 통한 추가적 수입을 제공하여 우호적 관계를 확립했다. 통계를 보면, 2009년 넷플릭스가 하루에 배송하는 200만 개의 DVD 중 75%가 롱테일 영화[63]들이었다.

한편 블록버스터의 콘텐츠 수급 구조는 넷플릭스와 매우 대조적이다. 즉, 대여 DVD의 80%가 신규 영화에만 집중되어 있어 콘텐츠 수급비용이 상승되는 결과를 갖게 되었고, 콘텐츠의 롱테일 시장도 창출하지 못하여 콘텐츠사업자들에게도 많은 혜택을 가져다주지 못한 것이다.[64] 블록버스터는 결국 2010년 9월에 파산하게 된다.

'라이프컨버전스'의 실현은 개인의 콘텐츠 소비뿐만 아니라 광고 소비에서도 가능하다. 개인 이용자의 특성을 제대로 파악하려면 성별과 연령, 직업 등 신상정보 외에도 접속한 시간과 위치정보를 활용할 필요가 있으며, 과거 콘텐츠 이용 이력 분석도 필요하다. 양방향 시스템에서는 광고가 원하는 소비자에게 전달되었는지, 원하는 반응을 유도했는지 등의 효과 측정도 용이하다. IBM 연구소(2006)에 따르면, 광고산업에서도 공급시장이 개방되고 소비자 주도권이 강화되면서 '광고 거래시장'이 부상한다. 소비자는 자신이 선호하거나 혐오하는 광고 유형을 직접 선택할 수 있다는 말이다. 광고비용 대비 효과가 투명하게 공개되는 디지털 광고에서는 온라인 경매를 통해 거래가 더욱 용이해질 수 있다.

고객 맞춤형 타깃광고의 등장으로 광고시장에서도 플랫폼과 롱테일형 콘텐츠 공급자들의 수익 기반이 확대될 수 있다. 앞의 넷플릭스 경우와 같다. 플랫폼은 개인 이용자의 콘텐츠 이용 이력을 추적하며 PC, TV, 모바일기기 등 미디어 접속경로가 다양해져도 이용자의 콘텐츠 이용을 종합적으로 파악할 수 있다. 또한 콘텐츠 자체에 대한 가치 평가에서 한발 더 나아가, 콘텐츠 소비자의 라이프스타일과 가치에 따라 광고비가 개별 책정되게 하여 과거에 저평가되었던 틈새 콘텐츠들의 광고수익 창출도 기대될 수 있다. 이에 대해서는 구글이 독보적이다.

구글은 인터넷의 양방향성에 기반하여 애드워즈 등의 검색광고를 개발했다. 이는 사용자 필요에 직접 대응하므로 최근 수년간 가장 성장한 분야로 평가받는다. 또한 구글은 블로그 등 니치 사이트 문맥을 자동으로 파악해 적합한 광고를 붙이는 시스템인 애드센스를 개발하여 비즈니스 모델을 확대해나갔다. 이제 모바일로 확대 중이다.

고객인 '나'를 향한 라이프컨버전스를 실현시키려는 기업들의 노력이 증가하고 있다. 이는 고객 데이터를 기반으로 하여 미디어 콘텐츠와 광고가 맞춤으로 제공되는 비즈니스 환경에만 머물지 않고, 일상생활 전반을 차지하는 금융 거래나 교육, 의료 등 다양한 서비스 비즈니스 환경으로 확대될 것이다.

'웹기반 생태계'와
관련 기술 변화에 순응하라

웹기반 생태계Web Based Ecosystem가 모바일비즈니스의 환경이다. 여기서 개발자를 포함한 다양한 파트너들이 모바일컨버전스 비즈니스 모델들을 지속적으로 개발하려면 기존 제품이나 서비스들에 다양한 관련 기술들이 별 어려움 없이 접목되어야 할 것이다.

삼성경제연구소[65]는 모바일비즈니스 모델들을 세 가지로 유형화하고 관련 기술들을 제시하고 있다. 첫 번째 유형은 '모바일 정보 제공'이다. 제품과 서비스가 묶이거나, 서비스와 서비스가 묶이는 방식으로 정보가 제공된다. 먼저 제품에 서비스가 묶이는 경우는 주로 범용화된 제품을 차별화하기 위해 서비스를 추가하는 경우이다. 기업이 제품을 출시하면서 이에 유용한 정보를 모바일 서비스로 제공하는 경우가 있다. 이에 필요한 기술로는 GPS 센서 같은 것으로 이를 제품에 부착해 도난을 방지하는 등의 모바일 정보 제공이 가능하다. 3장에서 언급했듯이 욕실제품 제조회사인 이넥스는 백화점과 제휴하여 고객의 용변을 분석한 후 휴대폰으로 건강 상태를 전송해주는 비즈니스 모델을 개발했다. 실시간 네트워크 기술이 필요하며, 제품이 사용되는 상황에 적절한 정보를 제공해 고객이 편리하게 제품을 활용할 수 있게 한다.

서비스와 서비스를 묶는 경우도 있다. 이는 기존의 서비스에 모바일 특성을 가진 실시간 정보 서비스 제공을 추가하는 개념이다. 여기에는 LBS 등이 활용될 수 있다. 제공되는 정보 서비스를 통해 고객으로 하여금 의사결정을 한다거나 문제를 해결하는 역량을 향상시키는 것이다. 예컨대 운송 서비스의 경우 운송 중인 제품의 위치를 실시간으로 파악하여 고객에게 알려 주는 추가 서비스가 가능하고 이를 위해 LBS가 필요하다. 또한 4장에서 언급했듯이 뱅크오브아메리카는 고객이 현 위치에서 가장 가까운 ATM을 찾을 수 있게 도와주는 앱을 출시하여 기존 제공하는 은행 서비스의 활용도를 제고시키고 있다.

두 번째 유형은 '모바일 정보의 활용' 이다. 제품이나 서비스를 재구성하거나 유연한 과금을 주는 방식이 있다. 제품이나 서비스의 재구성은 모바일로 '수집되는' 고객 관련 정보를 적극 활용해 가치를 창출하는 방식이다. 앞에서 언급한 CRM 기반을 구축하는 것이 대표적이다. 스마트폰이나 RFID, GPS 등의 다양한 모바일 센서들을 통해서도 고객 행태 정보를 수집할 수 있다. 예컨대 모바일 센서를 활용해 고객들의 동선을 분석하여 그 결과를 기반으로 매장 내에서 제품 배치를 개선하는 것이 가능하다. (이에 대해서는 4장을 보라.) 모바일로 '수집되는' 고객 관련 정보를 활용해서 과금 방식을 다양화할 수도 있다. 모바일 센서로 수집되는 실시간 정보를 활용하여 1회 판매가 아니라 사용량이나 사용 패턴 등에 따라 과금을 차별화하는 것이다. 예컨대 항공기 엔진 제조사는 자신들이 제조한 엔진에 대해 엔진의 가격을 1회 판매 가격으로 제공하는 대신, 항공사들이 항공기를 운행하는 양만큼 과금하는 방식을 채택할 수 있다.

세 번째로 제시된 모바일비즈니스 모델 유형은 '모바일 인프라의 구현'이다. 이는 하드웨어나 소프트웨어 등 모바일 인프라를 구현하는 것이다. 실제 모바일비즈니스 모델 상용화에 필요한 인프라 제품을 개발하는 것이라고 보아야 할 것이다. 이때 필요한 모바일 관련 기술은 모바일 센서, 음성인식 소프트웨어 등 다양하다. 단순히 위치나 수량 정보를 파악하는 것뿐만 아니라 동영상 정보처럼 과다 트래픽을 유발하는 정보나 진동, 온도, 농도 등 다양한 정보를 동시에 수집하는 초소형 센서 기술 개발이 가능하다. 특히 고객 상황에 적합한 정보를 제공하기 위해 다양한 UX 기능을 갖는 모바일 단말들이 더욱 증가할 것이다. 예컨대 야외에서 많이 이용되는 모바일 화면이 햇빛 속에서도 잘 보이게 하는 슈퍼 아몰레드 같은 디스플레이 기술이 등장했다. 이용자의 동작이나 음성을 인식해서 관련 정보를 제공해주는 기술도 등장했다. 구글의 모바일 음성검색은 2010년 8월 현재 미국 안드로이드폰 검색 4건 중 1건을 차지하고 있다.

이상에서 살펴본 모바일비즈니스 모델 유형별 관련 기술 활용 사례들은 모두 웹기반 생태계 내에서의 관련 기술 채택을 뜻한다. 앞서 수차례 언급했듯이 이북, 게임, SNS 등이 거래 플랫폼화하고 있고, 2010년 9월 TV와 웹이 결합된 구글TV가 출시되는 등 PC 및 모바일 웹기반 생태계가 TV로 급속히 확산되고 있다.

이제는 음성 서비스조차도 웹기반 비즈니스 모델을 지향하는 방향으로 진화 중이다. 스카이프는 한때 "VoIP는 죽었다"라고 발표할 정도로 음성 서비스 VoIP의 한계를 절감한 바 있다. 모바일 환경을 맞이하면서 스카이프는 이를 다양한 웹 서비스들과 결합시켜 가치를 창출하기 시작한다. 스카이프는 SDK를 공개하고 페이스북과 우호적 관계를 맺어 실시간 속성을 지닌 SNS와 음성의 만남에 기대하고 있다. 선도적 통신기업들도 VoIP를 끌어안는 모습을 보이며, 이동통신망이 all-IP망인 LTELong Term Evolution로 진화할 것에 대비하여 데이터 정액제의 매력도도 높이고 가입자 락인을 위한 선택지로 VoIP를 채택한다. 버라이존과 KDDI는 스카이프와도 제휴를 맺고 있다.

결국 모든 서비스와 네트워크, 단말은 웹으로 통하게 된다. 3장과 4장에서 언급했듯이 더 나아가 인터넷은 클라우드 기술과도 접목되면서 모든 서비스와 네트워크, 단말을 아우르는 융해점이 되고 있다. 이러한 웹기반 생태계 조성을 위해 이제 플랫폼들은 제3자들에게 호의를 주는 앱스토어 활성화를 위해 다양한 관련 기술들을 채택한다. 가치사슬상 단말사업자는 인터넷 이용에 최적화된 인터넷 커넥티드 단말을 개발했고, 통신사업자는 웹기반을 수용하면서 요금제 변화와 LTE 등 차세대 네트워크 도입을 추진하며, 제3자인 개발자들과 콘텐츠기업들은 인터넷을 통한 본격적 컨버전스 서비스 제공을 시험 중이다. LBS 기반 검색, SNS, 증강현실 기반 LBS 등이 대표적이다. (이에 대해서는 3장과 4장을 참조하기 바란다.)

가치사슬을 개방화하고 '스탠더드'를 외쳐라

자신이 속해 있는 가치사슬 생태계를 풍요롭게 함께 가꾸어나간다면 자신의 성장은 물론이려니와 자신이 속해 있는 생태계 참여자들에게 혁신에 필요한 기술과 역량을 제공하고 공유하여 생태계 전반의 생산성을 증대시키게 될 것이다. 그러려면 고객과 공급업체, 경쟁사, 나아가 NGO 같은 사회적 이해관계자들까지도 경쟁우위 창출을 위한 전략적 파트너들로 인식되어야 한다. 개방을 무시하고 더 많은 가치를 혼자서 독식하려고 경쟁을 벌이는 것은 비즈니스 생태계 전반의 생산성을 오히려 저하시키는 요인이 된다. 인터넷 비즈니스 생태계에 대해 하버드대학의 이안스티Iansti와 레비엔Levien은 이렇게 주장한다. 이들은 2004년 〈환경으로서의 전략〉[66]이라는 논문에서, 1990년 인터넷 기업들의 배타적 전략이 생태계 전반의 생산성 척도라 할 수 있는 투하자본이익률ROIC을 저하시켜 2000년대 초반 IT 버블 붕괴를 계기로 동반 몰락했다고 분석한 바 있다.

생태계 전반의 생산성 향상과 산업 성장을 위해서는 무엇보다도 이에 맞는 거래 플랫폼비즈니스 모델이 필요하게 된다. 여기서 고객은 비용 대비 높은 효용가치를 발견하게 된다. 이러한 고객과의 관계 성립이 진행된 후에 거래 플랫폼에게 더욱 필요한 것은 파트너들 간의 다양한 협업 모델이다. 다양한 개발자들이 혁신적인 아이디어를 짜내고 개발하여 비즈니스 모델화시킬 수 있도록 필요한 기술들을 받아들이는 작업도 필요하다. 그렇다고 해서 단순 '퍼주기식' 개방만으로 성공적 비즈니스 모델이 구현되는 것도 아니다. 생태계 구성원으로서 함께 개발비용과 리스크를 공유함으로써 '같은 배에 타고 있음'을 공감하고 신뢰를 기반으로 공동의 전략적 비전들을 구축해나가는 작업이 전제되어야 한다. 모바일컨버전스가 개화되면서 이러한 모습들이 여기저기서 감지되기 시작한다.

먼저는 통신기업들의 움직임을 보자. 2010년 2월 MWC2010에서 이동통신사 중심 앱 개발 및 배포를 위한 슈퍼 앱스토어 WAC_{Wholesale Applications Community}*이 발표되었다. 그 이후 질JIL: Joint Innovation Lab과의 협력이 진행되어 2011년 1월에 57개 업체들이 참여하는 단체로 성장했다. 이러한 단체가 탄생하는 이유를 어디서 찾아야 할까? 언뜻 판단하기에는 가치사슬상에서 서로 수평적 경쟁관계를 형성하고 있는 이동통신사들이 왜 이러한 협력구도를 가져가는가에 대해 의문을 제기하게 된다. 당시의 설립 배경은 매우 단순하다. 애플과 구글이 독점할지도 모르는 상황에서 당황한 통신기업들이 각자 OS를 개발해야 하는 상황을 맞이한 것이다. 서로 경쟁관계에 있지만, 이동통신기업들도 우선은 개발자들이 선택할 또 하나의 선택지를 스스로 마련해야 하는 상황에서 OS의 파편화 현상을 막기 위해 연합전선을 구축한 것이다. 하지만 이들의 노력의 결과는 사뭇 다른 모습으로 나타나고 있다.

---

* WAC은 2010년 2월 발족하여 7월에 법인화된 비영리단체로서 특정 단말이나 플랫폼에 의존하지 않는 개방형 앱 개발 환경 구축을 목적으로 하고 있다.

WAC 발족 이후 이동통신기업 간 협력 모델로만 끝나지 않고, 2010년 말이 되면서 후지쯔, 샤프, 소니에릭슨 등 거물급 단말업체들도 참여하여 57개 업체로 증가하게 된다. 이는 글로벌 수준으로 진행 중인 기술혁신 정보를 조기에 흡수하여 경쟁력 있는, 또는 표준화된 단말을 개발하겠다는 단말업체들의 의지가 반영된 것이다. 처음에 경쟁사 간 연합전선 수준에서 시작된 가치사슬 개방화가 수평적 · 수직적 관계에 있는 사업자들 간의 다양한 협력 모델로 발전하게 된 것이다.

▲ MWC2011에서 선보인 KT-LG전자의 WAC 2.0

WAC의 이러한 개방화 움직임으로 급기야는 GSM 통신기업 연합체인 GSMA의 One API가 WAC 참여 이동통신기업들의 네트워크 API 공개를 위한 표준으로 승인되기에 이른다. 이는 웹앱 개발자들이 통신기업의 네트워크 정보와 기능을 활용해 가입자들이 더 쉽게 다가갈 수 있게 할 것이며, WAC에 소속되지 않은 타 통신기업들의 API 개방을 촉진하는 역할을 하게 될 것이다.

WAC 움직임과 유사하게, M2M 단말 영역에서도 다양한 통신기업들과 하드웨어 업체 간 제휴 움직임이 일고 있다. 이는 OS나 SDK 등 소프트웨어 개발에 적용된 개방 플랫폼 방식이 하드웨어에도 확산되고 있음을 의미한다. 메이저 단말업체가 아니더라도 누구나 다양한 단말을 만들 수 있는 환경이 조성되는 것이다. 예컨대 2010년 10월 미국 버라이존과 버그랩스 간의 제휴가 성사된다. 버그랩스는 완제품 단말을 생산하는 업체가 아니라, 레고처럼 조립하여 다양한 종류의 제품을 제작할 수 있는 단말 부품들을 만드는 기업이다. 즉 버그랩스는 카메라, 스크린, GPS, 무선 기능 등 각각의 고유 기능을 가진 오픈소스 모듈을 공급하고 있다. 가장 기본인 버그베이스는 손바닥만 한 크기로 ARM 기반의 프로세서, 와이파이, 블루투스 등을 제공하며, 개발업체가 임의로 다양한 센서와 i/o 어댑터, GPS, 카메라, 모션센서 등을 통합시킬 수 있다.

버라이존은 버그랩스와의 제휴를 통해 버그랩스가 제공하는 통신모듈에 대해 사전 인증을 실시하고, 이를 탑재해 개발한 단말은 인증 과정을 생략할 계획이다. 이 제휴에 이어 버그랩스는 AT&T, 스프린트와도 연달아 제휴를 체결하여 단말의 개방화 바람을 몰고 오게 되었다. 향후 엄청난 수의 M2M 단말이 쏟아질 것으로 예상된다. (이에 대해서는 4장에서 언급했다.) 이동통신업체 입장에서는 수많은 단말들을 인증하기 위해 부담할 비용과 시간을 절약한다는 장점을 가진다. 이들은 넷북, 태블릿 등 데이터통신 중심 단말들이 잇달아 쏟아지면서 단말 테스트에 대한 부담을 느끼고 있다. 표준화된 통신모듈에 대한 인증만으로도 비용이 크게 절감될 것이다. 표준화로 인해 다양한 니치 단말 개발과 출시가 용이해지면, 2장에서 언급한 대로 디버전스 시대가 열릴 것이다. 콘텐츠업체들도 하드웨어 생산에 신경을 쓰는 대신, 오직 아이디어와 서비스만으로 비즈니스 모델을 창출할 수 있는 기회를 갖게 될 것이다. 그렇게 되면 M2M 단말 시장도 하드웨어보다는 더욱더 콘텐츠 중심으로 재편될 가능성이 열리게 된다.

모바일결제 부문에서도 이와 비슷한 유형의 개방생태계 내 협력과 표준화 움직임이 일고 있다. 이도 우선적으로는 구글과 애플에 대한 대응 차원에서 시작된다. 2010년 말, 경쟁 관계에 있는 미국의 버라이존과 AT&T, 그리고 T모바일(2011년 3월 AT&T와 합병됨) 3사가 2장에서 이미 언급한 근거리무선통신을 활용한 모바일결제 사업을 추진하기 위해 합작사인 이시스ₛᵢₛ를 설립한다고 발표했다. 이 회사는 통신3사 간 표준화된 공통 금융 인프라 구축을 주목표로 하며, 단일 플랫폼 표준화를 통해 각사는 자신들의 자체 플랫폼에서 NFC 기반 앱 확산을 꾀할 수 있게 된다.[67] 이 합작사에는 미국 4위 신용카드사인 디스커버파이낸셜서비스와 영국의 금융업체인 바클레이즈가 함께 참여하고 있다.

이를 계기로 2011년 2월에는 GSM 통신기업 연합체인 GSMA가 성명을 통해 전 세계 16개 이동통신기업이 2012년까지 NFC 상용 서비스를 도입할 예정이라고 발표했다.[68] 이에 협력하는 국내 기업은 KT와 SKT이며 소프트뱅크(일본), 차이나유니콤(중국), 바티(인도), 보다폰(영국), DT(독일), 텔레포니카(스페인), 텔레콤이탈리아(이탈리아), 아메리카모바일 등이 협력한다. NFC 칩을 내장한 스마트폰을 전용 리더기에 대면 다양한 상품을 구입할 수 있어서 결제 시스템으로 매우 유용하다. 시장조사 업체인 IE마켓리서치(2011. 2)에 의하면, 2014년까지 모바일 단말들을 통해 1조 1300억 달러 규모의 결제가 이루어지고 이 중 NFC가 30% 이상을 차지할 것으로 전망된다.

수년 전 국내에서 경쟁적으로 보급된 모바일 통신기업 중심의 모바일결제 플랫폼들은 모두 표준화를 무시한 채 시장을 홀로 독식하려다가 실패한 경험들을 가지고 있다. 이안스티와 레비엔의 말대로 모바일웹 생태계에서는 독식으로는 성장을 보장받을 수 없다.

SNS 등 서비스 플랫폼상에서도 다양한 개방화가 진전되고 있다. 수평·수직적 개방생태계 조성의 선두에 선 페이스북 등에 대해서는 앞에서 이미 여러 번 언급했다. 최근에는 국내 포털들 간의 SNS 경쟁이 과열되면서 네이버, 다음, SK컴스 등 주요 포털들이 플랫폼 개방화에 동참하는 모습을 2010년 말부터 보이기 시작했다. 다음과 SK컴스는 구글 오픈소셜에 합류했고, NHN은 독자적으로 API 개방 방침을 발표한 바 있다.

인터넷 동영상 유통 플랫폼들도 개방화에 적극적이다. 앞에서 언급했듯이 넷플릭스가 선봉자이다. 넷플릭스는 CRM, SNS 기반의 고객가치 제고뿐 아니라, CP의 수익을 보장해주는 생태계를 구축하고 있다. 예컨대 프리미엄 계약을 체결하지 않은 일반 CP에게는 DVD 발매 이후 온라인 동영상 서비스로 제공하기까지 홀드백 holdback 기간을 두어 DVD 판매수익을 보장해 참여를 유도했다. 넷플릭스는 구글, 애플, MS 등의 경쟁사 플랫폼뿐 아니라 소니, LG, 삼성 등 주요 단말 업체들과의 제휴를 통해 서비스 창구를 지속적으로 확대하고 있다. API 공개를 통한 개발자 생태계도 지속적으로 유지하고 있다.

웹기반 생태계 내에서 유통망의 확대를 지속적으로 꾀하면서 개발자와의 협력구도를 추구하는 넷플릭스의 이러한 노력이 콘텐츠 수급력 강화로 이어지는 선순환 구조를 낳는다. 즉, 콘텐츠 저가 및 다양화 추진이 가능해져 다시 고객가치를 제고하게 되는 등의 구조를 갖게 된 것이다.

모바일 특성에 기반한
'고객가치 혁신'을 추구하라

　모바일 분야에서 단말과 플랫폼은 아이폰과 안드로이폰 등을 계기로 PC의 다섯 배나 되는 빠른 속도로 성장하고 있다. 이는 그동안 정체된 PC 시장에 비해서 모바일 특성에 기반한 고객가치 혁신Customer Value Innovation이 진행되었음을 의미한다.

　그동안 인텔의 PC용 프로세서와 주변 칩셋의 독점이 PC의 정체를 가져왔다는 평가를 받아왔다. 테크크런치(2010. 6. 22)에 의하면, 인텔이 사실상 차세대 PC에 이용될 부품의 90%를 결정하고 있는데, 대표적 예로 노트북에 GPS 칩이 탑재되지 않는다는 점이다. 이는 하나의 예이지만, PC와 스마트폰의 차이를 보여주는 좋은 예가 된다. 인텔은 독점 상황에서 높은 마진과 연계되어야만 혁신을 추구했던 것이며, 고객가치 혁신과는 거리가 멀었다.

　한편 스마트폰 업체들은 개방생태계라는 치열한 경쟁 상황에서 시스템 통합과 소프트웨어의 차별화를 촉진하게 된다. 시스템 통합의 대표적 예로는 GPS와 블루투스, 와이파이 802.11n이 하나의 칩으로 통합된 경우이다. 계속되는 애플과 구글

간의 상호 경쟁으로 스마트폰 소프트웨어는 정말 빠른 속도로 진화를 거듭하고 있다.

흥미로운 점은 애플과 구글 스스로도 이러한 부품업체들에 의해 진행된 칩셋과 시스템 통합으로부터 보이지 않는 혁신의 압력을 다시 받는다는 사실이다. 아이러니하지 않은가? 이는 그만큼 스마트폰 혁신의 가치사슬이 선순환적으로 작동하고 있음을 의미한다. 예컨대 애플은 아이패드를 선두로 컴퓨팅 기기의 진화를 더 모색하고 있다. 사실상 애플도 폐쇄적 운영구조에 안주하고 있던 이동통신기업들이 음성 서비스 기반에서 모바일컨버전스 산업의 혁신을 저해하고 있을 때 새로운 생태계를 구축하여 이들에게 혁신의 압력을 가한 장본인이다. 아이폰과 앱스토어에 의해 폐쇄성이 무너지고 가치사슬은 재구성된다. 콘텐츠와 소프트웨어 유통 시스템에 혁신이 일어나고, 콘텐츠와 단말이 통합된 비즈니스 모델이 출현한다. 통신기업 외에도 폐쇄적 운영에 안주하고 있었던 MS와 인텔도 모바일 경쟁력 확보를 위한 혁신의 압력을 받기 시작했다.

국내의 경우는 어떠한가? 아이폰 등의 스마트폰 도입은 모바일컨버전스 시대를 개화시켰고 다양한 산업과의 융합을 조장하여 경제와 라이프, 일하는 방식, 그리고 기업과 국가의 행정 시스템 등 사회 전체를 혁신시키는 계기가 되었다. (이러한 현상에 대해 2, 3, 4장에 걸쳐 자세히 논의했다.) 아이폰 도입 1년 만에 국내 스마트폰 가입자 수는 12배나 증가했다. 그렇다면 실제로 이들 가입자에게 어떤 고객가치 혁신이 일어났을까 궁금하다. 아이폰과 기타 스마트폰 모두 동일한 혁신을 경험 중인가?

한국인터넷진흥원(2010. 7)은 아이폰과 기타 스마트폰으로 나누어 이용시간과 다운로드 앱 수, 그리고 이용하는 앱 수를 집계했다. 이에 의하면, 아이폰의 하루 평균 인터넷 이용시간은 74.8분인 데 비해 기타 스마트폰 이용시간은 50.9분으로 나타났다. 또한 아이폰에 다운로드된 평균 모바일앱 수는 40.5개인 데 비해 기타 스마트폰의 경우에는 10.1개로 집계되었다. 실제로 이용하는 앱 수에서도 아이폰이 14개로 나타난 데 비해 기타 스마트폰에서는 5.5개로 집계되는 등 실적에서 아이폰이 기타 스마트폰보다 상당히 우위에 있다. 아이폰과 기타 스마트폰을 통틀어 본 주요 이용장소는 교통수단이 77%이며, 길거리 등 실외 장소가 59.4%로 나타나 사

▲ 카툰워즈 거너

람들은 이제 아무데서나 아이폰 등 스마트폰에서 정보와 엔터테인먼트를 검색하고 즐기고 있다.

　스마트폰 보급에 따른 국내 모바일 콘텐츠 성장 실적은 어떠한가? 모바일게임을 보면, 3장에서 언급했듯이 성장 잠재력에 비해 규제적 제한으로 인해 아직까지 큰 성장률을 보이지는 못했다. 그럼에도 불구하고 카툰워즈 거너, 헤비 매크 등 국내 개발자의 게임이 애플 앱스토어의 상위권을 차지하는 등 국내 모바일게임 시장이 2010년 전년 대비 5.8% 성장한 2759억 원을 기록했고, 2012년까지 2009년 대비 36.3% 성장할 것으로 전망된다.[69] (이에 대해서는 3장에서 언급했다.)

　국내 스마트폰 모바일뱅킹도 2010년 3/4분기에 137만 명을 기록했다. 한국은행 (2010. 10. 27)에 따르면, 스마트폰 기반 모바일뱅킹 서비스 이용건수는 전년 동기 대비 약 370% 증가한 105만 건을, 이용금액은 약 300%가 증가한 483억 원을 기록했다. (모바일결제에 대해서는 2장에서 자세히 다루었다.) 또한 매트릭스(2010. 10. 19)에 의하면, 국내 주요 SNS 방문자 수는 2010년 9월 기준해서 전년 동기 대비 무려 350%나 성장했다. 이 당시의 국내 계정 수를 보면 미투데이 300만, 트위터 202만, 페이스북 170만 명으로 집계되었다. (이에 대해서는 3장을 참조하기 바란다.)

스마트폰의 등장으로 일터에서의 생산성 향상을 위한 모바일오피스 구축 붐도 일고 있다. 업종별로 다양한데, 4장에서 언급했듯이 서울도시철도공사를 비롯해 울산과학기술대학교나 방송통신대학교 등의 교육기관, 아산병원, 연세세브란스병원 등의 의료기관, 대우건설 등의 건설회사 등이 있다. 정부는 2014년까지 65만 개 기업에 '스마트 모바일오피스' 도입을 추진할 예정이며 2400억 원을 투입할 계획이라고 밝혔다. 현재 구축이 완료된 1100개 모바일오피스 중 절반이 대기업이다. 향후에는 중소기업에 자금 지원과 기술 지원을 통해 구축을 독려할 것으로 보인다. (모바일오피스 및 스마트워크에 대해서는 4장을 참조하기 바란다.) 모바일오피스가 본격 도입되면 2014년까지 중소기업 일자리가 38만 개, 4.8조 원의 시장 창출이 가능해질 것으로 전망된다.[70]

기업들 외에 정부기관 스스로도 모바일을 통한 시공간 제약이 없는 공공서비스 앱을 구현하려는 움직임을 보이기 시작했다. (이에 대해서는 4장을 참조하기 바란다.) 2012년까지 '모바일국가망'을 구축하여 모바일 환경에서 공공 행정업무를 처리할 수 있는 공공 플랫폼 구축이 계획된 가운데, 특히 공공정보 공유를 통한 서비스 개발을 위해 노력하고 있다. 예로 농림수산부의 농축산물 가격 정보, 기상청의 기상예보 정보, 경찰청의 미아 정보 등 6개 기관에서 40여 개의 공유 서비스를 이미 제공 중이다. 또한 2013년까지 버스운행 정보, 취업 정보, 위해식품 정보 등 100개 공공정보를 오픈 API를 통해 개방할 예정이라고 한다.[71] (이에 대한 자세한 내용은 4장에서 다루었다.)

이상에서 국내의 모바일 환경에서 벌어지는 다양한 혁신 움직임을 살펴보았다. 그렇다면 기업과 정부의 입장에서 바람직한 고객가치 및 국민가치 혁신이 지속적으로 연출되게 하려면 어떤 고민이 더 필요할까? 우선적으로는 모바일 기술 측면에서의 혁신적 고민이 필요하다. 단말의 교체주기는 더욱 빨라지고 있다. UX 개선 등 기술의 진보 때문이다. 단말 교체주기 단축과 안드로이드의 추격으로 애플은 이미 아이폰 3GS가 나오면서 기존 3G를 99달러의 저가로 판매하는 고객가치 혁신을 보여주었으며, 통신사업자를 통한 아이폰 독점 제휴를 허물기 시작했다. 미국에서는 버라이즌이, 국내에서는 SKT가 아이폰을 도입하게 되어 경쟁이 본격화되었다. 안드로이드도 2.3버전인 진저브레드에서 UI/UX를 통해 고객가치 차별화를 모색하고 있다.

두 번째로 필요한 고민은 모바일 소비자 측면에서의 지속적인 혁신적 노력이다. 미국의 시장조사업체 라스뮤젠의 2011년 초 조사에 따르면, 설문 대상인 미국 네티즌들의 20%가 휴대폰이나 휴대용 단말을 이용해 뉴스 및 정계 이슈를 정기적으로 접하는 것으로 나타났고, 이 수치는 더욱 증가할 전망이다. 이런 맥락에서 관찰해 보면, 최근 〈월스트리트저널〉이 2010년 초 보도한 구글과 애플의 신문 및 잡지업체 쟁탈전 양상은 당연한 고객가치 혁신을 위한 노력의 하나라 여겨진다. (이에 대해서는 3장에서 다루었다.)

IT기업 외의 일반 기업들도 모바일 특성에 기반하여 자사의 고객가치를 끊임없이 혁신시키는 비즈니스 모델들을 지속적으로 개발할 수 있어야 한다. 실제로 스마트폰이나 아이패드 등의 태블릿을 업무에 활용하려는 움직임이 여러 산업으로 확산되고 있다. (이에 대해서는 4장에서 다루었다.) 대표적 산업 분야는 금융계, 의료계, 교육계, 패션업계 등이다. 일본의 예를 들면 오츠카제약이 1300대의 아이패드를 의약 정보 담당자에게 배포했고, 성인오락기기 업체인 필즈FIELDS도 350명의 영업사원에게 아이패드를 배포했다. 또한 미즈호은행은 대기 고객과 창구의 스태프 지원툴로 아이패드를 시범 도입했고, 의류업체 뉴요커도 고객이 옷을 입는 모습을 볼 수 있게 하는 가상 피팅툴로 아이패드를 시범 도입했다.[72] (이에 대한 자세한 내용은 4장을 참조하기 바란다.)

실시간기업이 되려면 '경영혁신'을 감행하라

〈블룸버그〉지에 따르면, 2010년 말 〈포춘〉 500대 기업 중 80%가 아이폰을 도입 또는 시범 도입한 상태이며, 〈포춘〉 100대 기업의 65%가 아이패드를 도입했거나 테스트 중이라고 한다. 본격적인 실시간기업들이 되고 있음을 알려주는 수치다. 앞서 언급했듯이 실시간기업은 IT에 기반하여 실시간으로 수집된 정보를 이용해 기업의 핵심적 관리 및 사업 프로세스에 일어나는 지연요소들을 제거해나가는 기업을 말한다. 그러면 왜 실시간기업이 되려는가? 주된 목적은 직접적으로 (좀 더 신속하게 대응하는 고객 서비스를 통해) 또는 간접적으로 (비용절감으로 좀 더 저렴한 제품을 제공함으로써) 경쟁적 이점을 얻는 것이다. (이에 대해서는 4장을 참조하기 바란다.)

실시간기업이 되면 무엇이 좋아지는가? 이로 인해 기대되는 효과는 매출이나 이익 등의 주요 성과지표를 실시간 수준에서 추적 가능하게 된다는 점과 주요 사건이나 활동 정보가 관련 의사결정자에게 적시적으로 제공된다는 점, 그리고 업무 프로세스가 상황 변화에 따라 탄력적으로 운영된다는 점 등이다.

결국 지속적인 지연요소를 제거하는 기업이 실시간기업인데, 이는 모바일컨버전스 환경에서 새롭게 등장한 개념은 아니다. 기존에 6시그마, ERP, BI~Business Intelligence~ 등 다양한 IT 인프라 간 컨버전스를 통해 경영진 수준에서부터 업무 담당 실무진, 더 나아가 외부의 공급사, 협력사, 고객 등을 아울러 실시간으로 프로세스와 정보가 공유되는 기업환경을 지향해왔다.

이제 모바일컨버전스 환경에서 새롭게 실시간기업의 면모를 갖추려면 모바일 특성에 기반한 혁신적 비즈니스 모델을 개발하는 것도 중요하지만, 이를 뒷받침할 마인드셋이 전제되어야 한다. 기업과 개인 모두가 마인드셋의 변화를 필요로 한다. 특히 '모바일오피스'와 '모바일스마트워크'라는 관점에서 기업 내부와 외부의 정보시스템 구성요소가 효과적으로 통합되어 있어야 하고 업무 프로세스가 지속적으로 개선 가능해야 한다. 이를 위한 새로운 혁신적인 경영방식이 요구된다.

지난 10년간 많은 기업들이 '실시간기업'을 기업의 경영혁신 목표로 삼았다. 변화가 빨라지면서 기업의 경쟁력은 변화에 대한 발 빠른 의사결정 여부에 달려 있게 된다. 이러한 이유로 기업 거래를 통해 얻은 수많은 정보를 효과적으로 관리해 의사결정 시간을 줄이는 노력을 지속했던 것이다. 이러한 '실시간기업'의 개념이 모바일컨버전스 빅뱅으로 더욱 진화 발전하고 있다. 모바일 시대의 실시간기업은 빠른 의사결정 시스템도 중요하지만, 이보다는 개인과 조직의 '언제 어디서나 빠른' 업무 시스템을 더 강조해야 할 것이다.

'모바일오피스' 또는 '스마트워크' 환경에서 일어난 두 가지 핵심적 변화를 꼽으라면, 그것은 온라인과 오프라인 간 경계가 소멸된 점과 개인화이다. 따라서 우선은 온라인과 오프라인 간 사라진 경계를 간파한 경영방식의 혁신이 필요하다. 직원들은 스마트폰을 가지고 다니면서 언제 어디서나 커뮤니케이션하며, 내 손안의 PC로 회사 시스템과 언제든지 연결되어 실제 업무를 볼 수 있다. 어디가 가상이고 어디가 실제 세계인지 분간이 가지 않는다. 이러한 시스템은 특히 효과적인 고객 대응을 위해 매우 중요한 경쟁력이다. 이때 고객은 계열사나 공급사, 이해관계자, 그리고 서비스나 상품 구매자 모두를 포함한다.

개인화에 대한 경영방식의 변화 요구에 대해서는 경영전략의 대가인 프라할라드C. K. Prahalad 전 미시간대학 경영대학원 교수의 2008년 저서인 《새로운 혁신의 시대The New Age of Innovation》에 잘 나타나 있다. 그는 "가치 창출은 소비자 개인의 고유 경험을 바탕으로 이뤄진다. 기업은 소비자의 수가 아무리 많아도 개별 소비자와 그들의 고유한 경험에 집중할 수 있는 기반을 구축해야 한다. 소비자의 수를 한 명이라고 생각하고 그에 따른 고유한 가치를 제공해야 한다"라고 강조했다.[73]

'온라인과 오프라인 간 경계 소멸', 그리고 '개인화', 이 두 가지 변화 흐름을 잘 파악하고 활용할 줄 아는 기업이 되라! 그러려면 기존의 경영혁신으로는 역부족이다. 기존의 경영 및 관리 방식을 이러한 변화 흐름에 맞추어 바꾸려는 노력이 필요하다. 삼성경제연구소[74]에 의하면, 사람과 조직 그리고 사업에 대한 각각의 경영 및 관리 방식의 혁신이 필요하다. 각각에 대해 살펴보자.

3장에서 모바일 시대의 특징은 개인의 라이프스타일에 변화를 유발한다고 했다. 먼저 사람경영 차원에서 보자. 개인들은 스마트폰에 익숙해지기 시작하면서 스스로 모바일 업무환경을 구축하고 이를 통해 업무 프로세스를 효율화하려는 기회를 맞이하게 된다. 이처럼 모바일로 무장된 직원의 성과를 회사의 성과로 연계시키고 극대화시키기 위해서는 '비전 공유'를 통한 자발적 동기부여가 매우 중요하다. 업무의 중심이 현장으로 이동하게 되면 현장직원인 개인에 대한 권한이임이 필요해질 것이다. 이 경우 기업 입장에서는 현장직원인 개인의 자발적 동기부여를 유발하는 노력도 필요하지만, 이와 함께 이들의 성과를 제대로 관리하기 위한 효과적인 모니터링 방법도 병행해야 한다. 왜냐하면 현장직원에 대한 권한위임이 잘못하면

조직 차원의 방향성과 일관적이지 않을 수도 있기 때문이다. 따라서 성과평가제나 원격근무 관리시스템 등을 통한 효과적인 관리체계가 필요하며, 보안유지 대응책도 아울러 요구된다.

조직경영 차원에서는 기업 외부와의 협업, 지식 공유를 활성화하기 위한 개방적 파트너십의 형성이 매우 중요하다. 조직 간 경계를 넘는 실시간 정보 공유를 통해 고객이나 공급사, 계열사 등과의 협력과 파트너십을 강화해야 하며, 소셜네트워크를 활용할 필요가 있다. (이에 대해서는 다음 절에서 자세히 다룬다.) 소셜네트워크란 한마디로 '사회적 관계 개념을 인터넷 공간으로 가져온, 사람과 사람 간 관계 맺기를 통해 형성된 네트워크' 이다. 트위터, 페이스북 등 SNS들이 모바일 환경에서 적극 활용되어 고객이나 공급사 등 모든 파트너들이 직접 전해주는 아이디어와 피드백을 제품과 서비스 개발에 적극 활용하려는 움직임이 이미 시작되었다. 이처럼 고객과 조직이 다양한 방식의 소셜네트워크를 형성하고 있다면, 기업 입장에서는 이를 실시간으로 관리하는 시스템을 필요로 한다. 즉, 기업은 기업 내·외부 지연요소의 제거를 아우르는 접근을 해야 한다. 내부에서 비즈니스 거래가 발생하기 전에 고객인지와 고객 반응, 경쟁사 인지와 경쟁사 대응 등 외부의 지연요소까지 함께 고려하는 기업이 되어야 한다.

이러한 필요에 따라 최근 기업 내·외의 커뮤니케이션 문화를 바꾸어주는 SNS들이 대거 등장하고 있다. 이미 기업용에 활용되고 있는 트위터나 페이스북 외에도 MS와 구글도 기존의 개인용 서비스를 기업용으로 개선하거나 독자적 툴을 내놓기 시작했다. 트위터의 야머, 구글 버즈와 같은 커뮤니케이션 툴은 기업의 관료체제를 혁신하는 데 기여할 것으로 기대된다. SNS가 기업용으로 자리 잡으려면 기업은 모바일 커뮤니케이션 시스템을 갖추는 작업을 선행해야 한다. 모바일 환경에서는 정보의 확산 속도가 매우 빠르다. 특히 기업 이미지를 해치는 사소한 실수가 일어나

▲ 애플 매장

지 않도록 관리해야 한다. (이에 대해서는 다음 절에서 자세히 다룬다.)

마지막으로 모바일컨버전스를 통한 비즈니스 모델을 발굴하고 성장시키기 위해 사업의 경영방식도 혁신될 필요가 있다. 상품이 고객에게 들어간 후에 A/S로만 대응하는 기존 방식에서 진일보하여 모바일 특성을 잘 활용하여 고객이 상품을 사용하는 데 최적의 환경이 되도록 상품에 대한 고객 편의를 도모하는 부가적 서비스를 더한 모델들을 지속적으로 개발해야 한다. (이에 대해서는 4장에서 다루었다.)

과거 기업의 경쟁력이 원가절감과 품질 자체의 경쟁우위였다면, 모바일 환경에서는 고객 니즈와 불편사항을 얼마나 실시간으로 잘 받아들여 반응하느냐, 고객이 편리하게 느끼는 개방형 환경을 마련해주느냐 등이 핵심 경쟁력이 될 것이다. 김정호, 김한얼, 신영욱[75]은 고객의 복잡성을 조직 내부로 흡수하라고 말한다. 예컨대 기술이 발달하고 컨버전스가 본격화되면서 고객은 제품 사용설명서를 읽고 이해하는 데 더 어려움을 느낀다. 고객에게 최대한 단순함을 제공해야 한다. 이런 면에서 애플 아이폰 구매 시 사용설명서가 따로 없는 것 자체가 고객을 위한 배려인 것으로 보인다. 예컨대 이동통신대리점에서 단말기만 거래할 것이 아니라, 기본적 사용설명서를 여기저기 편하게 읽게 만들고 제품을 직접 체험하고 물어볼 수 있게 만드는 환경 개선도 또 다른 사업경영의 혁신이다.

소셜미디어로
'진실'과 소통하라

웹1.0 시대에는 글로벌화와 IT의 급속한 발전으로 정보의 가공 및 처리 비용이 감소해 지식 및 콘텐츠의 확산이 촉진되고 네트워크화된 경제와 사회가 창출되었다. 그리고 이제 웹2.0 시대를 맞이하고 있다. 이는 이용자 중심 개방형 네트워킹이라는 신기술과 함께 개방, 경쟁 및 역동적 시장이라는 새로운 경영환경, 동시적이고 다극화된 새로운 지정학적 질서, 그리고 개방형의 네트워크화된 조직을 기반으로 하는 새로운 기업의 출현 등을 의미하며, 삶의 방식까지도 변화되고 있다. 웹1.0이 클라이언트-서버 모델에 기반한 정적 미디어에 의해 지배되었다면, 웹2.0은 사용자 중심으로 진화하는 차세대 웹이다. 이는 사람 중심의 기술 패러다임으로서 결국 최종 이용자에게 웹앱을 제공하는 컴퓨팅 플랫폼이 될 것이다.

웹1.0 시대에는 정보제작자가 프로그래머 등 전문가 및 관련 업체였다면, 웹2.0 시대에는 개인이 중심이 되는 모든 네트워크 사용자이다. 그래서 1990년대를 화려하게 장식했던 회사들이 전문가 중심의 MS, 인텔 등이었다면, 2000년대 들어서는

웹1.0과 웹2.0 비교

웹1.0	구분	웹2.0
포털 위주의 웹 포털상의 서비스는 사용자가 변경 불가	제공 서비스	플랫폼으로서의 웹 웹은 다양한 서비스를 이용하는 수단
정보/콘텐츠의 폐쇄성	정보/콘텐츠	정보/콘텐츠의 공유와 개방성 강조
기술 중심 정보 전달의 효율성 추구	가치 제공 수단	참여, 공유 중심 집단적 지성을 이용한 다양성 추구
인터넷 익스플로러 → 높은 OS 종속성	브라우저	Firefox, RSS Reader 등 웹 접속 가능한 모든 프로그램
전문가, 프로그래머, 관련 업체 등	정보제작자	개인이 중심이 되는 모든 네트워크 사용자
엠피쓰리닷컴(MP3.com) 브리타니카온라인 개인용 홈페이지 출판(Publishing)	대응 개념 예시	냅스터(Napster) 위키피디아 블로그 참여(Participation)

(자료: www.fkii.or.kr, 2010)

TGIF(트위터, 구글, 아이폰, 페이스북) 시대라고 말하는 것 같다. 트위터, 페이스북 등에 의해 주도되는 소셜미디어 이용률이 급증하고 있다. 닐슨(2010. 4)에 따르면 SNS, 블로그 등의 평균 방문시간은 2010년 4월 전년 동기 대비 66%나 증가했고, 전 세계 소셜미디어 이용시간은 1100억 분으로 온라인 시간의 22%를 점유했다. 특히 같은 시기의 트위터 전 세계 이용자 수가 약 1억 5000만 명, 페이스북 전 세계 사용자 수는 5억 명을 돌파해 새로운 소셜 문화혁명을 만들기 시작했다.

소셜미디어란 한마디로 말해 보통 사람들이 주도하는 서로 소통 가능한 매체이다. 이는 자신의 생각과 경험, 정보 등을 생산 및 확산하기 위해 사용하는 개방된 플랫폼이며, 관계를 형성하는 소셜네트워크 서비스들로 구성된다. 가이드와이어그룹 창업자인 크리스 시플리Chris Shipley가 2004년에 블로그온 컨퍼런스에서 최초로 사용

소셜미디어의 특성

구분	해설
참여	소셜미디어는 관심 있는 모든 사람들의 기여와 피드백을 촉진하며 미디어와 오디언스의 개념을 불명확하게 함
개방	대부분의 소셜미디어는 피드백과 참여가 공개되어 있으며 투표, 피드백, 코멘트, 정보 공유를 촉진함으로써 콘텐츠 접근과 사용에 대한 장벽이 거의 없음
대화	전통적인 미디어가 'Broadcast'이고 콘텐츠가 일방적으로 오디언스에게 유통되는 반면 소셜미디어는 쌍방향성을 띰
커뮤니티	소셜미디어는 빠르게 커뮤니티를 구성케 하고 커뮤니티로 하여금 공통의 관심사에 대해 이야기하게 함
연결	대부분의 소셜미디어는 다양한 미디어의 조합이나 링크를 통한 연결상에서 번성

(자료: www.fkii.or.kr, 2010)

한 용어이다.

소셜미디어가 매스미디어와 차별되는 키워드는 누구나 생산한다는 점과 관계 혹은 친분 중심 양방향 소통, 그리고 피라미드식 전달이라는 점 등이다.[76] 소셜미디어가 웹2.0의 핵심 도구라고 보는 데는 이견을 달 사람이 없을 것이다. 소셜미디어는 미디어 전달자와 이용자 간 개념을 모호하게 하는 참여, 콘텐츠 접근과 사용에 장벽이 거의 없는 개방, 양방향적 성격을 띤 대화, 공통의 관심사에 대해 이야기하는 커뮤니티, 그리고 링크를 통해 번성하는 연결 등의 특성을 가지고 있다.

(서비스로서의 SNS에 대해서는 3장에서 이미 논의했다.) 서비스로 발현되는 소셜미디어는 다양한 사람들로 하여금 의견과 인사이트, 경험, 의견 등을 공유하도록 하기 위해 사용하는 온라인 기술이며 동시에 이를 실행케 하는 플랫폼이다. 이의 구체적인 서비스 형태도 다양하다.

데이터모니터(2009, 11쪽)는 SNS의 유형으로 개인이 정기적으로 뉴스나 논평을 올리는 비영리적 블로그Blogs,* 트위터 같은 140자 단문 메시지로 한정되어 수익을 창출하는 마이크로블로그, 페이스북같이 프로파일을 올리고 의견을 교환하고 관계를 형성하는 서비스 네트워크, 온라인 백과사전 성격의 영리 목적이 아닌 위키,** 모바일 환경에서 GPS를 활용하는 포스퀘어 같은 위치기반서비스, 유튜브나 플릭커, 포라TV 같은 사진/비디오 공유,*** 그리고 링크드인 같은 전문가 네트워크 등을 거론했다.

일부 상용화된 SNS의 등장으로 이용자가 소비 주체로만 머물러 있지 않는다는 데 기업들은 주목할 필요가 있다. 이들은 제품이나 서비스에 대한 아이디어를 제공하기도 하고 이를 널리 구전해주는 역할도 하며, 때로는 직접 생산에 참여하는 주체로도 변모한다. 그뿐 아니라 기업을 사회적으로 감시하는 역할까지도 감행한다. 선진 기업들은 이미 SNS를 마케팅 외에 기업 홍보와 서비스에 적극 활용하고 있다. 앞서 언급했듯이 〈포춘〉 100대 기업의 79%가 SNS를 활용하며, 미국 CNBC가 선정한 트위터를 잘하는 10위권 기업으로 델, 홀푸드마켓, 자포스, 제트블루, 컴캐스트, 〈뉴욕타임스〉, 사우스웨스트항공, 스타벅스, 코닥 그리고 홈데포가 최근 선정되었다. 최근에 SNS는 영화, 방송 등 다른 콘텐츠 장르와도 융합하여 콘텐츠, 미디어, 기술이 복합적으로 결합된 새로운 방식으로 콘텐츠 제작, 유통, 소비 환경을 재창출하기도 한다.

기업이 활용할 수 있는 소셜미디어 기반을 보면, 먼저 라이프스타일과 인구통계학적 특성, 소비행태 등에서 비교적 동질적인 이용자들 간에 지인(知人) 관계가 형성

---

* 웹(Web)+일기(Log)의 합성어로서 종류는 개인 블로그, 정치 블로그, 기업 블로그, 미디어 블로그 등 다양하다. 기존 개인 홈피에 비해 만들고 관리하기가 편하며 등록된 글이 시간 순으로 표기되고 개인 일기 형식으로 운영된다.
** 편집 가능한 웹 페이지이다. 대표적 위키는 영어만으로 약 130만 개 이상 문서를 가진 위키피디아가 있다.
*** 콘텐츠를 만들고 공유하는 커뮤니티 중에서 대표적인 것이 사진과 비디오이다. 그 외에 게임, 뉴스 공유도 있다.

되고 있음이 주목된다. 따라서 기업은 소셜미디어 활용을 통해 비교적 적은 비용으로 목표집단 개발 및 접근이 용이하고, 사안별로 더욱 효과적인 의사소통을 가능하게 하는 등의 경제적 장점을 가질 수 있다.

또한 흥미 있는 이슈를 제기한다든지 참여자의 호기심을 자극하는 등의 소셜미디어가 가진 친근성을 활용해 기업은 이를 자사 제품 홍보와 마케팅에 유리한 툴로 이용할 수 있다. 예컨대 펩시는 '더 좋은 지구'를 위한 '펩시 리프레시 프로젝트'를 기획하고 문화, 교육, 식품, 건강, 이웃 등을 주제로 하는 관련 아이디어를 공모해 친근한 펩시 알리기에 성공한다.[77]

다양한 장점들 가운데 소셜미디어가 기업에게 주는 가장 중요한 매력 포인트는 보다 적극적인 의사소통을 통해 보다 강화된 상호작용을 바탕으로 고객과의 신뢰를 구축할 수 있다는 점이다. (4장에서 홀푸드마켓, 델 등 SNS를 고객과의 소통채널로 잘 활용하는 기업 사례들을 다루었다.) 다양한 사례 중에서 가장 고객의 맘을 사로잡는 방식은 진실을 소통하는 경우이다. 델의 사례는 진실을 소통하여 SNS를 잘만 활용하면 오해를 불식시키고 고객과 더욱 두터운 신뢰를 구축할 수 있음을 보여준다.

앞서 말한 델의 사례에서 진실 소통Truth based Commucation에 초점을 두고자 한다. 미국의 파워 블로거인 제프 자비스가 2005년 6월 자신의 델컴퓨터 수리 과정에서 불만이 생겨 이를 블로그에 토로했던 게 발단이다. 뜻밖에도 이 글이 부정적으로 이슈화되어 매스미디어에 노출되면서 결국 델이 깊이 사과함으로써 일단락되었다. 엎친 데 덮친 격으로 이 일이 있은 후 얼마 안 되어 일본에서는 델 노트북의 배터리가 폭발하는 사건이 터진다. 델은 앞의 자비스 사례를 겪은 터라 이에 대해 즉각 리콜을 발표하고 상황 정보를 수시로 '진실되게' 공유하는 민첩함을 보였다.

결국 이 두 사건들을 계기로 델은 다이렉트투델Direct2Dell이라는 기업 블로그를 신설하게 되고, 더욱더 진실에 입각한 고객 신뢰 구축에 전념하게 된다. 블로그 사건

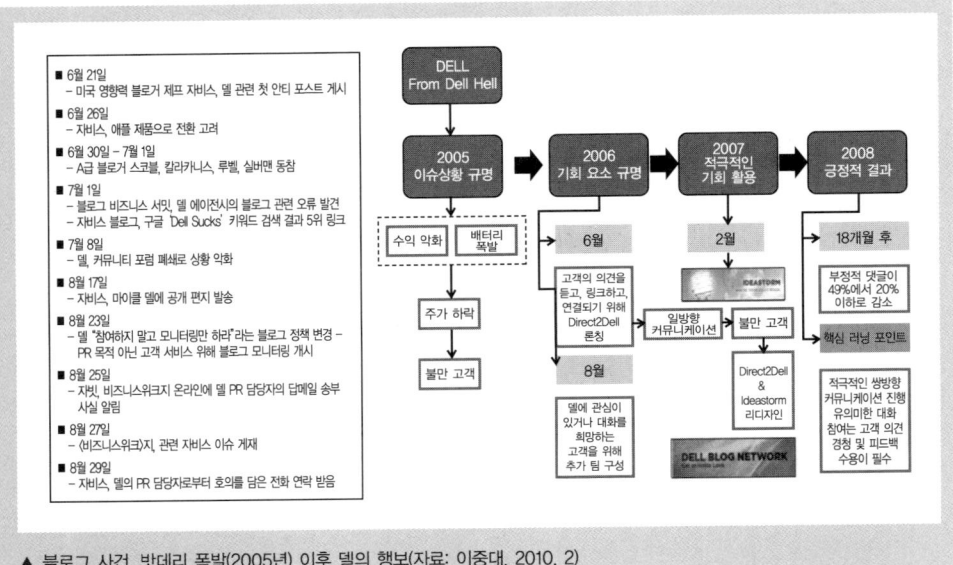

■ 6월 21일
 - 미국 영향력 블로거 제프 자비스, 델 관련 첫 안티 포스트 게시

■ 6월 26일
 - 자비스, 애플 제품으로 전환 고려

■ 6월 30일 ~ 7월 1일
 - A급 블로거 스코블, 칼라카니스, 루벨, 실버맨 동참

■ 7월 1일
 - 블로그 비즈니스 서밋, 델 에이전시의 블로그 관련 오류 발견
 - 자비스 블로그, 구글 'Dell Sucks' 키워드 검색 결과 5위 링크

■ 7월 8일
 - 델, 커뮤니티 포럼 폐쇄로 상황 악화

■ 8월 17일
 - 자비스, 마이클 델에 공개 편지 발송

■ 8월 23일
 - 델 '참여하지 말고 모니터링만 하라'라는 블로그 정책 변경 -
   PR 목적 아닌 고객 서비스 위해 블로그 모니터링 개시

■ 8월 25일
 - 자빗, 비즈니스위크 온라인에 델 PR 담당자의 답메일 송부
   사실 알림

■ 8월 27일
 - 〈비즈니스위크〉지 관련 자비스 이슈 게재

■ 8월 29일
 - 자비스, 델의 PR 담당자로부터 호의를 담은 전화 연락 받음

▲ 블로그 사건, 밧데리 폭발(2005년) 이후 델의 행보(자료: 이중대, 2010. 2)

이후 18개월이 지나, 부정적 댓글이 49%에서 20% 이하로 감소하게 되었고, 델은 고객 의견 경청과 피드백 수용이 매우 중요함을 더욱 실감하게 된다.

기업들이 소셜미디어를 고객대응에 전략적으로 활용하고 있다. 그런데 기업이 고객과 진정으로 소통하기 원한다면 신뢰성이 키key이다. 마음을 담은 인간적이고 진실된 소통이 가능해야 한다는 말이다. 펩시처럼 친사회적이면서 재미를 주는 이슈를 기업이 먼저 제기하여 고객의 관여도도 높이고 기업 이미지도 높일 수 있다. 델의 경우에는 기업 블로그를 통해 기업이 언제나 고객의 소리에 귀 기울이고 있다는 인식을 심어주었다. 델의 사례에서 보듯이, 이슈를 만드는 주체는 이제 대중매체가 아니라 블로거 등 개인이며 네티즌이다.

소셜미디어의 확산으로 개인은 자신의 입장을 언제든지 제시할 수 있다. 그런데 최근 벌어진 국내 한 빵집 주인의 쥐 소동처럼 때로 진실과 다른 정보가 소재화될

모 바 일 컨 버 전 스 는   어 떻 게   세 상 을   바 꾸 는 가

수도 있음을 기업은 예의주시해야 한다. 기업은 경영활동과 제품, 서비스에 대해 고객과 끊임없이 진실에 기반하여 소통하는 것을 일상화된 시스템으로 여겨야 한다. 기업에 부정적인 이슈가 발생했을 때에도 기업은 이를 덮으려고만 한다거나 강압적으로 억제하기보다는 보다 솔직한 커뮤니케이션을 통해 자정작용이 일어나도록 해야 할 것이다. 소셜미디어는 특히 실시간 소통을 강점으로 갖고 있어서 잘못되거나 왜곡된 정보에 대해 집단 필터링이 발생한다. 반대 의견 형성이 그만큼 빠르게 진행될 수 있어서 자정작용이 활발하게 진행된다는 뜻이다. 델처럼 스스로 자제하는 마케팅 활동도 필요하다. 기업이 트위터 등을 단순한 단방향적 마케팅 채널로 활용하게 되면 고객에게 스팸으로 여겨질 수도 있다. 델은 과도한 판촉성 메시지를 보내면 고객이 거부감을 느낀다고 판단하여 고객이 수용할 수 있는 범위 내에서 마케팅을 전개하겠다는 경영방침을 가지고 있다.

'모바일 디바이드' 문제의식을
윤리경영에 내재화시켜라

LG경제연구소와 다음의 〈한국 소비자들의 관심사와 라이프스타일〉[78] 연구보고서를 보면 지난 2년간 스마트폰에 대한 관심은 가히 폭발적이다. 2009년 8월부터 2010년 7월까지 다음의 트렌드 차트를 분석한 결과를 보면, 스마트폰에 대한 검색량이 넷북 검색량을 훨씬 능가하고 있다.

스마트폰을 구입했다면 회사 동료나 가족에게 '특별과외'까지 받으며 사용법을 익힌 경험을 한 번쯤 가지고 있을 것이다. 스마트폰 열풍이 불고 있지만 이 때문에 소외받는 계층도 함께 늘어나고 있음을 단적으로 표현한 말이다.

LG경제연구소와 다음의 조사 결과에서 보면, 스마트폰 키워드에 대한 다음 기사 조회 수 절대 비교 분석에서 20~30세대와 남성이 평균 대비 많은 관심을 보였고, 연령과 성별 조합 분석에서는 20대 남성과 30대 남성의 관심이 높게 나타났다.

2010년 4월 KT가 조사한 결과에서는 연령별, 성별 격차 외에 지역별로도 스마트폰 가입자의 격차가 큰 것으로 나타났다. 국내에 아이폰이 출시되었을 때 강남과

강북 간 구매에도 격차가 있을 정도였다. KT에 따르면, 아이폰 가입자 75%가량이 수도권에 집중돼 있는 것으로 나타났다. 아이폰 가입자(2010년 4월, 50만 명 기준) 중 서울 거주자는 44.6%를 차지했고 이 중에서도 강남, 서초, 송파구 등 강남 3구 거주 비율이 13.1%에 달했다. 애플 아이폰 사용자 중 75.6%가 수도권에 집중돼 있는 데 비해 호남, 경남, 경북, 충청은 모두 4.9~8.5%에 불과했다. 격차가 기업과 기업, 개인과 개인뿐만 아니라 도시와 농촌, 청장년과 노령층, 남성과 여성 등 보다 세분화된 형태로 나타나고 있다.

인터넷이 등장한 이후 다양한 지수들을 통해 디지털 디바이드가 이슈화되었지만, 이제 인터넷 이용자와 비이용자 간의 격차는 더 이상 사회적으로 그다지 커다란 문제로 부각되지 않고 있다. 초기에는 인터넷호스트 수로 측정된 선진국과 후진국 간의 디지털 디바이드 현상 심화에 대한 우려가 있었다. 하지만 점차 인터넷의 핵심이

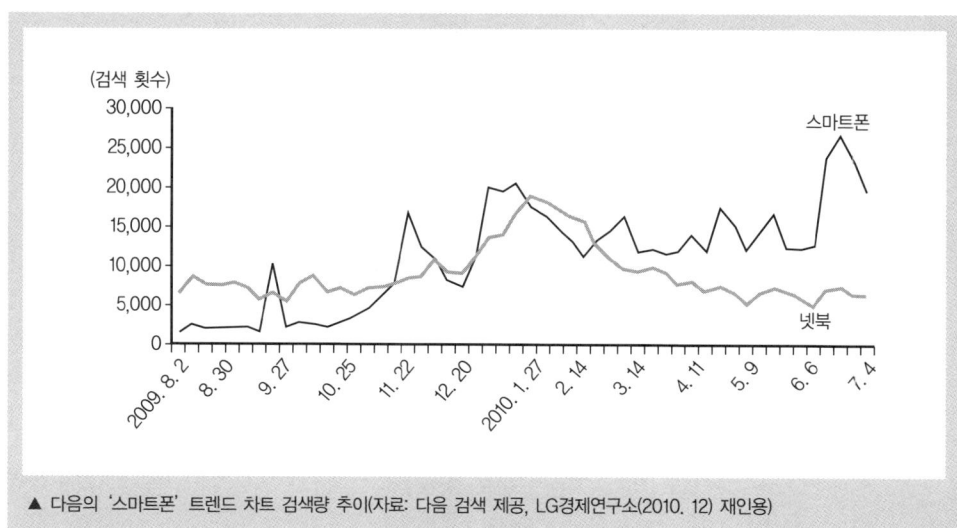

▲ 다음의 '스마트폰' 트렌드 차트 검색량 추이(자료: 다음 검색 제공, LG경제연구소(2010. 12) 재인용)

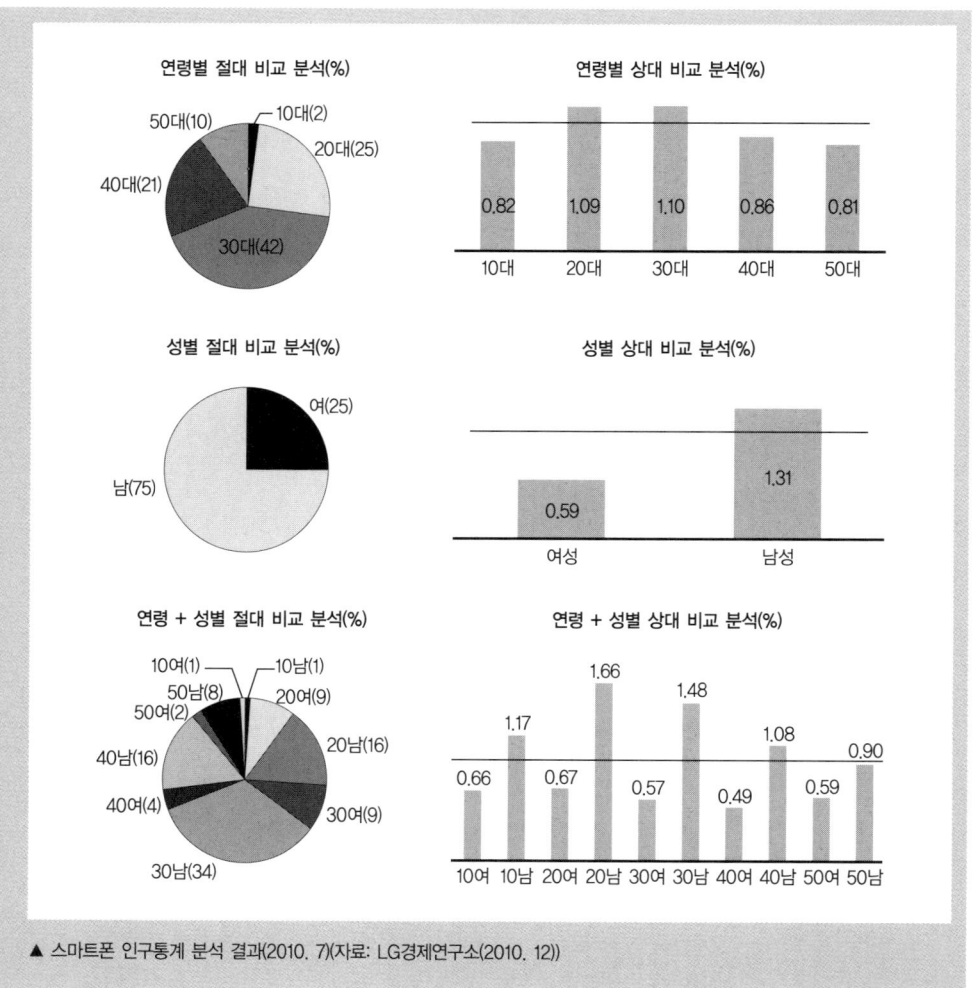

연령별 절대 비교 분석(%)

50대(10) 10대(2)
40대(21) 20대(25)
30대(42)

연령별 상대 비교 분석(%)

10대	20대	30대	40대	50대
0.82	1.09	1.10	0.86	0.81

성별 절대 비교 분석(%)

여(25)
남(75)

성별 상대 비교 분석(%)

여성	남성
0.59	1.31

연령 + 성별 절대 비교 분석(%)

10여(1) 10남(1)
50남(8) 20여(9)
50여(2) 20남(16)
40남(16) 30여(9)
40여(4) 30남(34)

연령 + 성별 상대 비교 분석(%)

10여	10남	20여	20남	30여	30남	40여	40남	50여	50남
0.66	1.17	0.67	1.66	0.57	1.48	0.49	1.08	0.59	0.90

▲ 스마트폰 인구통계 분석 결과(2010. 7)(자료: LG경제연구소(2010. 12))

　전자상거래 등 사이트상에서의 비즈니스로 확대 발전되면서 전자상거래의 기반이 되는 임대회선 수로 선진국과 후진국 간 디지털 디바이드가 측정되기도 했다.

　그 후에는 하드웨어의 격차보다는 정보서비스 시장규모에서 디지털 격차가 측정되기 시작했으며, 특히 우리나라의 정보통신서비스 부문은 지속적으로 증가하여 아

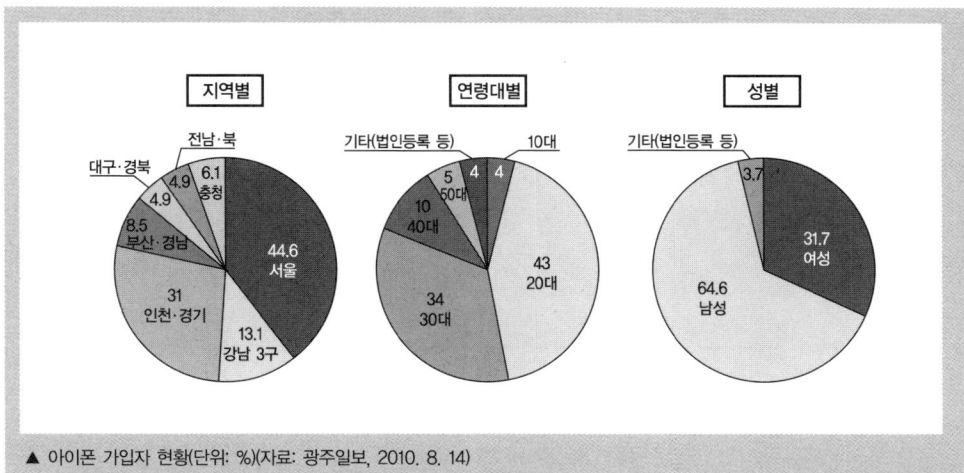

| 지역별 | 연령대별 | 성별 |

지역별
전남·북 6.1 충청
대구·경북 4.9
부산·경남 8.5
4.9
44.6 서울
31 인천·경기
13.1 강남 3구

연령대별
기타(법인등록 등) 5 4 10대
10 40대 4 50대
43 20대
34 30대

성별
기타(법인등록 등) 3.7
31.7 여성
64.6 남성

▲ 아이폰 가입자 현황(단위: %)(자료: 광주일보, 2010. 8. 14)

시아 평균을 크게 상회함은 물론이고 선진국과의 격차를 급속히 줄여나가 2010년 우리나라의 정보 인프라 투자 규모가 OECD 수준까지 이르게 되면서 디지털 디바이드 이슈가 수면 밑으로 내려간 듯하다. 접근상의 격차는 많이 줄었으며, 인터넷상의 디지털 디바이드라면 장애인, 노인 등 소수 취약계층에 한정되고 있다.

다시금 이러한 류의 격차 문제가 중요한 관심사로 부각되기 시작한다. 2010년 모바일컨버전스 빅뱅을 계기로 국내 스마트폰 가입자는 2011년 3월 현재 1000만 시대를 맞이했다. 그런데 스마트폰으로 다양한 일을 하는 젊은 층에 비해 중·노년층은 이에 잘 적응하지 못하는 모습을 보인다. 지역 간에도 격차가 있음을 위의 통계에서 확인했다. 모바일기기가 등장하면서 초기에는 휴대폰을 중심으로 볼 때 격차가 미미했다. 특히 휴대폰 이용을 위한 초기비용이 낮아 저소득층과 고령자 등 다양한 계층의 접근이 수월했다.

그러나 최근 스마트폰의 등장으로 인해 격차 문제는 다시 대두된다. 모바일 디바

스마트폰과 휴대폰 이용자의 연령별 이용 비율 비교(단위: 만 명)

구분	10대 이하	20대	30대	40대	50대	60대	70대이상	기타	합계
스마트폰	55 (7.6)	254 (35.1)	213 (29.4)	109 (15.1)	43 (6)	12 (1.7)	7 (1)	29 (4.1)	722
일반폰	718 (16.5)	528 (12.1)	762 (17.5)	851 (19.5)	652 (15)	320 (7.3)	187 (4.3)	338 (7.8)	4356
전체	773 (15.2)	782 (15.4)	975 (19.2)	960 (18.9)	694 (13.7)	332 (6.6)	194 (3.8)	367 (7.2)	5077

(자료: 방송통신위원회, 2010. 12)

이드가 유발되고 있는 것이다. 특히 연령별로 보면, 기존의 휴대폰 이용에 비해 스마트폰에 대한 이용 접근성에 있어 연령별 격차가 두드러지게 된다.

이러한 의미에서 보면 모바일 디바이드란 '스마트폰'을 활용해 언제 어디서나 정보에 접근할 수 있는 사람과 그렇지 못한 사람 사이에 발생하는 경제·사회적 격차를 의미한다. 실제로 중·장년층이나 노년층은 젊은 세대와는 달리 스마트폰 조작에 서툴 수밖에는 없어 스마트폰 소외계층으로 전락하고 있다는 보도가 여기저기서 나오기 시작했다.

모바일 디바이드는 디지털 디바이드처럼 국가 간 격차 이슈라기보다는 국내의 '계층 간 격차 이슈'가 될 것 같다. 젊은 층들은 이미 스마트폰으로 버스나 지하철 운행 정보, 주변 맛집 정보, 속보 뉴스 등을 챙겨 보는 것을 기본으로 생활화한다. 길거리 등에서 인상적인 장면을 만나면 스마트폰으로 찍어 즉석에서 트위터 등 마이크로블로그에 올려 지인들과 공유하기도 한다. 트위터나 미투데이, 요즘, 커넥팅 등 마이크로블로그 이용자들은 중복을 감안해 200만 명으로 예상된다. 이용자들은 어느 하나만을 이용하지 않고 이들 모두를 오가며 중복 이용하고 있기 때문이다.

이에 반해 하드웨어 조작부터 서투른 중·노년층이나 저소득층 등은 스마트폰 소외계층으로 전락되고 있다. 사용법도 복잡하고 배우기도 어렵기 때문에 적응하기도 매우 힘들어한다. 또한 아이폰 가입자 분포를 통해 보았듯이, 연령뿐만 아니라 지역별로도 양극화 현상의 일단을 엿볼 수 있다.

모바일 디바이드가 아직은 하드웨어 접근 측면에서 이슈화되고 있지만, 이는 접근성 측면을 넘어 즉각적·효율적 정보 활용의 문제로 확산된다. 곧 SNS 등 서비스에 대한 활용 격차에 대해 논할 날이 멀지 않았다. 이는 스마트폰 보유 여부에 따라 격차가 감지되는 단순 과정이 아니라, 그 안에 담겨진 다양한 앱의 활용이나 소셜 미디어 이용과 맞물려 있기 때문이다.

요즘 모임에 가면 스마트폰 조작에 대한 이야기 수준을 넘어, 트위터와 페이스북을 어떻게 활용하는가에 대해 서로 의견을 주고받는다. 이때 사용 경험이 없는 사람은 갑자기 '왕따'가 되는 분위기가 연출되곤 한다. 사실상 스마트폰 하드웨어 소외계층을 줄이기 위한 기업들의 노력은 이미 통신기업 중심으로 시작되었다고 생각된다. 이제는 기회의 격차 수준을 넘어 활용 격차와 수용 격차에 대한 논의가 필

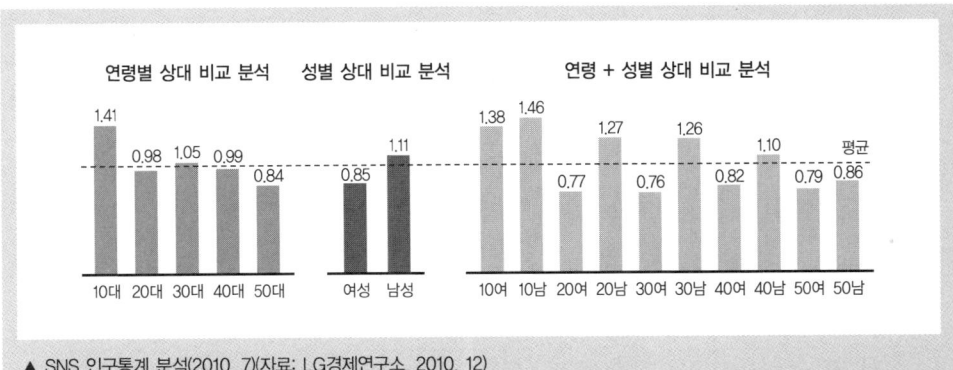

▲ SNS 인구통계 분석(2010. 7)(자료: LG경제연구소, 2010. 12)

요한 시점이 되고 있다. 위에서 언급한 LG경제연구소와 다음의 연구에서 SNS 키워드에 대한 다음의 기사 조회 수를 분석한 결과를 살펴보면 연령별로는 10대와 30대가 상대적으로 높은 관심을 보였고, 연령과 성별 조합에서는 10대 남녀와 2030 남성이 SNS 관련 기사에 높은 관심을 보이는 것으로 나타났다.

하드웨어 부문에서 시작된 '모바일기기 디바이드'가 '모바일 서비스(SNS 등) 활용 및 수용 디바이드'로 발전하고 있다. 결국 '모바일 디바이드' 개념은 스마트폰을 이용해 정보에 접근하고 이를 활용 및 수용할 수 있는 사람들과 그럴 수 없는 사람들 간의 격차로 수렴된다. 국내 스마트폰은 수도권 30~40대에 의해 가장 많이 사용되고 있는데, 스마트폰의 보급이 확대될수록 세대 간, 계층 간, 지역 간 서비스 활용 및 수용 격차는 더욱 확대될 것이다. 그러므로 앞서 언급한 디지털 디바이드와 모바일기기 디바이드 개념에서 시작된 '모바일 디바이드'를 단순 기기 '접근 격차' 의미를 넘어 일상적으로 정보에 접속하고 이를 활용하는 차원의 활용 격차, 수용 격차 등의 개념으로 확대해야 할 것이다.

현실적으로 보면 스마트폰 중심 '모바일기기 디바이드'의 경우에는 개인 기기적 성격이 매우 강하다. 그러다 보니 사회 인프라로 여겨졌던 유선 인터넷망 기반의 '디지털 디바이드' 접근과는 근본적으로 차이가 있다. 개인화된 매체이기 때문에 이용자와 매체 간 주관적 경험이 녹아 있고 이용 행태가 사람마다 천차만별이다. 따라서 스마트폰의 기능과 특성 중심으로 디바이드를 관찰하기보다는 개인의 스마트폰 수용 니즈와 실제 이용 방식 간의 복잡미묘한 관계성들이 잘 규명되어야 실질적인 활용 격차를 줄일 수 있는 방안을 마련할 수 있게 된다.

이런 맥락에서 보면 '모바일 디바이드' 관련 정책을 국가 차원에서 추진하는 데도 사실상 한계가 따른다. 달리 표현하면, 정부가 '모바일 디바이드'에 대해 대응하는 것과 별개로 기업들의 이에 대한 인식이 우선되어야 할 필요가 있다. 정부 차원에서는 그저 몇몇 관련된 법률을 개정한다든지, 대국민 교육을 활성화한다든지, 장애인 및 노인층 대상 저가 스마트폰 보급 정책을 구가하는 정도가 가능할 것이다. 이러한 노력은 하드웨어 접근성을 개선하는 측면이 강하다. 하지만 앞서 언급했듯 스마트폰 등이 주도하는 모바일 활용 및 수용 디바이드에서는 서비스 활용성과 이용성 등의 측면이 더욱 중요하다.

그렇다면 기업들은 어떤 기여를 할 수 있을까? 앞에서 기업문화와 관련해 소셜미디어가 수직적이고 관료주의적인 기업조직 내에서 수평적 커뮤니케이션의 촉매제가 될 수 있음에 대해 논의했다. 또한 기업은 고객들과도 기업 정보를 공유함으로써 친근성을 유도하게 되고 보다 진실에 기반을 둔 인간적인 관계를 고객들과 형성하면서 고객과 소통할 필요성이 있다고 강조했다. 바로 기업들의 이러한 발상들이 하나하나 쌓이게 되면 실제적인 '모바일 서비스 활용 디바이드'를 감소시키는 데 많은 도움이 될 것이다. 게다가 '모바일 디바이드'를 요즘 유행처럼 번지는 기업의 '윤리경영'에 내재화시키게 되면 이러한 노력들이 더욱 증가하고 결실을 보게 될 것이다. 기업은 자사를 홍보하는 툴로도 이를 이용할 수 있을 것이다.

일반적으로 사람들이 생각하는 '윤리경영'이란 기업이 경영활동을 하면서 지켜야 할 법적·경제적 책임은 물론이고, 사회 통념상 기대할 만한 윤리적 책임의 수행이다. 그리고 최근 '윤리경영'의 중요성이 더욱 부각되면서 이는 기업경영 활동의 부수적 업무가 아니라 경영을 잘하기 위한 필수요소로 자리 잡고 있다. 모바일 시대에 기업경영을 잘하기 위해서는 고객과의 소통을 우선시해야 하고, 그러려면 소셜미디어를 전략적으로 활용해야 한다. 또한 SNS를 기반으로 한 이러한 소통들이 하나하나 사람들에게 익숙해지면서 고객들은 모바일기기와 서비스에 더욱 친근감을 가지게 될 것이다.

모바일컨버전스의 미래,
그리고 세상의 미래

지난 10여 년 동안 모바일컨버전스 영역에서 일어난 혁신적 변화는 인류 역사에서 그 유래를 찾기 힘들다. TV가 100여 년에 걸쳐 이루어낸 것들을 모바일은 단 20년 만에 훌쩍 이루어버렸다. MWC2010의 가장 큰 화두가 '모바일비즈니스로의 패러다임 변화'로 기억된다.

2010년, 아이폰으로 촉발된 모바일 생태계는 단말기업과 통신기업의 수직적 제공 구조에서 해방되었다. 소비자의 힘은 더욱 커지고 제3자 개발자 위상이 높아져 모바일컨버전스 기반의 비즈니스 혁신이 전개되기 시작한다. 글로벌 기업들의 주도권 경쟁도 두드러졌다. 아이폰, 아이패드, 뉴 애플TV 업그레이드 버전들을 지속적으로 터뜨리며 주도권을 유지하려는 애플, 안드로이드로 개발자 및 통신 친화적 모습을 과감하게 보여주고 있는 구글, 이 둘을 견제하려는 WAC의 결성, 그리고 윈도우폰7의 UI를 위해 기존 윈모바일과의 후방 호환성까지도 포기하는 자세를 보이면서까지 추락의 늪에서 벗어나려 애쓰는 MS에 이르기까지 숨 가쁜 한 해를 보냈다.

MWC2010에서 에릭 슈미트는 2010년을 '과거에서 미래로 넘어가는 과도기'라고 표현했다. 그리고 슈미트는 '모바일 퍼스트'를 구글의 전략으로 선포하면서 모바일에 사업역량을 집중하겠다고 다짐했다. 통신기업과의 반(反) 구글 정서를 불식시키려는 노력도 보여, 고도화된 네트워크가 필요하다는 주장도 아끼지 않았다.

이런 구글의 행보를 보면 미래를 점칠 수 있지 않을까 싶다. 구글의 과거는 단연 인터넷이었다. 그리고 슈미트의 말대로 과도기는 모바일, 그렇다면 미래는 무엇일까? 지나고 보면 인터넷 경제의 레슨은 롱테일이었고, 사람들은 베스트 프랙티스로 구글을 지명하는 데 주저하지 않았다. 구글이 말하는 현재 '과도기'에 지명받을 대상은 구글보다는 애플이다. 그렇다면 애플이 보여준 모바일경제, 앱경제의 레슨은 무엇인가? 세련된 단말 디자인과 화려한 UI, 관리된 개방화를 통한 휴대폰 경쟁시장의 재편인가? 이 모두는 서곡(序曲)에 불과하다. 가장 중요한 레슨은 세계를 더욱 평평하게 만들고 있다는 사실이다.

2005년, 토머스 프리드먼의 저서 《세계는 평평하다》를 기억하는가? 그는 펼쳐진 인터넷 세상에서 평평화의 동력으로 두 가지를 이야기했다. 하나는 정보 접근성에 대한 현실적 제약을 붕괴시킨 '윈도우의 등장'이며, 다른 하나는 정보 접근성에 대한 정치적 제약을 붕괴시킨 '베를린 장벽의 붕괴'이다. 사람들은 윈도우 덕택으로 콘텐츠를 창조할 수 있는 능력과 많은 사람들과 공유할 수 있는 능력을 부여받았다.

이제 모바일 세상에서의 평평화 동력을 다시 이야기하라면 무엇을 말할 것인가? 하나는 정보 생산에 대한 현실적 제약을 붕괴시킨 '(일부 관리되어) 개방된 OS의 등장' 이다. 개별적으로 존재하는 각국의 국가적 규제 상황, 기술 방식, 지역 특성에 따라 분할되었던 모바일 세상을 OS가 평정한 것이다. 다른 하나는 정보 생산에 대한 정치적 제약을 붕괴시킨 최근의 '무바라크 독재의 붕괴'가 아닐까? 지난 30년간 이집트 호스니 무바라크 대통령의 독재에 반대 시위를 벌인 지 18일 만인 2011년 2월 11일 무바라크는 퇴진을 선언했다. 어떻게 이런 일이 가능했을까? 시위 기간 동안 이집트 내에서는 며칠간 인터넷이 차단되기도 했으나 실패로 돌아갔다고 한다. 페이스북이나 트위터 같은 SNS가 무바라크를 몰락시키는 데 주요한 역할을 한 것이다.

미국의 버락 오바마 대통령의 말을 빌리자면, 이집트 국민들은 "정부에 자신의 희망을 전하기 위해서 공포감이 아니라 창의력과 재능, 그리고 기술을 사용했다." 3년 전 한 운동가가 파업한 노동자들을 지원하기 위해 '6th of April Youth Movement'라는 페이지를 페이스북에 만들었다. 이 페이지에는 언론의 자유, 이집트의 좋지 않은 경제 상황, 그리고 현 정부에 대한 실망감을 우려하는 사람들 6만 명 이상이 모여들어 정보를 실시간으로 생산해냈다. 게다가 2010년 정치적 이유로 사망한 블로거인 할레드 사이드를 위한 페이스북 페이지도 운영되었다. 흥미로운 점은 이집트의 운동가들이 국민들에게 단순히 정보를 주는 데서 그치지 않았다는 사실이다.

이들은 국민들 스스로 실망감을 표출할 수 있는 콘텐츠 생산의 공간을 제공했다. 그들은 국민들을 참여시키고, 온라인과 실제 세계를 평평하게 연결하여 바로 행동으로 옮길 수 있도록 동기를 부여한 것이다. 여기에 SNS 사이트들이 혁혁한 공헌을 하게 된 것이다.

모바일로 더욱 평평해진 세상! 2011년은 범용화된 OS 속의 수많은 모바일 콘텐츠(네이티브앱이든 웹앱이든)가 다른 산업영역들과 컨버전스되는 원년이 될 것이다. 모바일 온라인과 오프라인의 만남으로 실제 삶을 중심으로 하는 차세대 웹이 탄생하는 것이다. 트루벤처스의 존 캘러건Jon Callaghan은 이러한 웹을 '물리적 웹Physical Web'이라 칭했다. 이는 현실세계에서 느껴지는 웹이다. 포스퀘어를 생각해보면 이해가 될 것이다. 물리적 생활이 가상 웹에 실시간 연결되어 웹의 형태로 엮어진다. '라이프 컨버전스' 웹이다.

포스퀘어 같은 비즈니스 모델들이 앞으로 계속 쏟아질 것이다. 최근 미국 콜로라도의 베일리조트에서 포스퀘어 같은 에픽스믹스EpixMix를 시작했다. 이 비즈니스 모델은 포스퀘어와 같다. 슬로프에서 페이스북 플레이시즈에 체크인을 하고, 내려오면서 여러 개의 핀pin을 획득하여 보너스도 받고, 자신의 경험을 지인들에게 보여줄 수도 있다. 포스퀘어의 레스토랑 개념에 스키리조트가 대체된 것뿐이다. 이러한 물리적 공간은 세상에 얼마든지 있다.

기업들도 물리적 웹을 활용할 수 있다. 경쟁이 치열해지면서 고객의 충성도를 지속적으로 유지하기 위해 기업은 자사 브랜드와 고객 간 상호작용을 할 수 있다. 재미있는 경험들을 제공할 수 있는 서비스들을 지속적으로 개발하고 관리하는 것이 경영의 필수요소가 되고 있다. 이러한 목표를 달성하기 위해 기업은 고객의 물리적 서비스 경험과 가상 웹을 실시간으로 엮을 필요가 있다. 예를 들어 SNS를 통해서 기업은 고객과 보다 직접적이고 친밀하며 진실된 관계 형성을 할 수 있다. 이를 위한 경영 프로세스 혁신이 요구되는 시점이다. 조직문화의 변화도 함께 요구된다.

개인들의 삶과 기업경영, 모두의 미래 키워드는 '스마트'일 것이다. 모바일컨버전스로 보다 스마트하게 소비하고 경영할 수 있는 환경이 열린 것이다. 최근 스마트폰이 패드와 TV로 전이되면서 '스마트'라는 단어가 다소 식상한 느낌마저 든다. 하지만 원하든 원하지 않든 간에 개인이나 기업 모두는 '스마트'라는 개념에 압도당할 것이다.

사실상 스마트라는 용어는 이미 10여 년 전에 이러한 세상을 예견했던 한 교수에 의해 소개되었다. 1988년, 세 편의 논문들을 통해 유비쿼터스 컴퓨팅을 논했던 마크 와이저Mark Weiser를 기억하는가? 그는 유비쿼터스 컴퓨팅 기반의 스마트 단말 유형 세 가지를 말했다. 탭Taps(스마트폰 같은 센티미터 크기 단말)과 패드Pads(태블릿 같은 수십 센티미터 크기 단말)와 보드Boards(대형 TV, PC 같은 미터 크기 단말)이다. 폰과 패드와 TV이다. 또한 그가 언급한 유비쿼터스 컴퓨팅은 2011년 핫 이슈인 클라우드 컴퓨팅이다. 그의 예측이 현실이 되는 순간이다.

2011년 1월에 열린 CES2011 키워드는 '스마트'였으며, 스마트패드와 스마트TV가 화두였다. 그리고 2월에 열린 MWC2011에서도 스마트 단말들이 공개되었다. 이 박람회는 전 세계 이동통신사업자의 연합체인 GSMA가 주최하는 행사이다. 그럼에도 불구하고 구글 CEO와 트위터 CEO, 야후 CEO, 스퀘어 CEO가 기조연설을 맡았다. 개막 전야에는 MWC 사상 최초로 MS CEO와 트위터 CEO가 기조연설 석상에도 올랐다. 그리고 단말 전쟁을 방불케 할 정도로 많은 모델들이 쏟아져 나왔다. 몇 가지만 소개해도 숨이 가쁠 정도이다.

가장 인상 깊었던 단말은 LG전자가 스마트폰 최초로 발표한 무안경 3D 디스플레이와 3D 촬영 기능을 탑재한 '옵티머스 3D'이다. 또한 급부상 중인 기기 제조사 HTC는 '페이스북폰'을 선보였고, 윈도우폰7 탑재 스마트폰, 첫 번째 태블릿PC인 'HTC 플라이어'도 공개했다. HTC가 플라이어와 함께 선보인 독자적 VOD 서비스인 'HTC 워치'와 클라우드 기반 게임 플랫폼 '온라이브'는 독자적 플랫폼을 통해 차별화 전략을 추구하려는 고민도 보여준다. 삼성전자도 독자 듀얼코어 프로세서 '엑시노스 4210'을 처음으로 탑재한 갤럭시S 2와 갤럭시탭 10.1을 공개했고, '블랙베리 4G 플레이북'을 출시하겠다고 밝혔다. 단말기와 기술 개발 속도가 더욱 빨라지고 있음이 실감나는 박람회였다. 어떤 것이 최후 승자가 될지 아직은 아무도 쉽게 예측하지 못한다.

3월에는 세빗2011이 열렸다. 세빗의 모토는 '클라우드와 함께하는 일과 삶'이다. 세빗은 1~2월 먼저 열린 세계박람회들과의 차별점을 네트워크에 두었다. 네트워크를 활용해 업무와 생활 속에 이미 침투되어 버린 스마트폰, 태블릿, 내비게이션 등 단말들을 어떻게 잘 엮을 수 있는지를 보여주고 싶은 것이다. 콘셉트는 클라우드이다. "클라우드를 통해 스마트폰이나 태블릿을 사무실이나 가정에 있는 PC에 연결해 문서를 읽거나 음악을 들을 수 있으며, 영화를 재생시켜 감상할 수 있다." "클라우드를 통해 병원에서 진료를 하는 의사도 환자의 질환 관련 데이터 베이스에 접근해 과거 병력이나 처방들을 그 자리에서 확인할 수 있고, 환자가 현재 자신의 몸 상태를 쉽게 이해할 수 있도록 병 관련 정보를 동영상이나 문서를 통해 그 자리에서 알 수 있게 된다."

이제 개인과 기업 모두는 다양한 모바일컨버전스 서비스가 가능한 클라우드 기반에서 수많은 단말 간의 N스크린 환경을 소비하고 창출하려 노력할 것이다. 모바일컨버전스는 단순히 IT기기를 활용한 편의성 차원을 넘어서고 있다. 실제공간과 가상공간이 융합하고, 온라인과 오프라인이 표준화된 인터페이스로 통합되어 가면서 모든 길은 웹으로 통하고, 이제 기술과 실제 비즈니스 간 결합은 필연적이다. 물리적 웹 환경에서 개인이든 기업이든 모두 스마트화를 외칠 것이다.

스마트홈, 스마트워크, 스마트헬스 등 스마트 환경은 기술과 경제, 사회 전반의 변화를 주도할 수 있는 잠재력을 가진다. 이 기회를 적절히 활용하기 위해 단말, 네트워크 등의 인프라 못지않게 이에 맞는 소프트웨어 제공 능력이 더욱 중요해진다. 기업들은 스마트 타깃 마케팅과 개인화된 서비스, 고객관리를 위해 지금보다 더 많이 노력할 것이다. 서비스가 소비자에게 도달되는 모든 단계를 고려한 협업의 중요성도 더욱 커질 것이다. 향후 몇 년간 사회는 '스마트' 홍수 속에 살게 될 것이다.

스마트 서비스가 제공되게 하려면 네트워크의 범용화가 아닌 스마트네트워크가 필요하다. KT유무선네트워크연구소(2011. 3)의 정의에 의하면, 스마트네트워크란 콘텐츠 및 서비스 전달에 최적화된 네트워크이고, 개방형 생태계 환경 구현을 통해 다양한 참여자 간 수익 공유가 가능한 네트워크이다. 즉, 스마트네트워크에는 콘텐츠 라우팅 기능이 도입되므로 동일 콘텐츠가 중복으로 네트워크에 전달되는 것을 방지해 네트워크 자원을 합리적으로 사용할 수 있게 하며, 서비스 중심 개방형 플랫폼이 제공되므로 서비스사업자들이 과금, 인증, 보안, 저장, 전달 등에 따른 부담 없이 서비스를 제공할 수 있기 때문에 다양한 고품질 서비스 개발이 용이한 네트워크이다. 또한 한양대 디지털융합연구원(2011. 1)에서도 미래 사회가 요구하는 스마트네트워크 설계가 중요하다고 말한다. 즉, "프리미엄 네트워크 기능을 스마트하게 구현하고 네트워크와 서버, 스토리지를 최적으로 조합한 '통합 클라우드로서의 스마트네트워크'를 구현해야 한다"고 강조했다.[79] 아직은 개념 차원에 머물러 있는 스마트네트워크에 대한 활발한 논의가 향후 전개되기를 기대한다.

1 이승환, "앱스토어 2.0으로의 진화 및 의미", KT경제경영연구소, 2010. 7.

2 Wired Vision, 2010. 10. 27.

3 이기훈, "구글의 최근 기업 M&A 동향", KISDI, 2010. 10. 16.

4 인터넷진흥원, 2009. 11.

5 LG경제연구원, 2010. 2. 3.

6 LG경제연구원, 2010. 7. 28.

7 USA Today, 2007. 6. 27.

8 Newyork Times, 2011. 1. 20.

9 서병덕, "디지에코 Issue & trend", 2011. 3.

10 PC World, 2011. 3. 3.

11 Bloomberg, 2011. 3. 3.

12 조준일, "컨버전스의 시대, 디버전스의 귀환", LGERI, 2010. 3. 31.

13 Rust, R. T. et al., "Defeating Feature Fatigue", HBR, 2006. 2.

14 〈서울경제신문〉, 2010. 12. 16.

15 Admob, 2010. 5.

16 김종대, "모바일 시장에 부는 기회의 바람, 앱스토어", LG경제연구소, 2009. 8. 19.

17 KT경제경영연구소, 2010. 6.

18 KB투자증권, 2010. 7.

19 eMarketer, 2011. 1.

20 CNET, 2011. 1. 14.

21 Mobile Tech, 2010. 12. 11.

22 Advertising Age, 2011. 2. 3.

23 FierceMobileContent, 2011. 1.

24 모빌리언스, 2011. 1. 5.

25 FierceMobileContent, 2010. 12. 22.

26 Cellular News, 2011. 1. 9.

27 김성도 2008, 《호모 모빌리쿠스: 모바일미디어의 문화생태학》, 삼성경제연구소.

28 〈매일경제〉, 2010. 3. 14.

29 〈매일경제〉, 2010. 12. 13.

30 PC World, 2010. 3. 11.

31 FierceMobileContent, 2011. 1. 28.

32 FierceMobileContent, 2011. 1. 28.

33 CNET Japan, 2011. 1. 14.

34 RBC, "Report: Mobile Searches Estimated To Grow To 20 Percent Of Total By 2012", June 2010.

35 blog.naver.com/plios_sun, 2010. 8.

36 〈디지털데일리〉, 2011. 1. 13.

37 Mobile Marketing, 2010. 11. 16.

38 Global Mobile Health Market Report, 2010~2015, 2010.

39 InfomationWeek, SOFT32.com, 2010. 4.

40 Connected Planet, 2010. 4.

41 로아그룹, "스마트폰 Impact", 스마트론 기술 및 산업동향 세미나 발표문, 2010. 7. 29.

42 AdMarvel, 2010. 11.

43 Mobile Audience Insights, 2011. 2. 11.

44 FierceMobileConten, 2010. 12. 21.

45 현대경제연구원, "소셜커머스의 진화와 기업에 대한 시사점", 2010. 11. 9.

46 Jeff-Howe, 2006.

47 권기덕, 2010.

48 삼성경제연구소, "모바일빅뱅이 촉발하는 기업경영의 변화", 2010. 10.

49 Oracle, "Enterprise Mobility Service 도입 전략과 방안", 2010.

50 KT경제경영연구소, "모바일오피스 구축의 경제적 효과, 도시철도공사 사례분석", 2010. 2.

51 아틀라스리서치, 2010. 10. 15.

52 영국 국무조정실, "Government ICT Strategy", 2010. 1.

53 Management Consultancy, "EU to compete with the US in the mobile cloud market", 2010. 8. 5.

54 이동훈, "확산되는 소셜미디어와 기업의 신 소통전략", 2010. 7. 14.

55 아틀라스리서치, 2010. 5. 7.

56 이동훈, "확산되는 소셜미디어와 기업의 신 소통전략", 2010. 7. 14.

57 Telephony Online, 2009. 9. 8.

58 Computing.co.uk, 2010. 9. 6.

59 강민형, "모바일 빅뱅이 촉발하는 기업경영의 변화", 2010. 10.

60 최병삼, "성장의 화두, 플랫폼", 2010. 11. 11.

61 이성호, "IT컨버전스의 진화," SERI 경제포커스 2009. 2. 3.

62 Baya, V. & Gauntt, J. D. P., The Rise of Lifestyle Media: Achieving Success in the Digital Convergence Era, PriceWaterhouseCoopers, 2006.

63 Tech&Timing, 2009.

64 FastCompany, 2010.

65 강민형 외, "모바일 빅뱅이 촉발하는 기업경영의 변화", 2010. 10.

66 Harvard Business Review, March, pp 1~12.

67 Connected Planet, 2010. 11. 16.

68 Wireless Wire News, 2011. 2. 22.

69 한국콘텐츠진흥원, 2010. 9. 17.

70 KT경제경영연구소, 2011. 1.

71 KT경제경영연구소, 2011. 1.

72 Computerworld, 2010. 9. 3.

73 김정호, 김한얼, 신영욱, "SNS 시대, 사각지대 비고객과도 소통하자", DBR 2011 No.74, p33.

74 강민형 외, "모바일 빅뱅과 기업경영의 미래", SERI, 2010. 6; 강민형 외, "모바일 빅뱅이 촉발하는 기업경영의 변화", 2010. 10.

75 김정호, 김한얼, 신영욱, "SNS 시대, 사각지대 비고객과도 소통하자", DBR 2011 No.74, p30.

76 삼성경제연구소, 이동훈 외, "확산되는 소셜미디어와 기업의 신 소통전략", 2010. 7. 14, p1.

77 삼성경제연구소, 이동훈 외, 2010, p9.

78 박정현, 김나경, 2010. 12. 29

79 장석권, "미래사회가 요구하는 스마트네트워크", 2011. 1. 19, HSN 2011?The 21st High-Speed Network Workshop 발표문.

모바일컨버전스는
어떻게 세상을 바꾸는가

1판 1쇄 인쇄 | 2011년 5월 4일
1판 1쇄 발행 | 2011년 5월 10일

지은이 송민정
펴낸이 김기옥

프로젝트 디렉터 기획1팀 모민원, 장기영, 권오준
커뮤니케이션 플래너 박진모
경영지원 고광현, 이봉주, 김형식, 임민진

디자인 투에스, 네오북
인쇄 서정문화인쇄 | **제본** 서정바인텍

펴낸곳 한스미디어(한즈미디어(주))
주소 (우 121-839) 서울시 마포구 서교동 392-34 강원빌딩 5층
전화 02-707-0337 **팩스** 02-707-0198
홈페이지 www.hansmedia.com
출판신고번호 제313-2003-227호 **신고일자** 2003년 6월 25일

ISBN 978-89-5975-329-1 13320